U0037894

楞伽經詳解

——第三輯

平實導師 著

ISBN 957-97840-4-3

自序

《楞伽阿跋多羅寶經》簡稱《楞伽經》，是大乘佛教中極重要之經典；既是法相唯識宗之根本經典，亦是中國禪宗開悟聖者自我印證及悟後起修之依據經典；故初祖菩提達摩大師以此經典連同佛缽祖衣一併交付二祖慧可大師，以爲傳法印證。禪者可依此經建立正知正見，避免錯悟大師誤導參禪方向，未來證悟可期。

二者禪宗證悟之人，欲求上進而入初地，必讀此經。佛於此經詳述破參者應進修之知見，指示佛子依此升進初地，成眞佛子，是名實義菩薩，是故悟者必讀此經。

然此經典文辭古樸，艱深難會，證悟之人亦多不解，何況未悟錯悟之人？是故古今大師雖然多有註釋，皆類未悟錯悟諸師依文解義，難得佛旨。現代佛子古文造詣粗淺，又兼未曾證悟，不解佛意，以致發心印經之時，斷句錯誤之處極多，讀者轉更難解；有鑑於此，末學乃予重新斷句，依所悟證如來藏之體驗觸證而作白話闡釋。雖遵佛語，不得明說密意，然已巧用方便，隱於字裡行間，佛子若有緣者，或可依此契證。

此《楞伽經詳解》原於民國八十四年（一九九五）八月十一日起，對我正覺同修會之會衆演示，迄八十六年九月廿六日圓滿。講時手持經文直敘，不預繕講稿，亦不參酌他人註釋。後經譚錦生等同修多人，依錄音帶整理成文，歷時年餘方告竣工。然欲付梓時，發覺太過口語，有時兼有語病，不宜付印；乃由末學依諸同修之謄稿，親自重繕；雖稍有文章氣，而較具可讀性。

復次，此經講畢迄今，已歷二年；二年後之今時，因貫通三乘經論，及慧學增長迅速故，亦不能滿意二年前所說之內容，故作許多增刪，期望能對佛子有更大之利益。然亦因此，必須逐册親自重繕，分期出版，無法一次出齊；又因增述故，雖於每册增加篇幅，可能仍須增爲八至九册，方能圓滿，合並敘明。

此《楞伽經詳解》，不作學術上之科判研究，亦不飾文，唯欲引導佛子大衆直入楞伽寶城，故依經文直解爲主，避免學術研究之繁文考據；亦盡量不引他經以釋此經，令諸佛子直接獲得此經之意趣。

又考慮讀此詳解者，多係年屆不惑之學佛者，視力較弱；爲免傷眼，乃捨棄花俏討喜之仿宋字體，改以平實易讀之明體字，並加大一級；編排上儘量避免擁擠，紙色亦避免太白太暗，以方便年長者長時間連續重複閱讀；此諸貼心之安排，期望對您有所助益。

此套詳解即將陸續出版，於此簡敘出版因緣，普願有緣佛子早見大乘道；見道已，復依此詳解，速入楞伽寶城，貫通三乘佛法；因之造序，述余私心，普願鑑燭。

娑婆菩薩戒子　蕭平實

時惟西元一九九九年早春序於頑嚚居

張序

民國八十四年夏，余師　平實先生承多位明心見性弟子之再三懇託，請師開示悟後起修之法及成就佛道之次第；余師爲利益廣大衆生及增益彼等見地計，乃假石牌某精舍及正覺講堂開講《楞伽經》，每週宣講二小時，合計八十七講，前後時間長達一年半。

師宣此經雖有錄音，僅供無暇聽課之同學自修使用。然講述未迄，忽聞師云：「譚錦生師兄已經整理好了十講。」每講約有一萬五千字，此是何等廣大之自動發心！整理講稿，必須逐字逐句反覆聽聞撰寫，工程十分艱鉅，有諸同修甚至必須整月時間方能謄寫一卷帶子。爾後，由於譚師兄之發心感動諸多同修，紛紛響應支援，投入整理行列者約有四、五十位；如此之善緣促成往後《楞伽經詳解》之誕生；亦印證了「菩薩發心，如影隨形；一念慈悲，成就廣大佛事。」

後因余師抬愛，令余先行過目已整理文稿，將講演時之口語去蕪存菁，順成文字稿，並分段落標點，以俟來日整理成册。

八十七年秋，所有稿件彙總，前後貫串，義理了然，深感佩余師因長年之弘法利生及無盡悲願，修證不斷向上提升，智慧深利，乃能廣演如此深妙之經典。若能成書發行流通於世，必將利益此時後世無量佛子。余師觀察因緣既熟，囑余將已順好之稿子付呈再作潤飾。不意時經二月，余師閱後竟謂余曰：「以前講得太淺了，我打算重寫！」余大驚詫，私心自謂：「阿彌陀佛！如此洋洋灑灑一百三十萬字，如何重寫呢？」內心驚疑：「如此浩大的工程，一人獨自重繕，何年何月方能竣工？」爾後數月，余於弘法之餘，常聞余師講述其重繕之進度。累牘長篇竟然改頭換面，一改口語講述之冗長繁複，轉化成精湛洗鍊之文字；不僅文詞更爲流暢明確，法義之陳述更是深入井然，令人歎爲觀止。不禁感歎：「需要何等的悲心與智慧？方能成就如此大事！」

《楞伽經》之主要宗旨，乃爲佛子詳述八識、五法、三自性、七種第一義、七種性自性、二種無我。細述阿賴耶識與七轉識間之關係及體性、明心後修道之原理與次第、以及如何以所證之如來藏爲根本，漸漸斷除現業流識，地地增上之道理。

佛法知見淺薄如余，詳閱余師重寫後之《楞伽經詳解》，對於一切有情生命之本體──如來藏阿賴耶識、異熟識、無垢識之體性有更深入之瞭解；對於七轉識之流注生滅也有更細膩之體驗，乃至對於可經由修行淨化染污之種子……以及如何邁向初地乃至佛地，在在具足信心與願力。際此末法，亂象叢生、眞僞莫辨之際，《楞伽經詳解》問世，必有力挽狂瀾之效，得以護持宗門正法日益光大，免於斷絕。

於整理文稿過程中，印象最深刻者，乃是其中二十八講全部都在講「妄想自性」，闡述凡愚衆生不明眞如體性，無法證得眞如，每每認空明靈知之意識心爲眞如，不知不見眞如之非一非異於空靈明覺之意識心，墮於一異斷常邊見；故爾反覆演述，鉅細靡遺，可謂老婆至極。

眞實之理，必須可以觸證、可以檢查論辯驗證；若非眞有修證，誰能如此詳實深入演述如來藏圓滿深妙之法義？若非眞有修證，誰能於定慧二門作如此條理分明、義理了然之剖析？佛法修證，決不可能單憑個人一生之意識思惟而得，必須多生累劫永無休止之聽聞熏習、努力修持方可得致。於《楞伽經詳解》即將陸續出版之際，為護持余師弘揚正法故，乃不揣淺陋，提筆為文介紹緣起概略，供養諸方大德；尚祈十方善信大德皆具慧眼，普能揀擇解行並具之眞正善知識，同修第一義諦妙法，同證菩提，共成佛道。

菩薩戒子張正圜　敬序

公元一九九九年初夏於正覺講堂

學佛之目標有二：一為親證解脫果，此應修學二乘菩提之解脫道；二為親證佛菩提，此應修學大乘法之佛菩提道。然大乘之佛菩提道中，已函蓋二乘所修之解脫道，是故直接修證大乘佛菩提道，便可同時證得二乘菩提之解脫道功德；由是緣故，大乘學人只需直接修學大乘佛菩提道，便能達成學佛之真正目標。

佛菩提道之修學，應求大乘般若之見道；見道已，便得次第進修而正式進入初地通達位，然後可入修道位中，次第邁向佛地。大乘般若之見道，即是禪宗之破初參明心——親證本來離念、本性清淨之自心如來藏。欲求親證如來藏者，應依真正之善知識修學。真善知識之助人見道，所言所授之法，必須有明確之次第與確實可行之法，學人方有得悟之可能。若親近假名善知識，雖有大道場、大名聲、廣大徒眾，然所說所授者皆屬似是而非之法，縱使學人以畢生之身口意供養之，所得唯是常見與斷見本質之相似佛法而已，必將浪擲一世於相似佛法上，殊堪扼腕！

爾時大慧菩薩復說偈言：

大海波浪性，鼓躍可分別；藏與業如是，何故不覺知？

疏：《彼時大慧菩薩又以偈問佛：

大海與波浪互相差別之體性，

於波浪鼓動躍進之現象中，即可區別二者之同異；

如來藏識與業種間之差別體性也是同樣的道理，

究竟是什麼緣故，使得衆生不能覺知藏識與業種？》

「大海波浪性，鼓躍可分別；」廣大海水恒具不生滅之體性；於不生滅之體性中，卻能示現波浪之鼓動與躍進；若人欲覓大海水者，只須依於波浪而覓，便可了知大海水。覓得大海水之後，方知波浪是生滅性，非能自在—依他而有—依於大海水而有，乃是大海水所變現而有，幻起幻滅；這個道理，可依大海波浪之鼓躍而加以分別了知。

「藏與業如是，何故不覺知？」業謂潤生之種子與現行；潤今世生及未來生之種子，名爲潤生種；潤生種子現行故，七轉識及煩惱俱現，依於如來藏而得運轉，追逐六塵相分；猶如海風吹大海水而起波浪。如來藏與業種的道理如是單純，衆生何故不能覺知？乃至諸方外道及與佛子四衆聞熏佛法多年，何故不能覺知此理而証本心？大慧菩薩以此問佛。

爾時世尊以偈答曰：

凡夫無智慧；藏識如巨海，業相猶波浪，依彼譬類通。

疏：《彼時世尊以偈答覆大慧說：

凡夫因爲沒有智慧，所以不能了知；

如來藏阿賴耶識猶如大海水之深廣，

七轉識及煩惱現行而有之業相猶如波浪，

依彼大海與波浪之譬喻類比，就可以通達了。》

「凡夫無智慧」：凡夫謂一切外道及不修行者；佛門中之修行者，凡未証得三乘菩提之一者，皆名凡夫，未見道故。此經所謂凡夫者，乃謂未入大乘見道位之佛子。二乘有學位及無學位聖人，迴心大乘而未証得藏識空性者，名爲大乘愚人，未入大乘見道位故；不名凡夫，已証二乘菩提故，是三藏教及通教之聖人故。

「藏識如巨海，業相猶波浪，依彼譬類通。」阿賴耶識含藏無量劫來所集業種——八識心王無量種子、七轉識相應無量數煩惱種子、無量數相分種子；復有無量數無漏法種，深廣難測，唯佛方能究竟了知，說如巨海。

業相之現起，乃是業種之現行，而有七轉識牽引煩惱業種，執取六塵相分而受苦樂憂喜捨受，是名業相。業相猶如波浪，前浪滅已，後浪繼之，無有了時；唯除証得涅槃後，捨壽入圓寂，方不復現。

佛以海水及波浪，譬喻藏識與業相；有智佛子依此類比詳審思惟，便知必須依於色蘊及行蘊覓彼藏識空性；此謂色行二蘊即是業相故。藏識既與業相恒共相隨，大乘佛子覓此空性者，當依二蘊而求，云何向虛空討尋？豈非顛倒？

爾時大慧菩薩復說偈言：

日出光等照，下中上衆生；如來照世間，爲愚說眞實；

已分部諸法，何故不說實？

疏：《彼時大慧菩薩又說偈請問於佛：

譬如日出時，光明平等照耀；

對於貧賤衆生及高貴富有之中上等衆生，都以平等心而照明；

如來既已出現，照明世間一切有情，而爲凡夫及愚痴二乘說眞實義；

並已分說十二部經法，以何緣故不爲衆生明說如來藏之實體法？》

「日出光等照，上中下衆生」：日光出時，不分別衆生之智愚貧富，悉以等心而照世間；然因衆生各各別業，有人見日出照耀而生歡喜，受日光之惠；有人見日出照耀而生苦惱，受日光之祟；悉皆自業使然，日光未嘗有分別心。

「如來照世間，爲愚說眞實」：如來出於人間，其光普照三界，無不至者；一般人無有天眼，故不見如來光，不可謂如來放光獨不照他。如來光照世間，不分別善惡美醜，乃至地獄中諸一闡提輩謗佛謗法衆生，如來依然普照，無有分別。

不唯如來放光普照三界世間，佛所說經印製成書，悉亦放光照明；不獨佛經放光，拙著諸書亦悉放光，而彼諸光悉皆不別善惡美醜，等同普照，心清淨者若得天眼便能見之；以見拙著清淨光明故心生大信，依之修學，便得法益。如來出世照明三界亦復如是，等照無別；爲令二乘愚人得大法益故，宣說大乘第一義諦眞實義理。

「已分部諸法，何故不說實？」佛於大乘般若諸經中，已說菩薩般若－空性如來藏，總分佛法爲十二部。既已宣說第一義法，何故多所隱晦，而不分明顯示藏識空性之眞實體性？又以何故而不顯示如來眞實境界？

爾時世尊以偈答曰：

若說真實者，彼心無真實；譬如海波浪，鏡中像及夢，
一切俱時現，心境界亦然；境界不具故，次第業轉生；
識者識所識，意者意謂然；五則以顯現，無有定次第。
譬如工畫師，及與畫弟子，布彩圖眾形，我說亦如是；
彩色本無文，非筆亦非素，爲悅眾生故，綺錯繪眾像；

言說別施行，眞實離名字，分別應初業，修行示眞實。
眞實自悟處，覺想所覺離，此爲佛子說；愚者廣分別：
種種皆如幻，雖現無眞實。
如是種種說，隨事別施設；所說非所應，於彼爲非說。
彼彼諸病人，良醫隨處方；如來爲衆生，隨心應量說。
妄想非境界，聲聞亦非分；哀愍者所說：自覺之境界。

疏：《彼時世尊以偈答覆說：

如果要說眞實的話，
藏識空性心並非如同世間法一樣眞實—不能如同物相一般舉示。
就如同大海顯示波浪，如同明鏡示現境像，
亦如夢中現有境像，六塵萬法同時現前，
空性心也是像這樣同時現起六塵萬法；
而愚痴衆生只看到鏡中像，看不見鏡子—愚痴修行者也是一樣，
只看到六塵及能知覺、能返觀的心，看不見空性心。

有時因爲境界不具足的緣故，
業相不能同時現前，而是次第轉生的。
所謂識——就是能識別所分別境界的心，稱爲意識；
所謂意根——就是於一切境緣上審查思量的心；
五識則是依五塵現量境界而顯現，
不一定依照眼耳鼻舌身識之次第而顯現。
譬如善於繪畫的畫師，以及向他學畫的弟子們，
分佈彩色圖畫種種形像，我所說的藏識阿賴耶也是這樣方便宣說；
圖畫上的彩色本來並沒有圖形，既不是筆所生，也不是白布上本有；
爲了取悅衆生的緣故，綺麗交錯地繪畫各種圖像；
佛法也是一樣的道理，以言說別別施設開示，假名爲藏識阿賴耶；
然而阿賴耶識的眞實境界是遠離一切名相和文字的。
種種語文的分別開示，都是爲了適應初學道業的人而說；
若爲已經進入修行階段的人，便爲他們直接顯示藏識的眞實境界。

第八識的眞實境界是我自己所証悟之處，
在這個實相境界中，遠離能分別與所分別，
這是我爲諸佛子（菩薩）們所說的；
若是爲愚痴的二乘人，我便爲他們廣開分別：
世間種種法都如同幻化一般，雖現前可見其有，
卻都是無常緣起，終歸敗壞，沒有眞實不壞之體性。
像這樣種種說法，都是隨於事相上之蘊處界法而各別施設，方便宣說；
如果所說的法與聽法者的根性不相應，
對於聞法者而言，這些法是錯誤的。
就好比那些生病的人，
優良的醫師一定是隨著各個病人不同的病，而分別處方給藥；
如來爲了眾生根性之不同，而隨諸眾生心性，
依其所能親証之現量而爲他們說不同的法。
虛妄想像分別所得，並非第八識的實相境界；

聲聞種性的人也是無法証得實相境界的；

哀愍世間的十方如來所說的：是如來自己所証之內心覺悟境界。》

「若說眞實者，彼心無眞實」：世間人大多執著物質色法及聲香味觸法，認爲此等五塵是眞實法，執著不捨；若爲彼等說有眞實心，彼諸人等必定認爲能見能聞能嗅能嚐能觸能知覺心方是眞實心，認爲此心能見聞覺知才是眞實心，誤認此心常恒不壞，能去至未來世。若爲他們說諸佛所証實相心，那實相心卻不具備見聞覺知體性——不分別六塵法；對衆生而言，實相心是不眞實的，因爲實相心不於六塵六入中起見聞覺知故。一切証悟者亦不能如物相一般舉示與未悟者，故說「彼心無眞實」；離六入分別覺知故，是不作主之無我性故，是空性故。

「譬如海波浪，鏡中像及夢，一切俱時現，心境界亦然；境界不具故，次第業轉生。」猶如大海水現起波浪，是同時有多浪現起，不是只起一浪、滅已再生一浪；亦如鏡中影像是同時全部映現，不是先現青色然後次第再現黃赤白黑；亦如夢中是六塵相分俱時現前，不是先現色塵相分，然後次第顯現聲香味觸法相分；這一切（多浪、鏡像、六塵相分）都是同時全部共同顯現；心境界也是一樣—第八識能同時現起六塵相分及見分七轉識，亦同時現起第八識白心種子功能差別（此唯真悟者方能知之）。

至於業種之現前，必須外境界具足時方能現前，並非往世全部業種一時現前。譬如往世因瞋曾造殺人惡業，必須彼世死已，方受地獄果報，捨壽境界已具故，地獄業種現前；地獄尤重純苦受已，尚有花報，次第轉生於餓鬼道、畜生道受苦，久遠時劫方回人間；回人間已，若遇往世被殺之人，便須因於境界具足而使業種現前故，枉死於被害人手中，而世間法律竟不能治彼人之罪。

謗佛謗法謗諸賢聖者亦復如是，謗時謗後非即受報，境界不具故；捨壽之時便受其報，受報境界已具故。

一切有情受諸果報，必須多緣方能受報，境界諸緣若不具足，雖有業種亦不受報。其境界緣或多或少，因所造業種種差別而有不同；然皆須有一因一緣：謂須如來藏執持業種往來三世而不失壞爲因，並須有受生五蘊爲緣，方能依業種之各各不同，而於不同境界緣中受報。是故往昔所造善惡淨業無量種子，非如心境界之一時俱現，乃依內外因緣及外境界之具足而有時現行，故名轉生。非一時全部現行，故云次第生；謂此業種現生業相已，或受報已盡或受報未盡，於他時他處，因另一業種之受報境界具足時，方又現生另一業相，故云：「次第業轉生」。

「識者識所識，意者意謂然」：識謂了別。一至八識既皆名之為識，即謂一至八識悉有了別性；然意根及阿賴耶之了別性極劣——謂於六塵之了別性極劣——故爾佛說意根行相微細，阿賴耶行相復更微細。因是之故，分八識為四類：心、意、意識、五識。有時將意識與前五識合說為識。

此句偈中之識謂意識；意識者乃謂具有能分辨所識境界之心，於五塵境之細相及五塵中所現法塵，能作詳細之觀察分別思維判斷。

「然」謂認可之意；能認可之人即是作主之人，謂此人具有審查思量之權力——能作定奪。意根名之為意，即是末那識；意根於六塵中之了別性極劣，須依意識俱行，方能於六塵中起諸伶俐之思量性——處處作主。若離意識之覺知及識別性，其了別慧極劣故，不能起伶俐之思量性——不能作主應變；譬如眠熟無夢位中，周遭突有巨響巨振，意根雖觸此相分，仍不能應變；必須喚起意識種子流注，令意識現行分別判斷，而後意根方能作主決定如何應變。意識雖能觀察分析思維判斷，而不具作主性，依附於意根而起故，由意根指揮運作故；故於判斷完成時不能自行然可，要由意根然可。

「五則以顯現，無有定次第」：前五識之功能在於普觀五塵境粗相，不能觀細相。譬如眼識唯觀顯色─青黃赤白明暗，不能觀形色、表色、無表色─長短方圓高下、屈伸俯仰行來去止、喜怒哀樂鄙俗優雅氣質；其形色表色無表色三種色相須由意識了別。眼識如是，耳鼻舌身識亦復如是唯了粗塵相，不了細塵相。

又前五識所了別境界皆是現量境界，不知比量境界，是故亦無非量境界。《大乘入楞伽經》譯作「五識了現境」，於一切有情身中驗証五識於五塵境中之運作即知。

現量即是見分之自証分；譬如眼見牡丹花，正見之時即是現量；閉眼不見則非現量，改以眼皮之青黃赤白影像爲眼識之現量境。眼識不能思維觀想，故無比量境，亦無非量境；耳鼻舌身識亦復如是。

意識不唯能依現量境界觀察分別，亦能作比量之分別。譬如曾嚐酸梅，口水溢流；後時久未再嚐，似已忘之；忽聞人說酸梅，心中隨生酸梅之曾經領受境，不覺口中水生，了知酸梅爲何物？是名比量。未曾親歷酸梅之現量境界者，聞之不解，誤以爲其味或同檸檬，或同山楂，即名非量。

佛法中亦復如是，已入大乘眞見道位者，能親領受如來藏之空性有性，不墮二邊，此即眞悟者之觸証領受現量；其後進入相見道位中，於無生法忍亦能觸証領受，亦是現量。若讀了義經，或聞已悟之人說實相空性，即起比量；此諸比量皆不墮於非量。

錯悟及未悟之人，以覺知心、寂照心爲如來藏，未觸証眞正之如來藏，則不能領受如來藏之體性；若讀了義方廣諸經，或聞証悟之人說空性心，即起錯誤之比量，以覺照心爲如來藏，是名非量。以上略述五識皆以五塵之現量境爲了別境，不以五塵之比量境爲了別境，故無非量。此五識之了別性劣，不如意識；又復依於意識意根而現行故，是依他起性，故不能審奪思量，亦不能詳細了別，故唯對現境。

前五識之顯現，無一定次第；有時眼識先起，餘四繼起，猶如睡眠至天明時覺醒；有時耳識先起，餘四繼之，猶如眠熟或二禪等至位中忽聞巨響；……乃至有時身識先起，餘四繼之，猶如二禪定中忽遭鼠嚙。有時五識同時俱起，猶如二禪等至位中忽起欲界妄念。以此故知五識之顯現運行，無有一定之次第。

「譬如工畫師，及與畫弟子，布彩圖衆形，我說亦如是；」譬如工於繪畫之畫家，以及門下學畫之弟子們，分佈彩色，繪畫種種圖形；我說佛法也是像這樣，種種方便施設而說成佛之道。

「彩色本無文，非筆亦非素，爲悅衆生故，綺錯繪衆像；」那些畫布上的彩色本無紋樣圖形，既非筆所生出，亦非純白無色的畫布上本來就有；爲了取悅衆生的緣故，以筆沾取顏料，而於畫布上交錯縱橫繪畫各種圖像。

「言說別施行，眞實離名字；分別應初業，修行示眞實。」衆生自出母胎以來，一向都在世間法中熏習，未曾聞熏出世間法；尤以大乘之世間出世間法更難聞熏，凡有所聞佛法，多以二乘無常空及緣起性空之理而解大乘佛法，是故學人欲求証解大乘佛法，極爲困難；又因大乘佛法第一義諦實相境界甚深難解，二乘無學尚不能知，何況初學佛者？是故必須巧設方便，假諸語言文字而作種種開示。然而此諸開示目的乃是建立學人正見，所說語文並非眞實境界，眞實空性境界一向遠離語言文字故。

　　種種語言文字之分別說法，都是爲了初學佛法道業的人而說的；如果是已經進入修道位的修行者，我便爲他們顯示諸佛所証眞實境界。

「眞實自悟處，覺想所覺離，此爲佛子說；」第八識之眞實境界，是我釋迦牟尼自身証悟境界；此境界中，遠離能覺能想（想陰之想：離語文之覺知性），亦離所覺所想之境界，這是我爲諸菩薩們所說的自內証聖智境界。

　　五十年來佛法可傷，大江南北、海峽兩岸，諸多顯密大師率以知覺心爲如來藏，或以知覺心之能反觀反照自己者爲如來藏，或以入定不動、住心一境時之知覺心爲如來藏，墮於常見外道法中，佛於初轉法輪時即已廣破，說之爲識蘊；此三心者，於一切種智中，說爲意識見分，諸方大師將之一分爲三，錯執爲眞心如來藏；實則其初心爲見分，次心爲証自証分，第三心爲自証分，皆同見分所攝，名爲意識。諸方顯教法師居士多有未知此理，而以此心之証知，爲人印証爲悟者；乃至密教中諸法王上師同以此心之証得，爲人印証爲即身成佛者；悉墮大妄語業中，誠可憐憫。尤有甚者，竟然自認爲佛，生起「佛慢」欲降伏余，令人啞然失笑，又復悲憫無已。凡此等人名爲愚痴無智之人，應當先爲闡釋二乘蘊處界空等法，是故佛即隨云：

「愚者廣分別：種種皆如幻，雖現無眞實。」佛爲慧淺根鈍之愚痴者，巧作廣泛之分別：說五陰十二處十八界悉皆猶如幻化，雖然暫時現有，但無究竟不壞之眞實體性。今時末法，人多聰明伶俐，學佛者率以利根自居，意識知解、學問思惟，稍有所解便道已悟；個個心高氣傲，便敢廣作宣傳，多造佛書著作，欲當人天導師；殊不知所說所論悉墮常見外道法中，凡夫無異，乃竟自矜於宣傳所得大名聲，廣聚資財，興建大道場，浪費佛教資源於常見外道法之弘傳上；此類人雖聰明伶俐，兩袖善舞，於佛法中則說之爲鈍根愚痴。此類人當先修學二乘空法，可救其弊。若解二乘空法，便知有情身中之覺知心（見分）、入定不動之覺知心（自証分）、定中定外反觀反照之寂靜心（証自証分），皆是生滅心，佛於阿含四部中廣破常見外道，說之爲六識中之意識；識陰所攝，無常壞滅，猶如幻化，無眞實不壞之體性。

諸外道修行者，以不了知此心之無常性及緣起性，執以爲實，將此意識覺照心漸修漸細，乃至入於非想非非想定中，而猶不能得証無餘涅槃及滅盡定；及至覲佛聞法，廣破此心了知虛幻，令之棄捨，名爲涅槃；外道一聞此說，立時成阿羅漢，便於佛前皈依，當處入滅。乃今全球顯密大師昧於二乘空法，將意識覺知心作爲眞如，依於此心普作觀行，巧設言辭種種異說，堅執此心爲涅槃心，雖然聰明伶俐名聞全球，饒他著作等身、徒衆廣大，其實不解二乘空法，何況能知能証能示大乘第一義諦實相境界？

「如是種種說，隨事別施設；所說非所應，於彼爲非說。」如今海峽兩岸學佛者，多屬菩薩種性，應當爲說大乘方廣了義之法。然欲契悟大乘者，必須隨事別別施設，非單說禪而可得度，非單說淨、說定、說教而可得度，要須隨事別別施設，方能廣契不同根機，是故佛說八萬四千法門，其意在此。

余亦如是觀察因緣，說禪說定說淨說教，又復隨諸破佛法者之後而摧邪顯正，矗立正法大纛於邪說橫流之婆娑；凡此皆爲令諸末法佛子因而相應，乃至契入。然因五十年來邪說橫流，積非成是、先入爲主知見所囿，仍有許多佛子不能棄捨原有邪見熏習，誤將諸方顯密大師所示常見外道法認作宗門正法，鼎力護持；將佛教資源（此乃世尊三大無量數劫所集福德）投入常見外道法之弘傳中，名爲破壞佛法；護持常見外道法之弘傳者，即成就破法之共業。

若有法師居士將常見外道法置於佛法中而弘傳者，必墮地獄；經中具說分明，云何諸方密宗法王上師等人悉不肯信？堅持空明覺知心爲眞如？而聚集無知初機學人之資財，以供弘傳此常見外道法？試思捨壽來世果報，寧不膽顫心驚？平實廣造諸書欲救汝等，云何汝等反於平實之善意而生瞋心？殊爲費解。

「彼彼諸病人，良醫隨處方；如來爲衆生，隨心應量說」：若爲福德慧力具足佛子，當爲宣說「眞實自悟處，覺想所覺離」。眞實自悟處，即是菩薩眞見道—能親領受如來藏之微細行相及能生萬法，是即七種第一義之「心境界」；覺想所覺離，即是七種第一義之「慧境界」，親領受空性藏識之中道性，離「心境界」之無間心，而入解脫心。隨後即起般若智，入相見道位，親隨方廣諸經及眞善知識受學種智，後得無分別智日益顯發，即証七種第一義之「智境界」。

「此爲佛子說」：謂諸菩薩証得「心境界、慧境界、智境界」後，得証「見境界」，能爲未悟者宣說。得「見境界」者，此生得入「超二見境界」，通達三乘法，生如來家。而此諸境界已於本詳解第二輯中說之，非爲現今未悟錯悟之人說之，乃爲我會中已悟佛子及後世已悟佛子說之，唯有此諸佛子能解我意故，是名「隨心應量說」。

爲諸未悟者及錯悟者，則以《禪—悟前與悟後，眞實如來藏，生命實相之辨正》等書而說；爲念佛人故，以《無相念佛，念佛三昧修學次第，禪淨圓融》而說；爲諸狂慢佛子、狂禪狂密者，則以《平實書箋》示之；爲諸求証初地道種智之已悟不退者，則爲詳述《成唯識論》乃至千法明門、萬法明門；凡此皆是隨衆生心應所知量而爲說法。此諸弘法利生衆行，如來已於諸經律中示現，余唯效法，非爲自創；故云「如來爲衆生，隨心應量說」。

猶如衆多病人，患恙非一，良醫必隨診病判斷差異而各各處方授藥，非一切病皆同處方也。

「妄想非境界，聲聞亦非分；哀愍者所說：自覺之境界。」此四句是倒裝句，依中國語法應爲：「哀愍者所說：自覺之境界；妄想非境界，聲聞亦非分。」世尊依大悲般若而爲佛子所宣說者，乃是如來自覺証悟智慧之境界；凡夫妄想分別所得，皆非如來自覺聖智境界；定性聲聞諸果聖人，亦無緣份証此境界。

謂若有人背離佛所開示如來藏阿賴耶識心，而言有常恒不壞之寂照心或空明覺知心者，皆名外道；不論身居佛門中或外道門中，離阿賴耶心而向外求法，故名外道。譬如元音老人之師—王驤陸居士，亦如南懷瑾老師之師—袁煥仙居士，亦如四川義雲高居士，亦如河北淨慧法師，亦如台灣中台山惟覺法師，亦如宜蘭自在居士（法禪法師），亦如藏密四大派古今祖師上師法王等，皆是心外求法者，錯認常見外道所說之覺知心爲眞如，離於佛所開示眞實心外，別求不生滅心，故名心外求法外道。

此諸人等悉皆自以爲悟，將常見外道法置於佛法中，謂爲正法；教人依此修學，引其廣大徒衆悉入常見外道法中；以之混淆正法。衆口鑠金，積非成是，深植佛子心中，令正法之弘傳處處掣肘；亦令多數初機佛子不信正法，而反信受常見外道法。

此雖地獄之罪，然有更甚於此者；謂有印順法師於其著作中處處暗示：如來藏非有。彼繼承藏密應成派中觀思想，主張如來藏思想非了義說——是佛方便接引常見外道而說；主張回歸阿含佛教，美其名曰人間佛教。而不知不見釋迦世尊已於《四部阿含》中，多處說有如來藏、有阿賴耶、有涅槃本際、有大乘、有菩薩、有十方佛；印順法師既知二乘法說五陰十二處十八界是緣起性空、無常無我；既知有情之覺知心是意識，攝屬六識界；既知作主之心是意根末那，攝屬六根界；既知十八界緣起性空、無常無我，云何處處書中暗示第八識如來藏非有？若爾！阿羅漢捨壽入涅槃已，應同斷滅；試問：阿含佛教、人間佛教是斷滅法耶？

如此知見而廣著《妙雲集、華雨集、佛教史……》等著作數十冊，名爲護持弘揚正法，骨子裡卻在挖除三乘正法根本，令三乘正法之根本無法弘傳，乃至滅沒。此罪之重，遠甚於前述弘傳常見外道法諸師；何以故？謂彼諸師雖然錯認常見外道法為佛法，只是悟錯，將常見意識心錯認為第八識，大多不否認有第八識。乃今印順法師竟方便否認如來藏第八識，謂為非有；今者信受其法之法師居士，更為文演說，謂其否認第八識阿賴耶之邪說為正說；此諸人等，實有大過；何以故？若無第八識，則應佛無眞如；若無眞如，則應無有佛性；彼等師徒豈眞認定《法華經、解深密經、楞伽經、……乃至阿含經》等為偽經耶？彼等師徒豈眞認定釋迦佛法為斷滅法耶？若爾！彼等則非佛教法師居士，雖然口說佛法中道，其實乃是附佛法之斷滅見外道；佛教界應默擯彼等師徒，不與往來問訊，何況資助？於此懇切奉勸印順法師及其徒衆，儘速公開修正，以免佛法之根本繼續受破壞，亦可免除自己之最重地獄惡業；果能如此，平實額手稱慶，後亦不復評論。

上來所述常見斷見外道思想，侵入佛門之中已久，根深柢固，已被多數初機佛子認同，唯有少數有智佛子不迷表相，依於正經正論而細思惟，幡然修正邪見，回歸正見；然多數初機佛子迷於表相，不能亦不願修正邪見，反責余之正法爲自性見，努力抵制。彼諸人等，猶待大衆努力拯救，方免彼等後世尤重純苦之長劫惡報。

此等常見斷見思想，皆因妄想所生，不如理作意故，非是佛所開示証悟境界。大乘証悟極爲困難，必須眞善知識之導正知見於先，引導機鋒於後，方得悟入；若非依於大悲般若之乘願再來菩薩，不能於未離胎昧境界而自修自悟、復能化他，故說大乘見道開悟極難；定性二乘無學尚無其分，說爲愚人，何況福慧俱缺之佛子與外道凡夫？

以上所說者，主要爲心境界及慧境界——依「集性自性及性自性」而說眞實心阿賴耶識境界；十方如來爲諸有情開示第一義諦實相境界，皆同此經世尊所說如來藏識之集性自性及性自性。以下則說七種性自性之「相性自性」：

「復次大慧！若菩薩摩訶薩欲知自心現量、攝受及攝受者妄想境界，當離群聚習俗睡眠，初中後夜、常自覺悟修行方便。當離惡見經論言說、及諸聲聞緣覺乘相；當通達自心現妄想之相。」

疏：《復次大慧！如果大菩薩想要了知能取心及所取一切法皆是自心阿賴耶所變現，而証入此境界；想要証實能取心及所取一切法、皆是虛妄分別境界；應當遠離衆人聚集之處、遠離世間習慣風俗及睡眠，於初夜中夜乃至後夜，不休不歇，常常自己覺照及体悟修行上之各種方便。應當遠離外道錯誤之經論言說，亦應遠離各種聲聞乘及緣覺乘之教相法相；應當通達自心阿賴耶變現之虛妄分別相。》

「若菩薩摩訶薩欲知自心現量、攝受及攝受者妄想境界」：菩薩摩訶薩即是大菩薩，摩訶者大也；《阿含經》中所說「摩訶衍」，即是大乘。有經說七住不退心者爲大菩薩，有經說十住眼見佛性者爲大菩薩，有經說初地以上爲大菩薩；今此經中以七住明心眞見道者爲大菩薩。

七住明心証得眞心阿賴耶識者，猶未能知三界中能取心及所取一切法皆是自心阿賴耶識所變現，是故世尊於前述經文中略述阿賴耶之「集性自性及性自性」，令佛子悟証自心阿賴耶識而得根本無分別智，能知「心境界及慧境界」。得根本智已，當修証「智境界」，此則須依「相性自性」而修觀行，証知能取所取諸法皆是自心所現，非有外法能爲自心所取，故有此下金言教導。「量」謂境界之証入；現量謂現前証入境界，比量則非親自証入。「自心現量」意謂現前証入「了知一切法皆是自心所現」之境界，已親証知，故名自心現之量。

云何名爲通達一切法皆是自心所現之量？謂佛子觸証領受阿賴耶識已，依於此心之現行行相，於四威儀中細觀五陰十二處十八界之所從來；依於陰處界之生異住滅，現觀陰處界皆由自心阿賴耶識所變現；能証此現觀者，名爲「知自心現之量」。

已現觀自心現量者，即得「智境界」，能爲人宣說三乘諸法，已了知「相性自性」故。相性自性即是陰處界之自性—依他而起，緣起性空，無常變易，終歸於空，無眞實不壞之自体性。

以現觀自心現之境界而証入智境界故，能現觀「相性自性」，便得通達二乘空法而不墮斷滅空。若未了知自心現量而依應成中觀思想學般若空者，必墮斷滅見中；口中飾言「般若空即是中道」而廣破陰處界空，復又否定阿賴耶心，誣責已証此心之賢聖爲自性見，則已自墮斷滅見中；雖然引証佛說「涅槃即是中道」經句，其實不解佛意—不解涅槃非斷滅之理，所說般若空法皆成戲論，本質是「一法不立」之斷滅見故。名爲弘揚般若，其實是破壞般若，否定般若之根本—如來藏故。

佛子以現觀陰處界之來處，証得「智境界」，了知「相性自性」故，則能了知「攝受及攝受者妄想境界」。

「攝受」謂能取—七轉識攝受六塵萬法，阿賴耶攝受陰處界法及七轉識法。「攝受者」謂所取—阿賴耶所變現陰處界及內相分。

阿賴耶變現之五陰十二處十八界，能衍生萬法，而爲八識心王所取。五陰十二處十八界由阿賴耶所攝取，故能運轉不壞，此是阿賴耶之能取性；依陰處界而生諸法欣厭，便有取捨及造業行，後有種子成就，便由阿賴耶集存，持往後世，此亦阿賴耶之能取性；此二能取性，是阿賴耶之「集性自性」。

阿賴耶依色陰及不壞命根之六根，能變生內相分五塵，因內相分五塵與意根末那相觸，轉生法塵，故六識俱起；六識俱起故十八界具足，萬法生焉。此萬法皆由內六塵相分而起，此六塵內相分似有質境，而非如外五塵相分之必有質境，故能由非物質法之七轉識所觸知了別。七轉識以能觸知了別內六塵相分故，具見聞覺知体性，是故七轉識現行之時，恒有能取六塵相分之性，名為能取，依此能取性而集後有種子，此為七轉識之「集性自性」。佛子已經現觀自心現量故，則知八識心王之集性自性，則知凡夫愚人執為實有之能取所取境界，皆是妄想境界；何故如是說？謂凡愚不了能取所取境界皆是自心所現，依自心所現能取法，取自心所現之所取法，唯是自心取自心，非有外法可得；以不知此實相故，執著有所得法而造諸業。菩薩証知此理故，於三界萬法中，離不如理作意，了知「相性自性」——三界一切法相之自性悉已了知。

云何名為了知三界一切法相之自性？謂菩薩至此地位，已能了知：不同之原因及不同之外緣，必定產生無量差別法相，而一切法相皆是由自心阿賴耶識輾轉而生，非孤因能生，非獨緣能現；欲界五欲法如是，色界四禪及無想定法如是，無色界四空定法如是，乃至阿羅漢滅盡定及二乘菩提智亦如是——五陰身之不存，二乘菩提智亦隨之而滅，滅盡定境界亦隨之而滅。菩薩現觀三界一切法「相性自性」已，了知唯是自心取自心，漸漸遠離「攝受及攝受者妄想境界」——漸離能取及所取妄想境界。

「當離群聚習俗睡眠，初中後夜，常自覺悟修行方便。」菩薩了知「自心現量、攝受及攝受者妄想境界」，如理作意而住之後，檢視自身仍非是佛，未具足大菩提果，當向佛地進修；此時便與無始無明塵沙上煩惱相應：思惟無生法忍、增上心學、增上戒學、增上福德、增上大願、……乃至四種圓寂之具足修証。

菩薩此位中，或已証得解脫果（如二乘無學迴心大乘後見道明心者，如菩薩已先修得四禪八定而今明心者，如菩薩未具足四禪八定而於明心後斷盡三界愛者），或未証得解脫（例如未修四禪八定而明心後復未斷盡三界愛者），悉知必須修証大菩提果方得成佛；然成佛之道甚深難修，內容次第深不可測，非可輕易而解，必須親隨大善知識，依自身所証「心境界、慧境界、智境界」而了知「集性自性、性自性、相性自性」而了知十地進道之階，非錯悟之人所能知之，亦非未得種智之三賢菩薩所能知之。

菩薩親隨大善知識受學種智已，欲求修進初地乃至十地，必須勤習觀察，多方体悟進修之方便善巧；是故應當遠離群衆聚集憒鬧喧囂之處，亦須遠離世間習俗節慶，專心思惟進修。菩薩如此修行，往往廢寢忘食，夜以繼日，乃至後夜以繼中夜而至天明。若得覺悟修行之善巧方便者，往往一世便入初地，即名生如來家。

「當離惡見經論言說及諸聲聞緣覺乘相；當善通達自心現妄想之相。」菩薩初悟已，未善通達「心境界、慧境界、智境界」者，見地尚未發起，往往因過去世與惡知識交厚，今生又復重聚，又被惡知識之邪說所轉，依於惡見經論言說，或迴入常見外道法，以意識心爲眞實涅槃心；或迴入斷滅見之般若中觀—誤解般若空，而以應成中觀思想之一法不立爲眞佛法。凡此皆因尚未發起見地，疑見未盡；又因修學了義法之福德不具—與眞善知識緣淺，兼以本身慧力不足，遂遭惡知識之惡見言說轉易，或遭惡知識誤引經論言說而轉易，失其正見，退失正道，而猶沾沾自喜，自認修証已更上一層，是故佛說「當離惡見經論」。

每見大乘法中修學般若慧者，依文解義，以聲聞法之無常苦空無我法相而解般若，便道一切法皆空，無如來藏第八識。或以緣起性空之十二因緣法解釋般若空，謂一切法悉皆緣起緣滅，無有自性。此諸人等，以二乘法相之理熏習及弘傳般若空，便道般若空是一法亦無，應遣除一切法相，遣除之後又復除此遣除，一法不立，方是究竟般若；此等邪見，以藏密應成派中觀思想爲主要代表，印順法師等師徒輩極力弘傳之。

聲聞緣覺乘所修之法，悉在滅除陰入界之執著，是故以諸觀法現觀陰入界之無常苦空無我，及十二因緣之緣起性空；得現觀故斷三界愛，成慧解脫，名爲已証二乘菩提。諸佛菩提則是現觀如來藏之空性，以其空性寂滅故名無我，親証「眞實唯識門」；現觀如來藏之空性寂滅已，復觀如來藏之有性—能生陰入界法；以生陰入界法故，三界萬有諸法生焉；於三界萬法中，復現觀諸法無我，輾轉變生故，無眞實恒常之不滅性故；如是現觀七轉識之虛妄不實及六塵相之虛妄不實，親証「虛妄唯識門」。如此雙照眞諦俗諦而証中道，非謂二乘法陰界入之無常苦空無我及十二因緣之緣起性空斷滅法得名般若中道也；以此緣故，佛云菩薩應離聲聞緣覺乘相。

此後復應通達自心現妄想之相；《大乘入楞伽經》譯爲「當通達自心分別之相」，意通。謂菩薩至此位中，當須通達自心妄想從何而來？妄想即是分別，若不分別即無妄想。而此分別妄想，佛子多有不知者，乃至諸方顯密大師，屢以覺知心不起語言文字而便名之爲無分別妄想；若此得名無分別無妄想者，魚鳥走獸悉得名爲無分別無妄想者；則應一切傍生悉成聖者，恒住無分別妄想中故。

然實魚鳥走獸心中雖無語言，仍有分別妄想，是故能分親疏，能別水土，能知食物異於糞便；菩薩見道後，漸知傍生之有分別妄想，詳審思量有情心中分別妄想之所從來，即知由有覺知心故有諸分別妄想；復觀分別妄想及覺知心之根源，實由自心攝受外相分而現內相分，故欲了別，乃令覺知心生起現行；復觀覺知心生起之根源，乃是末那思量性故起，遂欲求斷末那思量性；復觀末那思量性乃由無明煩惱而起，遂勤求智慧、勤斷煩惱，因此遠離外道邪見虛妄想像。菩薩能如是現觀者，名爲已通達自心現妄想之相。

「復次大慧！菩薩摩訶薩建立智慧相住已，於上聖智三相，當勤修學。何等爲聖智三相當勤修學？所謂無所有相、一切諸佛自願處相、自覺聖智究竟之相。修行得此已，能捨跛驢心智慧相，得最勝子第八之地；則於彼上三相修生。」

疏：《復次大慧！大菩薩們如上建立三種智慧相（心境界、慧境界、智境界）而安住下來不退失之後，於上地聖道智慧三種相，應當殷勤修學。何等法是聖智三相應當殷勤修學呢？那就是：無所有相、一切諸佛自願處相、自覺聖智究竟之相。大菩薩們依此三相修証成就以後，能捨棄跛驢心智慧相—捨棄偏空偏有之智慧相，証得最殊勝佛子第八地境界；第八不動地之最勝佛子境界，是由那三個上地聖智相之修學而出生。》

「復次大慧！菩薩摩訶薩建立智慧相住已」：菩薩証悟之後，便有智慧相之建立，覺知心即安住於智慧相中；亦即上來所說「心境界、慧境界、智境界」之安住。而此智慧相之建立，須依大乘眞見道—破參明心—爲根本。若無破參明心之根本無分別智，即無可能入相見道位，不能生起後得無分別智，則不能建立三種智慧相，何況能安住以及修學上地聖智三相？

明心証眞之後，欲發起後得無分別智者，須知悟後第一件修行方便事：應於四威儀一切法中，觀察七轉識如何生起現行運作？如何演變及與消失，而後又如何生起另一法？觀已復於四威儀中審觀第八識如來藏之心行；現觀其無一時無一處（十二處）不在之遍常體性後，復將分別事識（前六識）及現識（末那）如何與藏識互相聯繫、合作無間等心法，一一詳細觸証領受，則能發起後得無分別智。

後得無分別智若極深細，便能了知自心所現妄想分別何因而起？識種如何流注？漸漸了知三界萬法悉從緣起，孤因不生萬法，便知凡夫之心一向不離緣性自性及大種性自性；於大種、因、緣性自性中，恒有成性自性存在，然要因修而顯，非可不修而顯。

然而此諸萬法中之無生忍，當如何修証完成？則非初悟者一己所知，是故佛為吾人指示：當修學上地聖智三相：無所有相、一切諸佛自願處相，自覺聖智究竟之相。若人能依佛示金言，如實修學此三相者，能捨離跛驢心智慧相。

跛驢步履不等，行進之時忽重忽輕；跛驢心智慧相者，謂二乘之人偏空，所修所証唯在諸法空相上而修—現觀陰入界之無常苦空無我及緣起性空；唯証蘊處界空，不能証得與蘊處界空同時存在之非空非有實相—空性第八識，其慧猶如跛驢不等，故名跛驢心智慧相。菩薩初地若欲修証第八地境界者，須修上地聖智三相。

「大慧！無所有相者，謂聲聞緣覺及外道相，彼修習生。大慧！自願處相者，謂諸先佛自願處修生。大慧！自覺聖智究竟相者，一切法相無所計著，得如幻三昧身，諸佛地處進趣行生，大慧！是名聖智三相。」

疏：《大慧！無所有相的意思，是說聲聞乘緣覺乘之久習者，及斷見外道之久習者，他們長時修學及熏習無常空法，執一切法無有所得—一切法無影像相；長時熏習而生起此智慧相。大慧！自願處相，是說過去諸佛自身所發本願力所持而不入涅槃、不住生死；是由往昔本願力之修習而得生起此智慧相。大慧！自覺聖智究竟相，是說菩薩於一切法相，無有錯誤之了知及執著，因而証得如幻三昧意生身；這是因為欣慕諸佛地境界，向佛地大菩提果進修的緣故而得生起。大慧！以上所說，就是上地聖智三相。》

「無所有相者，謂聲聞緣覺及外道相，彼修習生。」無所有相，或名無影像相；此謂有一類外道一向熏習斷滅見，見色身無常及與覺知心無常，錯認一切法皆是無常幻有，雖現有色身覺知心等影像，然非究竟實有，故名無影像相——無所有相。

聲聞行者若係定性不迴心大乘，一向依蘊處界空法而修觀行，見五蘊十二處十八界悉如影像現前，但非恒不壞滅之相，確認覺知心之幻起幻滅，一切無所有，是名無所有相。聲聞聖者不唯如斷見論者同一知見，更作現觀，實証十八界——特別是覺知心——之虛妄暫有，假緣而有；以如實現觀蘊處界虛妄故，証得有餘涅槃，捨壽証入無餘涅槃——寂靜永滅。但聲聞無學不同外道斷見論者，其因有二：一為如實現觀，而非僅作推論敘述；二為信佛語故，不墮斷見論。

謂世尊多次向阿羅漢衆說無餘涅槃之中有本際、有實際，或名阿賴耶，離見聞覺知，是無我性、寂滅性，是故涅槃非同斷見。此是聲聞乘無所有相。

緣覺行者一向依蘊處界作因緣觀，十二因緣有支相連—有無明支故有行支，有行支故有識支……乃至有生支故有老病死等支，是名此有故彼有。或說老病死等支滅故生滅，生支滅故有支滅……乃至行支滅故無明滅，是名此滅故彼滅。十二有支因緣互生互滅，皆非自有不壞體性，故名緣起性空。辟支佛以十二因緣現觀蘊處界空相—雖暫藉緣而起，其性是空，無眞實不壞體性，故名無所有相。

辟支佛以如實現觀十二有支之緣起性空故，不受蘊處界繫縛，証得有餘依涅槃，捨壽入無餘涅槃；但不因現觀蘊處界空故墮斷滅見，信有涅槃本際故。

一分大乘惡取空見者，執一切法皆空—無第八識如來藏、無眞如佛性。以不解般若經旨故，以爲一切法皆須遣除，乃至如來藏眞如亦非有，如月稱著《入中論》，如宗喀巴作《入中論善顯密意疏》，如土觀羅桑卻季尼瑪，如今台灣高唱「回歸佛陀本懷、發揚人間佛教」諸師，否定第八識如來藏，謂爲世尊方便度眾而說，破壞三乘正法之根本，令同外道斷見論義；口說般若中道，本質卻是兔無角論之斷滅見，以佛法名相而自掩飾，非眞佛法。

爲有以上四種情事，菩薩初地以上須修學「無所有相」，以二乘無所有相之修証而証涅槃圓寂，雖不入涅槃而亦不住生死；以修習斷滅見外道法及大乘惡取空見法，能如實知彼所墮處，隨應破斥而顯正法，亦名地後菩薩應修學之「無所有相」。

「大慧！自願處相者，謂諸先佛自願處修生。」過去現在一切佛，皆於往世入初地時，誠懇勇發十無盡願，生生世世又發四弘誓願：眾生無邊誓願度，煩惱無盡誓願斷，法門無量誓願學，佛道無上誓願成。諸佛因地發大誓願，世世熏習本願力所加持故，雖証有餘依涅槃，捨壽時能取無餘依涅槃而不取証，憶念自身所發本願而留微惑以潤未來世受生種子，再受三界生死。如是盡未來際，恆依十無盡願及四弘誓願而不入無餘涅槃，乃至成佛而不捨願，証無住處涅槃；是名諸先佛自願處修習所生「自願處相」，過去先佛皆如是修習故。四弘誓願之意，佛子皆知，今不贅言；十無盡願可參閱《十地經或華嚴經十地品》，此亦從略。

「大慧！自覺聖智究竟相者，一切法相無所計著，得如幻三昧身，諸佛地處進趣行生，大慧！是名聖智三相。」地後菩薩所應修學第三種智慧相，是自覺聖智究竟相。此乃眞正之中道智、般若智、法界智，至於佛地方才圓滿；道種智及一切種智，皆是法界般若慧之中道智故。

法界般若慧即是中道智，有淺深廣狹差別，而不共二乘及與外道、凡夫。般若空經所說中道智淺，如來藏系諸方廣經所說中道智深；般若空經所說中道智狹，如來藏系諸方廣經所說者廣。初証第八識，得入大乘眞見道位者，慧力若佳，能自行通達般若空經，但無智慧通達如來藏系諸方廣經；必須親隨眞善知識受學，方能漸漸通達；謂般若空經宣說藏識總相及別相，而未述及別相中極深細之種智故。由斯說三賢菩薩不知不解「自覺聖智究竟相」，乃至入地已，尚須隨佛修學；或依大善知識修學。

自覺聖智究竟相之初步成就，在第八不動地，成佛時滿足。欲修此智慧相者，必須先証第八識，入眞見道位，能親領受第八識之行相；後入相見道位，漸修而至初地，所修者即是本經所說諸法；能了知本經法義故圓証初地，已得初地無生法忍道種智，方能依大善知識修學增上戒學、增上心學、增上慧學，漸漸得証自覺聖智究竟相。入初地前，必須捨離凡夫性，依十無盡願發起增上清淨意樂，並通達本經，而後入地。

入地已，進修一切種智，即是修証上地無生法忍。無生法忍者，謂於八識心王所生一切法中，詳審觀察領受第八識之本來無生，於此所知所見，心能安忍，起道種智，分証解脫果及佛菩提果；乃至滿証解脫果及佛菩提果，証一切種智，是名無生法忍。

得無生法忍者，於一切法相無所計，亦無所著。以如實了知一切法皆由八識心王假諸心所有法色法……等而生故，以如實了知七轉識心王由第八識種子流注而生故，於一切法相無所誤計；無誤計故離執著性；如是漸修漸觀，依十度波羅蜜地地增上，現觀諸法如幻如化，次第而至第八不動地，成就如幻三昧，得意生身。（意生身有三種，後自當說，勿煩先舉。）

圓証如幻三昧已，仍依十度波羅蜜進修，微留潤生惑而不取無餘涅槃，起大願心，趣向佛地大菩提果，依世尊所授「引發如來無量妙智三昧」，令佛地智慧漸漸顯發。是名自覺聖智究竟相。

以上所說，即是上地聖智三相，一切初地菩薩所應修學。然諸佛子欲入初地修學此三聖智相者，當先求大乘眞見道—禪宗之破初參明心。否則七住尚不可得，云何入地？云何修此三種聖智相？

「若成就此聖智三相者，能到自覺聖智究竟境界。是故大慧！聖智三相，當勤修學。」

疏：《如果成就以上所說這三種聖智相的話，可以到達佛地自覺聖智究竟境界。由於這個緣故，三種聖智相，應當殷勤修學。》

今逢末法，每見學人迷於教相表相，而不知探究眞實；見平實此世現在家相，便不肯信，反隨諸大法師捧讀余之往世著作，視爲至寶。殊不知九百年來之修持累積，今世增上慧學更勝於昔，現前親授無上大法而不肯受，崇拜研讀往世已死之余所述總相別相智，輕賤今生增上之余所述無生法忍道種智。

佛子當知：你我大衆皆是再來之人，生生世世修學佛法，輾轉受生來至今世，因何不信自己是再來人？豈如外道說無往世？既信自己是再來人，當信亦有祖師乘願再來，現有胎昧及諸過失，而與吾人同事利行。往世若曾與結善緣，今世往往遇之，當自欣慶：何幸如之！

若遇眞善知識，首要之務應先熟讀其著作或細聽其開示，次則尋經覓論，如理作意而比對之；莫生迷信，亦莫先行排斥，當先瞭解其所宣示意旨是否符合佛意？違背三法印否？符合五時三敎之旨否？有無悖離四依之旨？若經確定無誤，即當受學；若有悖離，違佛金言，則當捨去；莫論彼善知識之表相，而生迷惑，自障聖道。

若人能善思惟，依余多年所說所著，如實修學，於此一世便得入地，有分修此聖智三相；若執表相，情執深重，斯人名爲新學菩薩，於此深奧微妙正法便無因緣；其人空有信根慧根定根，而無信力慧力定力故，善根福德未具足故，聞所未聞法，心生驚懼，名爲新學菩薩。

我正覺同修會大衆，不論已入地未入地，不論今入當入，既已明心証眞，則應受學此三種聖智相。已入地者受學親修；未入地者聞熏聞修，爲來年乃至來世而作因緣，此是未來進趣佛道必修之課程故。

以上所說經文，偏顯藏識境界；藏識境界是法界萬法之實相故，三乘涅槃之所依故。乃至外道所爲一切行，亦皆不離藏識境界，而自不知不覺不証，執著斷常二見，迷惑自身及與徒衆，輪迴生死，出離無期。

佛子學法，當先戮力勤求証悟；悟後尚不可學外道法，擇法眼尚未發起，可能被轉而退回常斷見外道法中。是故應隨眞善知識通達藏識境界，莫以觸及藏識總相以爲究竟，尚有別相以及種智必須修學，否則不能圓証佛所開示聖智三相，成佛極遙。

悟後親隨眞善知識修學種智，則能漸漸領受八識心王之一切現量；領受八識心王之一一現量已，具知見分及內外相分皆是藏識所變現，了知一切法皆是自心現量，而後能知成佛之道皆依藏識而修。修道之法則是佛於此處所說聖智三相，六度十度波羅蜜亦皆含攝於此三相聖智之中。

何故作如是說？謂若佛子悟道已，不受學本經、如實知証，則其見地不能通達，隨時可能被大名聲之惡知識所轉而致退失，故須受學本經，令其見地通達，生起道種智—親得初地無生法忍。

通達已，尚須以己見地（初地通達位之見地）廣閱二乘經教，則能具足了知二乘無學涅槃境界，知悉三乘分際；亦能具知二乘異於常見斷見外道之處，亦能具知諸方大師已否見道，何以故？凡未見道者，不論身處佛門或外道中，悉不能離常見及與斷見；雖以諸多佛法中道般若名相開示，本質不離常斷二見；廣大佛子皆迷其說，而此菩薩不迷其說，隨其所說處處摭拾，皆能破之；佛說此名爲斷疑見—於諸方大師無疑—諸方大師是否已入眞見道位，悉能知之，無所疑惑；以此菩薩已具通達位之見地故。

若不修學「無所有相」，不能具知二乘無學涅槃境界，亦不能具知斷見外道何處異於二乘出世間道。菩薩若於入地後修學「無所有相」，則能破斥佛門中口說般若中道、而本質爲斷滅見之外道法師（印順法師等應成派諸中觀師為代表）；亦能破斥佛門中口說般若中道、而本質爲常見外道法之法師居士（台灣惟覺法師、河北淨慧法師、四川義雲高居士、安徽王驤陸居士為代表）；亦能爲菩薩種性佛子述說大乘法與南傳二乘法之異同；菩薩以能摧邪顯正故，以能弘傳護持大乘了義正法故，成就廣大功德及與福德，能依此福德功德而於十無盡願起增上意樂，勇發大願盡未來際。

復依無生法忍所証無所有相及十無盡願，次第圓証轉依，至第八地，不取無餘涅槃，起修願波羅蜜，得如幻三昧，成就意生身；乃至成佛而恒不捨大願，廣度衆生永無休止。於此過程中，自覺聖智三昧漸漸圓滿，至於佛地而得究竟。是故聖智三相當勤修學。

爾時大慧菩薩摩訶薩知大菩薩衆心之所念：名《聖智事分別自性經》，承一切佛威神之力，而白佛言：「世尊！唯願爲說聖智事分別自性經，百八句分別所依，如來應供等正覺，依此分別說菩薩摩訶薩入自相共相妄想自性；以分別說妄想自性故，則能善知周遍觀察人法無我；淨除妄想，照明諸地，超越一切聲聞緣覺及諸外道諸禪定樂，觀察如來不可思議所行境界，畢定捨離五法自性；諸佛如來法身智慧善自莊嚴，起幻境界，昇一切佛剎兜率天宮，乃至色究竟天宮，逮得如來常住法身。」—

疏：《彼時大慧菩薩摩訶薩，知諸大菩薩衆心中掛念的是：聖智事分別自性經；秉持十方諸佛威神力之加持，向世尊懇求：「世尊！唯願世尊為大菩薩衆，說明聖智於三界事相差別相中之自性眞實義，此聖智事自性法門是佛法百零八句分別法相之所依；如來應供等正覺，為諸已悟之大菩薩墮自相共相妄想者，開示自共相妄想自性；以分別解說自共相妄想自性故，諸菩薩衆便能善於了知及周遍觀察人無我、法無我；則能照明諸地—於一至十地修道過程中不起虛妄法想，心得明淨—超越一切聲聞緣覺及諸外道所得各種禪定之樂，能觀察如來所行不可思議境界，完全捨離五法自性相之執著；漸漸証得諸佛如來法身之智慧，以之善自莊嚴，而生起各種幻化境界，以化身上昇一切佛刹無佛示現之兜率天宮示成補處菩薩；乃至究竟成佛，証得如來常住法身眞如境界（斷盡變易生死之無垢識境界），於色究竟天宮示現廣大莊嚴報身而說法身佛境界。」》

「聖智事分別自性經」：此謂地上菩薩於三界萬法事相中，雖見種種分別，而依聖智照見一切法相悉皆不離藏識自性，了知世間一切色法無有自性，因而遠離一切虛妄思惟及虛妄想像，心得明淨。了知大種性自性，於三界粗細色法不唯遠離，亦能遠離相待於色法而起之無色妄想，依聖智自性安住其心，漸向佛地。

「菩薩摩訶薩入自相共相妄想自性」：菩薩眞見道，証得眞如已，雖名爲摩訶薩，然唯証得根本無分別智，未証得道種智，於無生法忍起虛妄想像，則墮菩薩自共相妄想中，不解此妄想自性。或於人無我不善觀察，未能通達，亦墮自共相妄想之中，不了此妄想之自性。

自相者，譬如自身受冷之法，唯自己之現量自証法，是名自相；若他人亦受此身冷之法，則是他人之自相；自己所受與他人所受冷法相同，二人分別皆受，名爲共相。自己可藉身受而知他人身受，是共相故；共相依於自相而起，相待而有，是名自相共相自性。

若人依於自身冷受自相及第二人冷受自相而起想，是名自共相想；若人依此自共相想，復起第三人未受冷觸之想，即名自共相虛妄之想；而此自共相虛妄之想，無自體性，依於自共相而生；所想非有實法，故名虛妄之想。

如佛子証悟藏識而得根本無分別智，此智是証悟者之現量自相；若依此自相觀察已悟之他人，則成証悟之共相，依於比量而知彼此所悟相同故。若此菩薩摩訶薩依此自共相而生分別：「此處唯我與某人是眞悟之人，其餘諸人皆是未得根本無分別智者。」於是念中起鄙視想，則墮自共相妄想，以「未得根本無分別智」一法非眞實有，依於已得根本無分別智之自共相而生；菩薩若起此念：「餘人未得根本無分別智」，即是墮入自相共相虛妄想。若能了知此自共相妄想之自性，則能遠離，心轉明淨。

若世尊能爲諸菩薩分別演說此妄想之自性，則諸菩薩即能遠離自相共相妄想，將來度衆生時若有開示，悉說眞實法性，遠離言不及義之弊，令自令他悉離虛妄之想；若有思惟，不離眞實法性，則能於一切所知境中，善知如何周遍觀察人無我及法無我；以善觀察二種無我故，淨除一切虛妄思惟想像，令於後後諸地之修道位中，皆依實相智慧之照明，超越一切聲聞乘、緣覺乘及諸外道等所得之各種禪定之樂；漸能觀察如來所行不可思議境界，乃至能畢竟決定捨離初地所修五法三自性而不起「實有五法三自性法」想。

「諸佛如來法身智慧善自莊嚴，起幻境界，昇一切佛刹兜率天宮，乃至色究竟天宮，逮得如來常住法身。」諸佛如來法身皆是第八識；於凡夫位漸漸修淨，至無學位成異熟識，究竟成佛改名眞如；十方如來法身皆是第八識眞如，如來智慧皆依眞如法身之空性有性及純淨性而顯發，名爲一切種智；菩薩以如來法身智慧善自莊嚴，能起無量神變幻化境界，示現應身化身及莊嚴報身，上昇一切佛刹之兜率天宮中，現爲補處菩薩；亦能昇至色究竟天宮，具足証得如來常住法身，示現廣大莊嚴報身，宣說一切種智如來藏微密法門，唯有地上菩薩能知能解。

譬如釋迦牟尼佛之莊嚴報身盧舍那佛，現今仍在色究竟天宮說一切種智妙法，諸地菩薩圍繞莊嚴；一切佛子未來世成佛時亦當如是，以同於諸佛之法身智慧而自莊嚴，依如幻三昧現成一生補處菩薩，住持兜率天宮，八相成道；並同時現有莊嚴報身住持色究竟天宮，諸地菩薩圍繞而說一切種智—如來藏唯識方廣諸經；乃至人間應身捨壽，示現入無餘涅槃，而莊嚴報身依無住處涅槃、不住生死亦不住涅槃，利樂有情無有盡時。然此須依眞見道後淨除自相共相虛妄之想，方能照明諸地而漸達成；欲除此虛妄之想，必須先如實了知自共相虛妄想之自性。大慧菩薩深知此理，故爲當時及後世一切初悟之菩薩摩訶薩請問世尊。

佛告大慧：「有一種外道，作無所有妄想計著；覺知因盡，兔無角想——如兔無角，一切法亦復如是。大慧！復有餘外道：見種、求那、極微、陀羅驃、形處，橫法各各差別；見已執著兔無角橫法，作牛有角想。大慧！彼墮二見，不解心量，自心境界妄想增長；身受用，建立妄想根量。」

疏：《世尊告訴大慧菩薩：「有一種外道修行者，作『一切法無常壞滅，皆無所有』之虛妄想像，而錯誤地認爲他的想法是正確的，執著此見堅不捨棄；他們是因爲覺察知悉：一切法皆由於能起之因已盡，故隨因盡而滅，所以產生了兔無角的想法——猶如兔子頭上無角，一切萬法也是這樣的。大慧！還有另外數種外道：譬如見大種外道、物性外道、極微外道、粗物外道、形處外道等，他們以不如理作意的錯誤想法而互有不同見解；各自認為自己的見解正確而起執著，依於兔子無角的虛妄想，而作牛有角之想。大慧！他們墮入斷常二見，不瞭解自心阿賴耶之現量，而於自心阿賴耶之境界現量，增長虛妄分別；依於色身及五蘊身所受用之世間及資財等，建立虛妄想像之根源以為現量。」》

「有一種外道，作無所有妄想計著；覺知因盡，兔無角想——如兔無角，一切法亦復如是。」此是斷見外道之虛妄想像，非是現量。他們認為一切法都是無常變異，依於諸緣而起，其性非眞不壞，終歸空無；私心認為此種見解是眞實理，執著不捨。他們依於世界、資財、五蘊、十二處、十八界而作觀察，發覺一切法各各有其能起之原因，這些能起之因的勢力已經窮盡時，則所起之法隨之而盡，歸於斷滅，依此覺知之故，便起兔無角之想——猶如兔子無角，本來是無，一切法也是像這樣，本來是無。

「復有餘外道：見種、求那、極微、陀羅驃、形處，橫法各各差別，見已計著兔無角橫法，作牛有角想。」見種者，謂有外道認為一切法皆由地水火風四大種和合而生，生已輾轉復生諸法，此四大種恒不壞滅，是生命之根本。求那者，謂有外道依於物性之德用而生分別，認爲一切法皆由物性之德用多少差異而生種種差別相，此物性德用恒存不滅，是生命之本源。極微者，謂有外道認爲四大種皆由極微圓相聚集而成，一切法由四大種所成，四大種則各由極微圓相合成，四大種及一切法各皆歸於壞滅，而四大種之極微圓相恒存於宇宙之中，永不壞滅，此才是生命之根本實相。陀羅驃者，謂有一種外道，見地水火風所成一切粗物皆有其實性，一切物乃至生命有壞，而其粗物實性永不滅壞，此是生命之根本。形處者，謂有一類外道，執一切物雖有生滅，而其形色處所本來常存，永不滅壞，以形處爲生命之實相；此諸外道皆是橫法各各差別。橫法謂非直法，不如理作意思惟而生故。此諸外道因諸橫法各各差別而生，皆由現觀一切法相無常變異、緣起性空，而生兔無角想；生兔無角想已，恐墮斷滅，而依不如理作意之思惟，生牛有角之虛妄想——見種、求那、極微、陀羅驃、形處等橫法各各差別。

數百年來大乘佛教界中，每見有人依二乘法之蘊處界空，觀察一切法皆是無常空、緣起性空，以此二乘法修學大乘般若空，謂一切法緣起緣滅，其性是空，無眞實體性；作此見已，復將此見遣除，遣除之見又復遣除，謂此名爲般若中道，以般若經之法相爲中道。此即同於見種求那極微……等外道，依兔無角想而作牛有角想—有中道實相不生不滅。墮於戲論之中，言不及義；所說未及第一義諦故，佛說中道實相第一義諦即是第八識眞如故。謂彼諸人依兔無角想（緣起性空之想）起牛有角想（有中道實相），而此兔無角及牛有角想（一切法緣起性空及中道實相想）無關法界實相—第八識眞如，故名言不及義，本質是斷滅論故；雖然口說中道實相，實未証知中道實相，凡有言說，皆名戲論。應成派諸中觀師即此類人；謂彼諸師皆同月稱寂天宗喀巴等人否定第八識，依緣起性空及無常空，說一切法皆無所有終歸斷滅，此即兔無角想；復恐他人責彼爲斷滅見，乃執定中不起分別思惟之意識覺知心爲不生滅心，謂此定中意識心不動不分別，名爲無分別心；謂此覺知心住於定中，而不分別有無垢淨生滅斷常等，名爲住於中道；此乃依緣起無常空之兔無角想，而起定中不分別意識心爲中道心之牛有角想，名爲外道凡夫之虛妄想。

「彼墮二見，不解心量，自心境界妄想增長；身受用，建立妄想根量。」

二見者：謂有與無、斷與常、一與異、生與滅、來與去、增與減、垢與淨、……等。若佛子不能証解自心現量、不能領受自心阿賴耶之體性，於自心未得現觀之証量、則必於自心阿賴耶境界揣摩思惟，增長虛妄之想，墮於二見；便誤以爲世間、色身及資生財物等，皆是覺知心所成就，依於五蘊身之受用境界而建立虛妄想之根源及証量。此諸人等，以離自心阿賴耶識而求佛法，名爲心外求法，名爲佛門中之外道。

「大慧！一切法性亦復如是，離有無，不應作想。大慧！若復離有無，而作兔無角想，是名邪想。彼因待觀故，兔無角、不應作想；乃至微塵分別事性，悉不可得。大慧！聖境界離，不應作牛有角想。」

疏：《大慧！一切法性也是像這樣，遠離有無二邊，不應依於有無而起想，大慧！若有人離有離無，而作兔無角想，這就是邪想。因爲他們離有無二邊而起想者，是『因待觀』故；離有無二邊而作兔無角想者，也是『因待觀』

故；所以，不應起兔無角想。於牛角事相上詳細分析乃至細如微塵，求其恒常不變之體性，悉不可得。大慧！聖人智慧境界之心行，離於有無二邊，離兔無角想，亦離牛有角想；是故不應依兔無角想復作牛有角想。》

「一切法性亦復如是，離有無，不應作想」：此句乃說常見斷見外道墮於二邊；謂有外道執著定中或定外之覺知心，或執著定中定外能覺觀之心爲眞常不壞之心，是名執有，名爲常見外道；此種人極多，自古以來遍佈於外道及佛門中，一切錯悟之人皆同於此。

復有外道觀察蘊處界法，見色身無常變異，終歸老死；……乃至見識陰（覺知作主之心）念念生滅，於眠熟悶絕正死等位悉皆斷滅，知爲無常，無實體性；推知外色法悉亦無常，遍尋恒常不滅之心而不可得（未能証悟故），遂起斷滅見；以此邪見，成斷見外道，撥無因果。

復有佛子不解二乘法之涅槃本際第八識，誤解佛說二乘法爲一切皆無；若遇有人弘傳如來藏法，便誣指爲常見外道所說神我，不知不解二乘法之涅槃本際，謂涅槃爲一切斷滅，誣指無餘依涅槃位中無有自心第八識，一切空無；此名執無，墮於斷見。

復有佛子乃至大師，單取二乘蘊處界空法而弘大乘般若，棄二乘無餘涅槃之本際第八識而否定之，故意忽略四阿含中佛說無餘涅槃之本際—第八阿賴耶識，說無如來藏。此類人即是執無者，誤解般若空經所說空性如來藏，認定一切法空；若遇眞見道人弘傳如來藏空性，便誣指爲自性見者。余曾因惜才，欲度某師修証如來藏而入大乘眞見道位，乃回函告之，略謂無餘涅槃非是斷滅，有眞實際，即是第八識如來藏；……等；不意某師不受余之善意，反指余執著如來藏，是自性見。此名執無，雖然身居佛門而爲法師，實質則是斷見外道，立論本質無異斷見外道故。

一切法之法性，即是第八識眞如性；觀於佛說大乘方廣諸經及慈氏五論，悉說諸法法性即是如來藏空性；般若空六百卷所說者乃是如來藏法性之總相別相智，依三界九地諸法而說法性之離有離無，謂空性如來藏離於有無二邊，欲令佛子體証之。而佛子未能觸証領受法性如來藏，遂錯會佛意，執著虛妄想像之般若空性，不知佛說般若空性即是如來藏法性，反而廣設方便說無如來藏，誣指如來藏思想爲非了義說，不知不解如來藏法性之離有離無及不作諸想。

「若復離有無，而作兔無角想，是名邪想。」此謂佛門中，多有誤解般若空經旨意者，教人應離於有無二邊，認定一切法悉皆無常斷滅、一切法空，認定一切法緣起性空；此諸人等執兔無角—欲求有法常不壞滅者，終不可得。如此類人，即是「離有無而作兔無角想」，佛說此想名爲邪想。

「彼因待觀故，兔無角、不應作想。」何故名彼諸人爲邪想？謂彼諸人未親領受眞如法性，於如來藏不知不解，依於蘊處界有及蘊處界緣起性空之無，互以爲因，二因相待而觀察故，不離有無二邊；而依般若空經，誤會經意爲一切法空，建立一法不立之法，遣除一切法，於心中起般若空無之法；雖然口中好言「般若即是中道，非是斷滅」，而其心中之般若空及中道，卻是一切法空；於一切法空之邪見中，建立虛妄想像之般若中道，未能觸証第一義，是故彼諸人等凡有言說，不能及於第一義，名爲言不及義之戲論。猶如有人依於牛有角之有，及牛角緣起性空之無，因待而觀，欲離有無，遂雙遣牛角有及牛角無，而於心中起兔無角想，謂兔無角一法爲眞實理，不可破壞，名爲中道。

彼等崇尚「原始佛教、人間佛教」諸師亦復如是，服膺應成派中觀思想，誤解般若空經，爲離蘊處界現象之有，及離蘊處界緣起性空之無，而起虛妄想像之中道空性，以一切法緣起性空爲中道，同於兔無角想，無有差別。

所以者何？緣起性空一法若離緣起之因，則是墮於斷滅，以無有因能藉緣而起故；既無有因能令蘊處界法依緣而起，尚無一切萬法可言，何有性空之旨？故說緣起性空之法若離法性如來藏，則墮斷滅，緣起性空之法，依如來藏能生萬法之法性而有故，是「因待法」故。

緣起性空是二乘法，佛爲度化小根衆生速求出離分段生死者而說；謂蘊處界萬法皆是依緣而起，緣若散壞，蘊處界法隨之散壞，故說蘊處界法其性是空—無有常恒不壞之法性。由是故說緣起性空之法非究竟說，依於蘊處界法之現象有、及依蘊處界法之變壞無，而說緣起性空，是因待法，不離三界有法，所說不能觸及眞實義，名爲言不及義。

然我世尊復於四阿含說二乘無學証無餘涅槃已，有涅槃本際恒常不壞，寂靜無想；斷三界煩惱及離見聞覺知故。以有涅槃本際第八識故，不墮斷滅空。

彼諸師等不解原始佛教，主張緣起性空方是究竟法，否定阿含經說涅槃本際如來藏，而虛妄想像涅槃爲非斷滅；則同兔無角想，執兔無角法爲不生滅法。是故彼諸師等否定涅槃本際如來藏已，於自心中建立虛妄揣測之般若中道，而其般若中道無因無本，虛妄想像所得故，名爲兔無角想，名爲戲論，非眞實義。彼諸師等所說般若中觀，皆是「蘊處界有無」之因待觀，同於兔無角想；佛說於此虛妄想像之般若空觀，尙不應作想，何況弘揚之？是故欲弘般若中觀者，當依如來藏空性爲本，配合緣起性空而演述之，不應單取緣起性空斷滅空法而弘般若中觀，否則皆名不解佛意。

「乃至微塵分別事性，悉不可得。大慧！聖境界離，不應作牛有角想。」而諸極微見種求那……等外道法，悉依蘊處界有法之不如理作意妄想而生，名爲橫法；一一分析乃至微塵，於彼諸事相中求覓眞實體性，悉不可得。聖智境界離於有無，恒處中道，而彼諸聖心中常無中道般若之想，唯除熏修增上慧學時，及爲未悟淺悟佛子演述中觀時。心中旣無般若中道之想，則離牛有角想。若証如來藏法性，令中道般若智現行已，心中執此般若智而起想者，亦名牛有角想。

彼諸應成派中觀師（如印順法師及密宗黃教一切法王仁波切），觀前四蘊及前五識虛妄已，說諸法緣起性空，墮於兔無角想，不許他人主張有如來藏，指責証悟者說有如來藏爲外道神我、爲自性見；諸証悟者質以「無餘涅槃位中是否空無斷滅？若此位中無法性心者，云何不名斷滅？」彼等諸師便恐他人責己斷滅見故，返執識蘊之意識爲不生滅心，謂意識覺知心若離語言文字時，即成常住眞心，名爲極細意識；便教人須時時入住定中，不起分別，捨報時欲以此心入住無餘涅槃；渾然不知世尊已於初轉法輪時期，到處破斥此心，說爲斷滅心，說執此心不滅者爲常見外道神我，四阿含中處處可見世尊之破斥；彼諸應成中觀師徒，破斥如來藏已，云何返墮常見外道法中？云何可名爲中觀？如此中觀師之所說所修，悉皆不離有無斷常之因待法，依蘊處界之緣起性空而墮兔無角想，復相待於緣起性空之兔無角想、而起意識覺知心恆不壞滅之牛有角想，彼諸師徒不應作此牛有角想。

爾時大慧菩薩摩訶薩白佛言：「世尊！得無妄想者，見不生想已，隨比思量觀察、不生妄想，言無耶？」佛告大慧：「非觀察不生妄想言無。所以者何？妄想者，因彼生故，依彼角生妄想；以依角生妄想，是故言依因。故離異不異；故非觀察不生妄想，言無角。大慧！若復妄想異角者，則不因角生；若不異者，則因彼故，乃至微塵分析推求，悉不可得；不異角故，彼亦非性。二俱無性者，何法何故而言無耶？大慧！若無故無角，觀有故言兔無角者，不應作想。大慧！不正因故而說有無，二俱不成。」

疏：《爾時大慧大菩薩白佛言：「世尊！証得無虛妄想境界的人，是否因爲看見妄想不生而起想，依於此想，隨類比度思量觀察，因而不生虛妄想，所以說証得無虛妄想？」佛告大慧：「並非由於觀察虛妄想不生，而說証得無虛妄想。爲何如此說呢？虛妄想，其實是由於觀察思量推測而產生的緣故，依於牛有角而生兔無角之虛妄想；以依牛有角而生兔無角之虛妄想，所以說兔無角是依牛有角爲因而作想。所以眞實義遠離異與同；所以並非由於觀察推測、不生虛妄想，而說兔無角。大慧！如果兔無角之虛妄想異於牛有角的話，則兔無角不應因牛有角而生起；如果兔無角之虛妄想同於牛有角的話，則因爲牛有角即是兔無角，加以分析再分析，當牛角分析至微塵時，推求牛角究何所在？悉不可得，無有眞實不壞之牛角體性；以兔無角之虛妄想同於牛有角故，彼兔無角法亦是非法。牛有角法及兔無角法都是無實性法的話，你是依何法、依何緣故而說証得「無虛妄想」呢？大慧！如果是因爲無，而說無角；或因爲觀察思量牛有角的緣故而說兔無角的話，不應該作這種虛妄想。大慧！不是正因的緣故而說有說無，則有無二法都不能成立。」》

爾時大慧大菩薩又白佛言：「世尊！得無妄想者，見不生想已，隨比思量觀察、不生妄想，言無耶？」此時大慧菩薩爲諸佛子請示於佛，欲令佛子遠離般若空之虛妄想像，故作此問：初地菩薩証得無虛妄想，是否由於修定、見虛妄想不生以後，而依於定境思量觀察、不生妄想，所以說証得無虛妄想呢？

數百年來密教中人，每認修定爲佛法正修，令諸弟子坐禪入定，於定中保持覺知心之不昏沉不妄想，認爲定中不昏沉不妄想境界便是解脫，以証入此境界之中爲証得根本無分別智；以此定中無妄想心能起諸功能，名爲証得後得無分別智；不解佛法乃至於斯，眞佛教界之大笑譚也；乃今不畏諸方檢點，印於書中大肆流通，更有佛子迷其狂言，妄推証聖，隨之修學，未知彼等師徒大衆，究將伊於胡底？誠可哀憫。

「得無妄想」者，非謂覺知心中不起語言文字及影像爲無妄想。此處所說無妄想乃是於法無虛妄想，謂若於諸佛法起想時，皆是依於藏識法性而起如理作意之思惟，遠離虛妄想像，非如應成派及自續派諸中觀師，離藏識法性而起般若中道之虛妄想像而可名爲証得「無虛妄想」者。得無妄想，乃是初地菩薩境界—能於一切所知境中，不離藏識眞實法性而思惟觀察，不生虛妄想像；乃至度諸衆生同入此境，悉令遠離虛妄之想，得無妄想；大慧菩薩復白佛者，其意在此。

佛告大慧：「非觀察不生妄想言無。所以者何？妄想者，因彼生故，依彼角生妄想；以依角生妄想，是故言依因。」並非由於觀察定中妄想起滅，令不生起語言文字影像而說爲無妄想。爲何如此說呢？因爲一切虛妄之想，都是由於能觀察、能思量、能比度的心而作錯誤的觀察思量比度所產生的；由於這個緣故，依於彼牛有角想，而生此兔無角想；以依牛角生妄想故，所以說兔無角法是依牛有角法爲因。

未觸証如來藏之般若空學者亦復如是，依於觀察蘊處界有，而思量比度般若空爲無一切法；此般若空之無一切法，是依於蘊處界有而生虛妄之想，故蘊處界法是彼等師徒虛妄想像般若中觀之依因。

「故離異不異；故非觀察不生妄想，言無角」：所以，証得「無虛妄想」境界者，遠離異與同二邊──不是以「般若中道同於蘊處界有」而作想，也不是以「般若中道異於蘊處界有」而作想，是直接以藏識之法性爲般若中道而証得「無虛妄想」境界，遠離「與蘊處界異同」之虛妄想。非如凡夫由觀察蘊處界性而起有無同異妄想，故說得無妄想者，非由觀察蘊處界之有無而証得，喻如非由牛有角而言兔無角。

「大慧！若復妄想異角者，則不因角生；若不異者，則因彼故，乃至微塵分析推求，悉不可得；不異角故，彼亦非性。二俱無性者，何法何故而言無耶？」佛復開示云：如果兔無角之虛妄想，與牛角不同，則不應因牛角而生兔無角法；如果兔無角之想法與牛角同，則兔無角之因是彼牛角之故，今者分析牛角乃至微塵，推求牛角之眞實不壞體性，悉不可得；以牛角無眞實性故，兔無角同於牛角故，則兔無角法亦非有眞實性。牛角與兔無角二法都無眞實性的話，究竟是以何法何故而主張兔無角之法有眞實性？而向人主張兔無角呢？

印順法師及達賴喇嘛等未觸証藏識空性者所說之般若空，即是兔無角虛妄想，彼等所說之般若空虛妄想若異蘊處界法者，則不是依蘊處界法之有而生；若不是依蘊處界法之有而生般若空之一切法無，則應依藏識法性說般若空性，不可依蘊處界法空而說一切法空、說空無即是般若中道，亦不可說緣起性空即是中道；是故彼等師徒，不應說其緣起性空之般若空異於蘊處界有。

若彼等所說緣起性空之般若空（一切法空）同於蘊處界法者，則蘊處界法是彼等般若空之因，則分析蘊處界法乃至微塵，無有色蘊可得；分析識蘊乃至眠熟、悶絕、正死位等時，無有識蘊可得；以彼等所說無一法可得之般若空不異蘊處界法故，蘊處界法非有眞實不壞性故，則彼諸師徒所說之一切法空之般若空，亦非眞實義。猶如兔無角法，依牛有角法而生故，彼否定藏識諸中觀師所說一切法空之般若空亦復如是，依蘊處界有諸法而建立一切法空，同於兔無角法，自墮空無斷滅論之中，無有不生不滅之眞實體性故，所說諸多般若言說文字，皆成兔無角之大戲論。

今觀蘊處界法無有眞實不生滅性，依蘊處界而說一切法空之般若空及緣起性空，亦無眞實不生滅性，皆是虛妄之想；而彼印順法師達賴喇嘛等應成中觀師徒所說定中無分別之覺知心乃識蘊所攝；既皆俱無眞實不生滅性，依何法何故而說自身已離虛妄之想？依何法何故而說自身已証已解中觀眞相？

「大慧！若無故無角，觀有故言兔無角者，不應作想。大慧！不正因故而說有無，二俱不成。」若因兔子無角而說兔無角，或者觀察牛有角故言兔無角者，不應作這種想法。不是萬有法界眞正的因，而說有說無，二種言論都是不能成立的。

此謂彼諸尚未觸証藏識法性、及否定藏識法性諸中觀師徒們，若觀一切法空而說般若空爲一切法空者，或觀蘊處界有之虛幻不實而說一切法空之般若空者，不應作此想法，因爲這二種因都不是佛說法界實相般若中道空性之正因。

佛說般若中觀之正因是藏識法性，說爲空性；非以空無爲般若空性，亦非以蘊處界之緣起性空爲般若空性；彼諸師徒所說此二種空皆非正因，以不正因而說有法空法，則其所說有法空法俱不能成立，進退失據故。

「大慧！復有餘外道見，計著色、空、事、形、處橫法，不能善知虛空分齊，言色離虛空，起分齊見妄想。大慧！虛空是色，隨入色種；大慧！色是虛空持所持處所建立性，色空事，分別當知。大慧！四大種生時，自相各別；亦不住虛空，非彼無虛空；如是大慧！觀牛有角故兔無角。大慧！又牛角者，析爲微塵又分別微塵，剎那不住，彼何所觀故而言無耶？若言觀餘物者，彼法亦然。」

疏：《「大慧！復有其餘諸種外道見解，以錯誤之想像而執著物質、虛空、事相、形狀、處所等不正確法，不能善於了知虛空之分際，而說物質色法離於虛空—有色法處即無虛空，而於虛空及色法分際產生了虛妄之想。大慧！虛空是色法，隨入色法大種；大慧！物質色法，其實是虛空能持所持處建立之本源，色法物質與虛空間之分際事相，其差別性，應當了知。大慧！地水火風四大元素出生時，各自法相都不相同；它們也不住於虛空，但它們所生之處非無虛空；就像是這樣，大慧！觀待於牛有角的緣故所以有兔無角之想。大慧！而且牛角此物，分析爲微塵後再來分別觀察它們，都是剎那變異而連續不斷地存在演變，他們是觀察到什麼而說一切法皆無呢？如果他們說所觀非四大元素，是別種法，其實也是同樣的道理。」》

「大慧！復有餘外道見，計著色、空、事、形、處橫法，不能善知虛空分齊，言色離虛空，起分齊見妄想。」「色」謂物質有相之法；有外道執著地水火風極微物質是萬法之本源，恆存於虛空中，生命依之而起，死已斷滅，無有永存不壞之精神體往來三世，此是唯物論者，四大極微派也。

「空」謂虛空，有外道執著虛空中恆存能量，由此空中能量故，令諸有情屈伸俯仰去來坐臥；求有爲法故，此類外道便有許多不如理作意，修練氣功，欲向宇宙虛空攝取能量求長存。

「事」謂外道計著於事相—於一切行中有不壞之事。此類外道認爲：色身及諸物質有壞，覺知心有斷有壞，然諸事相終無有壞，恒依虛空長在；一切有情依此事相故，眠熟後能覺，悶絕後能醒，死已能受生；蘊處界有生滅，此事相恒在世間，生命依之而存。

「形」謂外道執有物質恒依虛空長住不變，但形狀變；如金不變，而形狀變，故有冠、釧、鐶、戒指、項鍊差別；有情所依物質不變，但物種形狀變，故有六道四生差別。

「處」謂有諸外道依於色、空、事、形，執著色法有其住處；色之所在，虛空成無；色若移去，虛空復有；執有虛空此法與色法相異。

以上所述諸外道輩，不能善知虛空分際，執著虛空之法實有，依虛妄想像之虛空分際而作分別，謂虛空實有。然實虛空一法同於兔無角法，唯是人之意想所生，乃至十方虛空亦是人之虛妄想。

所謂虛空，或如二乘阿毘達磨所說五大之空大，皆是依於物質之邊際所施設有，非實法有。譬如空大，謂身中食物下過處咽喉空，名爲空大；胃下過處、……乃至大腸下過處，無物故空，名爲空大。此空大者，依物空而名；物空則依色蘊而成，依於物之邊際空，故名空大。

虛空一法亦復如是，依於色之邊際而施設虛空一名，故非實有法。譬如有地有牆有頂蓋門戶者名之爲屋，屋中無物故名之爲虛空。又如杯中無水故名之爲虛空，依物之無，於物之邊際施設虛空一名。又如地球之外名爲虛空，依地球世界邊際之外，施設虛空一名，是故虛空乃是色之邊際。外道不知虛空與色之分際，主張色法離虛空而有、虛空離色法而有，然實虛空乃是依於色種而建立；猶如依於牛有角法，施設兔無角法，兔無角法非實體有；虛空亦復如是，依色法而施設建立，非實體有。外道不知此理，執有虛空實法，與色法分齊建立。

「大慧！虛空是色，隨入色種；大慧！色是虛空持所持處所建立性，色空事，分別當知。大慧！四大種生時，自相各別；亦不住虛空，非彼無虛空。」虛空既依色法而建立，則虛空即是色法之一，是故《阿毘達磨》中說虛空即是「色邊色」，依於色法之邊際而建立，故說虛空是色法所攝。

「隨入色種」者，謂諸物質之中悉有虛空，二乘人名之爲空大，樹木草葉人體骨胳肌肉津液之中咸有空隙，乃至堅密如鋼，其鋼材中亦有空隙，唯肉眼不能見之爾；若有好天眼或顯微鏡者，亦能觀之；虛空既依色之邊際立名，而諸色法中悉有空大—微小之虛空，故說虛空隨入色種，遍於一切色中皆有空大。

「色是虛空持所持處所建立性」：世人迷於虛空無法，虛妄建立虛空無法爲有；佛子亦如是虛妄建立十方虛空。譬如人求往生極樂，謂西方十萬億佛土外有極樂世界，此乃以娑婆世界爲立足處所，說有西方十萬億佛土外之極樂世界；及至極樂世界已，復觀極樂之西方十萬億佛土外，復仍有無量世界，復過是世界西方十萬億佛土之外，仍有無量世界，以虛空是無法故無有窮盡；西方直去如是無有窮盡，南西北方及上方下方，亦復如是無窮無盡，以虛空是無法故；無法之法即無窮盡。然此十方虛空實無處所可言，依色法（器世間）而施設十方虛空及處所；若離色法器世間，即無十方虛空處所可以建立，是故色法即是虛空處所之建立性。

虛空能持諸器世間，諸器世間皆依虛空而住，故名器世間是虛空之所持。

然此觀念名爲世人之虛妄想，謂虛空之能持性及持器世間運行不輟，其實是依色法而建立。地球實非虛空所持，乃由太陽引力所持，繞太陽而轉；太陽持九大行星，由此銀河系星團引力所持而運轉；此銀河系星團則由蓮華藏世界海諸星團互相牽引相持而轉；蓮華藏世界海復由七金山七鐵圍山七香水海中諸無量數不可數之世界海引力互相牽引而轉；此一七香水海等廣大世界復與餘廣大世界互相牽引而轉。世人依於表象，見諸世界皆依虛空而住，便謂虛空能持色法世界，謂虛空有能持所持性。然此能持所持性實非虛空有之，實是諸世界依於有情業力而於虛空中成住壞空，依重力引力於虛空而運轉；而虛空實非有法名爲虛空，以無法無物故名虛空，人類依於無物無障施設其名曰虛空；由是故說「色是虛空能持所持法之建立性」，虛空無法，依色法而建立虛空之能持所持性故。既有色法器世界而成就虛空之能持性，則必有處所方位；而十方虛空之處所方位仍是依於色法器世界而施設建立，故云「色是虛空持所持處所建立性」；一切菩薩於虛空及色法等事相，應如是分別，分別已當如是知。

四大種—地水火風—出生現行時，各有自相，互不相同；而這四大種也不住於虛空，然非彼所在之處無有虛空。譬如有人持一方盒置於桌上，世人便謂彼桌上之虛空減一方盒量，而實虛空無減，何以故？以虛空是兔無角橫法故，是無法故。若虛空是有體性法、有自性法，則吾人取桌上方盒去，應桌上原置方盒處之虛空處所，少一方盒量虛空；亦應方盒移至之處所，多一方盒量之虛空。而實方盒自原處移離時，並未將彼處虛空移去，虛空是無法故；若虛空是有自性法者，應方盒移至之處，傾其方盒時見有虛空出，彼處應增一盒量虛空，而實現見非有此事，故云虛空是無法。

今者世人施設無物無障處爲虛空，而此虛空遍一切處；不唯遍於十方無有窮盡，亦遍一切處所——一切色法所在之處亦悉有虛空。譬如吾人所在處所，世人說無虛空，謂吾人色身所住之處有遮障故，說無虛空；然實吾人色身所住之處亦是虛空，故能隨意動轉而無障礙；若此處非虛空，應虛空是有實體法，則人動轉時應如處於水中觸水，能觸虛空法，而現見非有。亦應人於揮手時，不唯觸空氣，應同時有虛空觸，而現見非有。亦應於此取瓶塞口，移至他處倒瓶時見有虛空出，然現見非有，故說虛空是無法，如兔無角橫法；今依世人「虛空見」橫法，說一切色法所住之處悉有虛空，如人色身所在處所亦有虛空，非無虛空，以虛空是無法故；復說吾人色身不住虛空，以虛空是無法故；人身粗色如是，四大種細色亦復如是，悉皆不住虛空，而四大種所在之處亦非無虛空，如人色身所在之處非無虛空。

由斯正理，佛說「虛空是色，隨入色種」，復說「四大種生時自相各別，亦不住虛空，非彼無虛空」，能知此理者，則能善知虛空及色之分際，不效世人說言「色離虛空─色中無虛空」。牛有角與兔無角亦復如是，猶如虛空依色建立，兔無角則依牛有角建立，非有實法。彼諸否定藏識之中觀師等亦復如是，不知不見般若中觀是說藏識法性，以蘊處界之牛有角法，而建立蘊處界緣起性空之兔無角法，彼諸師徒所說中觀，及其所著之《中觀今論、空之探究、性空學探源》等，悉名兔無角法，無有自體性故，純屬名相思惟故；佛說此法尚不應作想，何況印製成書發行天下？何況誣指如來藏之般若中觀為外道神我？為自性見？

「又牛角者，析為微塵又分別微塵，刹那不住，彼何所觀故而言無耶？若言觀餘物者，彼法亦然」：而且牛角之物，析爲微塵後再加以觀察分別，必會現見組成牛角之四大元素都是刹那變異而連續不斷地存在演變，並不消失—質量轉變而不消滅；那些主張兔無角的人，究竟觀察到什麼？而主張一切法都空？同理，色陰雖有散壞，只是形處散壞；形處散壞已，組成色陰之地水火風漸漸分解成爲微塵，此極微四大永不壞滅，依然存在宇宙之中—四大之極微元素永遠不空；而那些堅持色陰壞已無有一法可得之中觀師們，何所觀故而言一切法空耶？如果他們說所觀察的法不是色陰，而是受想行識及十二處十八界的話，也是同樣的道理；既是依於蘊處界法而觀緣起性空，則必有一能令蘊處界法由四大元素現行成就之因，若否定此因，唯依父母及四大之緣而說蘊處界之緣起性空，撥無一切法之因，以之說爲般若中觀者，則其般若中觀墮無因論中，與斷見外道同一族類，皆撥無能起之因故。

爾時世尊告大慧菩薩摩訶薩言：「當離兔角牛角虛空形色異見妄想。汝等諸菩薩摩訶薩，當思惟自心現妄想，隨入爲一切剎土最勝子，以自心現方便而教授之。」

疏：《爾時世尊告訴大慧菩薩摩訶薩說：「應當遠離兔無角與牛有角二法互異之虛妄想，應當遠離虛空與形色二法互異之虛妄想。你們這些大菩薩們，應當思惟一切凡夫外道由於不知不覺自心現量而產生的各種虛妄想，隨於各種因緣而入一切國土，爲諸菩薩根性之佛子，以自心現量之証量及觀察，巧設各種方便而教授之。」》

最勝子者，此說菩薩種性之佛子也。謂此類人方是眞正佛子也，其種性殊勝故；於其成佛前之菩薩長劫修道位中，能度極多有情故；成佛後依無住處涅槃利樂有情無盡時故，故名最勝子。

爾時世尊欲重宣此意而說偈言：色等及心無，色等長養心，身受用安立，識藏現衆生；心意及與識，自性法有五，無我二種淨，廣說者所說。長短有無等，展轉互相生，以無故成有，以有故成無。微塵分別事，不起色妄想，心量安立處，惡見所不樂。覺想非境界，聲聞亦復然；救世之所說：自覺之境界。

疏：《爾時世尊欲重宣此義而說偈言：
六塵及覺知心，其實無有眞實不壞之體性，
物質所生六塵之熏習，能增長覺知心之習氣，
色身及受用之資財器世間等，皆是藏識業種所安立，
由阿賴耶識所藏種子功能差別而示現有衆生；
阿賴耶心、意根末那識及眼等六識，共有八識心王，
三種自性法歸結於五法：名、相、覺想、正智、如如，
無我法有二種清淨：人無我及法無我，
這是廣說佛法的人天導師所演說者。
長與短，有與無，生與滅，斷與常……等法，
都是互爲因待，展轉互生各種法相；
是以無而成就有，以有而成就無。
若能了知微塵分析及深入分別之道理，
就不會於色法起虛妄分別，說色法與虛空別異；

三界萬法皆是依於自心阿賴耶之現量所安立而有，這個現量是一切邪惡見解者所不樂信受的。一切外道及諸凡夫依於靈知心所覺知分別者，皆不能証得這種境界，聲聞阿羅漢也不能証得這種境界；這是慈救世間之世尊所說的法，是世尊自覺自証之境界。》

「色等及心無，色等長養心，身受用安立，識藏現衆生」：《大乘入楞伽經》別譯：「心所見無有，唯依心故起；身資所住影，衆生藏識現。」六塵及覺知心，每晨醒來便不斷現行運作，然而覺知心及六塵相都不是眞實不壞之法；眞實不生滅之阿賴耶自心，生起六塵相及覺知心，成爲所取與能取二法，此二法—色等法及覺知心—皆是依自心阿賴耶而現起；依自心阿賴耶而觀，色等法及覺知心其實都非實有。

有情之色身、一切資生之財物、所住之器世間等，其實皆是影像，由八識心王、五十一心所法等所現。衆生依之執取外六塵，以爲眞實觸及外六塵，而不知所覺觸之六塵非從外來，乃是自心阿賴耶識之所變現，名內相分。如內相分，色身亦如是，由自心阿賴耶依四大爲緣而變現，亦是心之影像，故說「識藏現衆生」；乃至資生財物及器世間，悉由共業有情之業種變現，是故說由衆生藏識之所影現。

「心意及與識，自性法有五，無我二種淨，廣說者所說。」人間衆生之心，總有八識，是一切法之所依；第八識即是如來藏識，能執藏一切有情之有漏無漏一切法種，故名藏識，又名爲心，是一切有情皆有之恒常不滅心故。由此藏識生第七識末那，名爲意根，六根所攝。由第八識心及意根末那爲依，復生意識，能了別諸法，即是有情之覺知心及能返觀之心。由六七八識爲依，便有眼耳鼻舌身等五識生起：或同時生，或次第生；此五識心能了別五塵境界，故名爲識，此即「心、意、及與識」。

自性有三種：依他起性，遍計執性，圓成實性；此三種自性可以分別爲五法：名、相、覺想、正智、如如。三自性及五法於後當說，置不先舉。

無我法有二種清淨：人無我及法無我。阿羅漢及緣覺聖人唯得一種清淨—

人無我。以具足証得人無我故，不受分段生死，出離三界繫縛；然猶有三界煩惱之習氣未能淨盡，未是眞淨，若能如佛淨除習氣，方名人無我清淨。人無我清淨後尚有法無我待彼修証；法無我者，謂菩薩依大乘法熏修，求悟法界實相，破參明心——覓得第八識如來藏，入眞見道位，成菩薩七住位不退，此後方是法無我修証之開始；依觸証領受如來藏之體性爲基礎，熏修《楞伽經》所說一切種智，若得通達，即得道種智，名爲証得初地無生法忍；復破除異生性障，發起聖性而入初地，名爲見道通達位，初得法無我。此後地地圓証十眞如，除二十種障，方入等覺位；復除二種障後方入佛位，法無我清淨。具足人無我及法無我之二種清淨後，方名成佛。佛於人間四十九年所宣說者，五時三教十二部經，無非廣說人無我及法無我爾。

「長短有無等，展轉互相生，以無故成有，以有故成無。」三界有爲法悉是二邊相待而建立，展轉互相生。如人富有而見窮人，便道自己富有；如人貧困而見富者，便道自己貧困；此貧困人若見畜生，便道自身貴爲人類；畜生若見人類，往往羞赧，知覺自己爲非人。若以筷子較於鋼筆，便道是長；若較於拄杖，便道是短；長短乃是依於他物，相待而有；而筷子本身非長非短。

譬如兔子無角故，說言牛有角；若不見兔無角，但言牛角，而不言牛有角。又如牛有角故，說言兔無角；若不因牛羊鹿等有角，則不說兔無角；是故有無相成，非單一法能成有無。大乘中惡取空之般若中觀師徒亦復如是，依現象界蘊處界法有（牛有角）而說一切法皆緣起性空，無一法可得（兔無角）；依二乘現象界法緣起性空而解釋法界般若，故彼所說非眞般若；乃是以牛有角法建立兔無角法，復依兔無角法解釋法界實相空性—以一切法緣起性空之概念爲眞實法，說此概念爲法界空性實相；此乃兔無角法，非眞般若。彼等所說皆是有無因待之法，以有成就無，復以無成就有（有一切法空之般若中道），皆成戲論，而反否定如來藏法性—眞正之中道般若。眞正般若中觀乃是法界實相—如來藏法性；非依蘊處界有而建立一切法空、一切緣起性空之無。離於有無，本自存在之不生滅、非斷常法性，非「一切法空」妄想之兔無角惡取空。

「微塵分別事，不起色妄想；心量安立處，惡見所不樂。」若人能於微塵分析事相中，善加分別，則不墮形處虛妄想中，亦不起色法有常想，亦不起色法無常想；不起「色與虛空一」之虛妄想，亦不起「色與虛空異」之虛妄想，則不墮於一切法空及「無因有緣」之緣起性空邪論之中，如是之人能離色法虛妄想。

佛說三界萬法皆是自心現量，依於自心及共業有情之識藏而安立，非無因有，非自然生，非神所造，非因緣生，皆是有情自心之現量；此自心之現量方是眞實，有情覺知心所觸六塵皆非現量，非直接觸受六塵故，皆非現量。藏識觸外五塵者皆是現量，而不起見聞覺知，如鏡映現內相分；是內相分爲心所現，似有質境，方能爲非色之七識心所觸，故說吾人所觸知領受之三界萬法皆非現量境，皆依自心阿賴耶之心量而安立。如此心量安立處，是凡夫及外道見之所不樂聞，亦是定性聲聞之所不樂聞，更是大乘中堅執一切法緣起性空之惡取空中觀師徒所不樂聞；若聞此說即生煩惱而誹謗我，故云惡見所不樂。

「覺想非境界，聲聞亦復然；救世之所說，自覺之境界。」覺想名爲分別，此謂有覺有想即是分別。心若有覺，即墮分別；心若有想（此想謂想陰之想，謂於定中定外之離語言文字影像之覺知及寂照）亦墮分別。第八識自心現量非是覺想境界，祂離見聞覺想，觸五塵境恒不休止，乃至悶絕眠熟等位之中亦不休止；隨觸外五塵而如實顯現內五塵相（唯除根損根壞），現內相分時如鏡不動，不起欣厭取捨；此境界之現觀領受，非諸外道、凡夫及定性二乘無學之所能知，離於覺知及想陰故，是法界實相空性故，不共二乘故，故云「覺想非境界，聲聞亦復然。」

此乃法界實相，遍三界九地一切處有；遍四生二十五有，此法境界亙古常存，諸佛出世若不出世，法住法位，法爾如是，無有變異；唯大乘証悟賢聖之所能知，不共二乘定性聖者，故名別教。世尊降生人間，救世間苦，實是因此大事因緣而來，能令有情証此境界者必於後後世中成就佛道，不入二乘，此是世尊自覺自証之境界。以上乃依相性自性之通達者所証智境界慧為基礎，復依大種性自性，說「有無相待」之大乘惡取空者所墮邪見；欲令菩薩依於大種性自性之了知，而洞悉一分大乘惡取空者所說一切法空之般若中觀邪見，斥其為兔無角妄想；菩薩以聞此段開示故，了知大種性自性，發起「見境界」之智慧，能破彼諸堅執一切法空之般若中觀惡取空者邪見，方能依之探究「因性自性」而發起「超二見境界」。

爾時大慧菩薩爲淨自心現流故，復請如來，白佛言：「世尊！云何淨除一切衆生自心現流？爲頓爲漸耶？」佛告大慧：「漸淨非頓。如菴羅果漸熟非頓，如來淨除一切衆生自心現流，亦復如是漸淨非頓。譬如陶家造作諸器，漸成非頓；如來淨除一切衆生自心現流，亦復如是漸淨非頓。譬如大地漸生萬物，非頓生也；如來淨除一切衆生自心現流，亦復如是漸淨非頓。譬如人學音樂、書畫、種種伎術，漸成非頓；如來淨除一切衆生自心現流，亦復如是漸淨非頓。」

疏：《爾時大慧菩薩爲淨除自心現流故，復請求如來，向佛稟白說：「世尊！如何淨除一切衆生自心現行之業障煩惱瀑流？爲頓淨除？爲漸淨除耶？」佛告訴大慧菩薩：「是漸漸淨除，不是頓時淨除。猶如樹上之菴摩羅果漸漸成熟，不是一時間頓熟；如來淨除一切衆生自心現行之業障煩惱瀑流，也是像這樣漸漸淨除，不是一時頓除。猶如製陶之家造作種種容器，是漸漸製成，不是一時頓成；如來淨除一切衆生自心現行之業障煩惱瀑流，也是像這樣漸漸淨除，不是一時頓除。譬如大地漸漸生產果菜草木，不是一時頓生；如來淨除一切衆生自心現行業障煩惱瀑流，也是像這般漸漸淨除，不是一時頓除。譬如世人學習音樂、書法繪畫、以及種種技術，都是次第學習、反復練習而漸漸成就，不是一時頓成；如來淨除一切衆生自心現行之業障煩惱瀑流，也是像這樣漸漸淨除，不是一時頓除。」》

自心現流者，謂一切有情阿賴耶心中之業障煩惱現行，連續不斷猶如瀑流。亦名現業流識，謂諸業障煩惱之現行，皆依七轉識伴生，非離七轉識而能自生，故名現業流識。

自心現流有二種：一念無明煩惱現流及無始無明煩惱現流。一念無明煩惱現流即是二乘無學見道所斷之三縛結，及修道所斷之五下分結、五上分結。三縛結於大乘中說爲見一處住地煩惱，於一切處遍起不如理作意之邪見故：譬如定中定外一切境緣中，執彼覺知心或寂照心爲恒不壞滅之常住心；隨於一切處起見而住故，名見一處住地。五下分結及五上分結即是大乘所說欲界愛住地、色界愛住地、無色界愛（有愛）住地煩惱，此是修所斷煩惱，非可一時頓除，須於見道後歷緣對境中漸修漸除，此是往世三界愛之熏習繫縛故，是我執故，非如我見邪見能於見道時頓斷。是故世尊舉諸譬喻，明其漸淨而非頓淨；彼諸譬喻文白易解，勿煩重述。

次爲無始無明煩惱現流，此唯大乘，不共定性二乘。無始無明者謂所知障，於三界萬法諸所知境中，不知不見第八識之空性有性中道實相，不起般若慧，障礙成佛所証大菩提，故名所知障。非謂所知太多而成障也。

無始無明煩惱現流，一切衆生及二乘定性無學自無始以來，不曾與覺知心相應；要待衆生欲明法界實相而起心探究時，無始無明方與覺知心相應。而此無明非因悟有，非因修有，無始以來恒在衆生心中，故名無始無明。

無始無明之煩惱，於菩薩初悟之時仍未現流；初悟時住於法樂境中，於般若方廣經已眞體解故，法樂不斷，無暇深思佛地修証境界，是故不起無始無明煩惱，此諸煩惱尙未現行流注而出，故說初悟菩薩尙未與無始無明煩惱相應。

迨至菩薩深思自己悟已，因何猶未成佛？因何未具足佛地一切功德及福德？此時便起無始無明諸上煩惱（一念無明煩惱下故，名此煩惱為上）：心上煩惱、果上煩惱、定上煩惱、得上煩惱、止上煩惱、觀上煩惱、慧上煩惱、……無量無數上煩惱，皆因對於佛地有惑而有，故又名為塵沙惑。由此時起，菩薩之無始無明上煩惱，方由自心現行流注，猶如瀑流恒不斷絕，成佛方盡，一切流注皆滅。此諸無始無明上煩惱自心流注，乃三大無量數劫修道所斷，非破參明心或眼見佛性時頓斷；最後身菩薩歷三大無量數劫之修行已，方能於明心見性時頓斷所餘極微細煩惱障習氣及所知障極微細之劣無漏隨眠；非未經三無數劫修道者所可頓斷。

至於見道斷、修道斷、見修一時俱斷之理，其實皆不離見道後漸修漸斷之理；余就此理，已於《平實書箋》中具說，行者索閱可解，此不贅述。至於無始無明諸理，已於《正法眼藏—護法集》書中具說，此處亦不重述，行者索閱可解。

一九九六年初，我共修衆中有蕭姓學人者，因於我處易得明心之法，心生輕賤，否定余所弘傳如來藏法；誤計他處久修而不得印証之法方是眞法，信受宜蘭自在居士語（今為法禪法師），依彼所弘月溪法師邪說而修，信彼所說「一念不生寂而常照之覺知心」爲眞心，信彼月溪所說此心捨壽可以遍滿虛空之外道法，乃不告而別，輕余而去。復又私與我會衆中數位同修言：「彼居士有法，名曰如幻三昧，能令學人一時頓斷煩惱，頓出三界」；不信余說見道修道及見修道正理，堅執彼居士所說「一悟即成究竟佛地」之邪見以爲正理，夥同數位同修，欲於會中推翻余法。余隨於會中舉示本經佛說「漸淨非頓」之理，彼諸人等亦不信受，相繼離去；以《護法集》出版已，彼等已無顏面留於會中共修故。

余於《護法集》出版後，多集彼自在居士（法禪法師）著作，發覺彼師見道亦無，尚未現觀能取所取皆空之六住菩薩加行，未是七住不退賢人，何有能力修証八地如幻三昧？何況傳授？何以故？謂彼猶未能知六住菩薩所印能所取空，而執覺知心爲不生滅者，猶墮能取心及所取定境法塵之中，尚未能知七住所証眞如第八識；復又否定第八識，說阿賴耶爲生滅心，非常住心。不知不証第八識，是未見道人，根本無分別智尚不能知，後得無分別智云何能知？何況初地無生法忍道種智？而奢言能証能弘八地如幻三昧？而奢言一悟即能頓斷自心現流？無非虛妄想像，自以爲悟，未証言証之大妄語爾；若不公開對衆發露，永不復作大妄語業，來日有殃在！捨壽時莫道余未先言奉告。（如幻三昧後自依經而述，勿煩先舉。）

謂彼自在居士不知不解因性自性，未証修道之正因，未歷修道之斷行証智，云何狂言一悟即成究竟佛？未証見道因地心，云何狂言已得果地覺？是故余於《護法集》出版後，於書中抬頭及簽名，以掛號郵贈於彼，而彼迄今未能於拙著置喙，僅能私下對彼棄我而去之蕭居士謗言：「蕭平實一點兒証量都沒有（此據蕭居士對張果圜老師所言而錄）。」而彼自身實未見道，墮於外道常見中，云何可於內部通訊中指斥惟覺法師悟後起修之說爲誤？若異日有緣相見，當以三乘証量及三學証量請益於彼，一一對驗，互相印証，往復切磋，藉以增益彼此。

是故凡欲淨除自心現流者，必須先明因性自性，因性自性者即是因地眞實心；若明因地心，即証「心境界」，了知因地心之集性自性；次第熏習性自性、相性自性、大種性自性，隨次証得慧境界、智境界、見境界，便入初地通達位，了知因地阿賴耶心即是果地究竟覺心，所異者唯自心現流未淨除爾；便知初地起方得名爲修道位，了知修道之理。由斯理故，佛說「如來淨除一切衆生自心現流皆是漸淨非頓」，彼法禪法師言一悟頓斷盡者，名非法說。

「譬如明鏡頓現一切無相色像，如來淨除一切衆生自心現流，亦復如是頓現無相、無有所有清淨境界。如日月輪，頓照顯示一切色像；如來爲離自心現習氣過患衆生，亦復如是頓爲顯示不思議智最勝境界。譬如藏識，頓分別知自心現，及身安立受用境界；彼諸依佛亦復如是，頓熟衆生所處境界，以修行者安處於彼色究竟天。譬如法佛所作依佛，光明照曜；自覺聖趣亦復如是，彼於法相有性無性惡見妄想，照令除滅。」

疏：《「譬如明鏡頓時映現一切無相之明鏡自境色像，如來淨除一切衆生自心業障煩惱現行瀑流，也是像這樣：頓現阿賴耶空性之無相、無有所有之清淨境界，令衆生得証悟自心境界並領受其體性境界。譬如日輪與月輪，其光出時，頓時普照及顯示一切色像；如來爲諸求離自心現行習氣過患之衆生，也是像這樣：頓時爲他們顯示法界不可思議智慧之最勝境界，令他們生起欣求佛道之心。譬如藏識阿賴耶乃至眞如，能頓分別知自心所現相分之色身，頓分別知色身安立受用境界（此已函蓋頓分別知所生七轉識心所）；彼諸十方報身佛也是像這樣：爲一切初地菩薩已得大乘照明三昧者，悉爲示現身面言說，頓能成熟此諸菩薩發起初地功德，以佛神力將此初地修行者，安處於彼五不還天之頂—色究竟天宮。譬如法身佛所作之莊嚴報身佛，光明照耀，除滅黑暗；諸佛自覺証悟之聖境意趣亦復如是，他們對於一切法相中執有執無而生之邪惡虛妄之想者，以智慧光明頓照而令除滅。」》

「譬如明鏡頓現一切無相色像，如來淨除一切衆生自心現流，亦復如是頓現無相、無有所有清淨境界」：明鏡恒常頓現一切有相色像—萬物之青黃赤白長短方圓；無智幼兒及與猿猴，被明鏡中色像所迷，不知不覺明鏡本體之無相色像，故對鏡中色像及自身映像起於貪瞋；智者巧設方便，令其頓知明鏡自身之無相色像，則於明鏡所現相分影像不生迷惑；如來亦復如是，爲諸迷惑自心所現相分諸佛子等，頓現能生相分之自心，以無相無所有、清淨境界之自心第八識示現與衆生，令諸衆生了知所觸相分是假，能觸相分之覺知心自己亦假，唯有阿賴耶自心恒處無相無所有清淨境界，祂才是眞。衆生以証知及領受此心之無相無所有清淨境界，返觀「身我及覺知心我」之染汙非眞、無常變異，則能邁向清淨自心之修道次第，自心現流便可漸漸淨除。

此段經文乃謂世尊欲令佛子心漸清淨，故而頓現清淨自心，引諸佛子証入大乘眞見道位，雙修人無我及法無我。又恐佛子於眞見道所証之阿賴耶識生輕賤想，復又為諸佛子示現眞見道後入相見道位，修學十地聖行滿足，成究竟佛所証果地第八識眞如之最勝境界，遂又開示云：

「如日月輪，頓照顯示一切色像；如來為離自心現習氣過患衆生，亦復如是頓為顯示不思議智最勝境界。」猶如日輪月輪生起之時，頓時照明，顯示一切色像；如來為諸已悟佛子中之信不具足者、慧不具足者、習氣深重者，不能遠離自心所現業障煩惱習氣者，輕賤因地所悟阿賴耶識而不能於佛道起深願樂者，便為彼等頓時顯示開演佛地不可思議智慧之最殊勝境界，令起欣樂。

「譬如藏識，頓分別知自心現，及身安立受用境界；彼諸依佛亦復如是，頓熟衆生所處境界，以修行者安處於彼色究竟天。」藏識能頓分別知自心所現，此謂藏識於內相分之現行雖不作分別了知，而能頓分別知現與不現；復能頓分別知七轉識之現與不現，復能頓分別知意識及末那之心行，復能頓分別知色身身行，復能頓分別知色身安立受用境界，此是已悟之人悉皆証知領受之自心現量。

世尊以藏識之頓分別知自心現體性爲喩，說一切法身所依佛—莊嚴報身佛—亦如是能頓成熟初地佛子已得大乘照明三昧者，悉爲示現身面言說，頓能成熟此諸菩薩發起初地功德，以佛神力將此初地修行者，於捨壽時安處於五不還天之頂—色究竟天宮，令此等菩薩生於色究竟天修學一切種智。

「譬如法佛所作依佛，光明照曜；自覺聖趣亦復如是，彼於法相有性無性惡見妄想，照令除滅。」譬如法身佛所作之莊嚴報身佛，光明照耀，除滅黑暗；對於那些以覺知心爲眞實心之執有者，對於那些以一切法緣起性空、否定藏識之執無者—墮於常見有及墮於惡取空之中觀學者所生邪見惡見，諸方佛剎之莊嚴報身佛，悉以自証聖境智慧光明照令除滅。

「大慧！法依佛說：一切法入自相共相，自心現習氣因，相續妄想自性計著因；種種不實如幻，種種計著不可得。」

疏：《「大慧！法身所依莊嚴報身佛說：一切法皆入自相與共相中，自心現流都是以往昔熏習之習氣爲因，相續不斷之虛妄想是以自性計著爲因；此三者互相關連而有自心現流，生種種法；然種種法皆不眞實，猶如幻化而有，衆生依於錯誤之認知，以爲實有而生執著欣厭，其實皆是幻化，無有眞實。》

「法依佛」：謂法身所依之莊嚴報身佛。依理而言，莊嚴報身佛實由法身所化現，法身爲根本。依事而言，法身無形無相，猶如虛空，一切有情悉不能見，故不說法；若欲說法利樂有情，須依莊嚴報身或應身化身方能爲衆生說法。佛地眞如示現莊嚴報身而住於三界內，故有形色能由諸地菩薩恭敬圍繞，熏習種智；依利樂有情故，說報身爲法身所依佛。

「一切法入自相共相」：凡夫七轉識之現量境界，名爲自相；依自相之比量而知他人之七轉識現量境界，名爲共相。二乘聖者七轉識現量境界名爲自相，依此比量而知餘二乘聖者七轉識現量境界，名爲共相；見道菩薩七轉識現量境界名爲自相，依自相比量而知餘見道菩薩七轉識現量境界，名爲共相。見道菩薩証知自心阿賴耶性，能親領受，此爲自心現量自相；復依此自相現觀，能觀他人乃至螻蟻之自心阿賴耶性，名爲共相。初地通達位菩薩……乃至究竟佛位証知自身淨八識聚之一切功能性而運用自在，此名佛之自相；依此自相能親了知一切佛之淨八識聚一切功能性，亦了知一切佛皆能如己運用自在，名爲共相。故知自相共相函蓋一切法，故說一切法入自相共相。

又：一切菩薩乃至一切諸佛自証之法，名爲自相；依此自相比量，能知餘菩薩及佛悉能以自所証法度化有情，是名共相。上地能知自地及下地共相，下地唯知自地共相不知上地共相，以不知上地之自相故。此自相共相之理，自凡夫地乃至佛地，莫非如是，故說一切法入自相共相。

「自心現習氣因」：一切衆生自心所現煩惱及相分見分，自無始來相續流注現行，恒不斷絕，是故輪轉三世十方一切三界；欲令不現，終不可能。而此自心現行流注之相續不斷，實以無始來之不斷熏習而生之習氣爲因，故令自心流注現行相續，是名自心現習氣因。

「相續妄想自性計著因」：有情衆生之所以會有相續不斷之虛妄想，皆以自性之計著爲因。云何自性計著？謂有情執覺知心爲我，依覺知心能觸能知六塵，能返照覺知心自我之存在；並錯誤認知此心爲不生滅之常住心，於此心執著不捨，是名自性計著；於此心之各種功能性—見分、自証分、証自証分—誤計爲恒不壞滅、能往來三世，於此心性執著不捨，名爲自性見者。

見分者，謂覺知心能觸覺六塵，故名見分。自証分者，謂覺知心能親領受六塵，故名自証分。証自証分者，謂覺知心能返照自己是否觸知六塵及親領受，於此能自証實，故名証自証分。覺知心有此三性，故衆生執著此三性以爲實有；依於此覺知心之三性，執著六塵相分（含定境法塵相分），纏綿愛戀，故生自性計著，名爲自性見。

以不曉覺知心之虛妄不實，依於自性計著，故於三界九地六塵萬法產生欣厭，依於六塵萬法之欣厭而生虛妄想，相續不斷；復因虛妄想之相續不斷而增強自性計著，互相繫屬，互相增長。悉皆依於不如理作意而生，不如理作意者必生自性見，自性見者必生虛妄想，相續不斷，是名「相續妄想自性計著因」。

「種種不實如幻，種種計著不可得」：凡夫執五蘊實有、七轉識實有，墮五蘊自相共相中，不知其幻。大乘惡取空者依蘊處界空而解中觀，執蘊處界皆空，執第八識如來藏亦非有，乃至般若空性亦想像爲空；然實彼所想像之般若空非有，乃想像之空，墮自相中，亦墮共相中；不知彼所想像之般若中觀乃兔無角法，不實如幻；而堅執斷滅見之般若中觀，誹斥一切人所說中觀，謂一切法空方是般若中觀，無一法可得，亦無第八識如來藏，悉墮蘊處界共相中；彼諸人等種種計著惡取空之般若中觀，而彼中觀實不可得。

自心現習氣因亦不實如幻，依於往世無量劫來之見分相分熏習，欲令自心覺知萬法，常現不滅，熏成習氣，故與涅槃寂靜無覺無知及離証自証分寂滅境界不能相應；由自心現相續不斷故輪轉生死。然自心現之習氣因虛妄不實，由虛妄識之熏習有爲法而成就故；衆生不知此理，依自心現習氣因之勢力而貪求六塵乃至無色界法塵。

相續妄想自性計著因亦復虛妄，由意根意識不解七轉識體性虛妄故，執著自性而生相續不斷之虛妄想，復依虛妄想熏習自性計著因，互相繫縛；而此計著因虛妄不實，無眞實體性可得。

復次，自相共相法、自心現習氣因、相續妄想自性計著因，此三者交相涉入，同時存在現行，非是三法各自獨立。佛欲教令已悟菩薩淨除自心現流，消除虛妄想習氣，故依偏顯處說，令諸已悟菩薩証知此理，此後即可如理作意，於歷緣對境中漸漸淨除自心現流。

以上佛語乃是說明一切法皆依藏識之自心流注而生，流注若滅，即成佛道。佛子自心流注欲滅者，當知滅因，當知生因。生因者，佛已爲吾人說一切法入自共相，乃至相續妄想自性計著因；明此理已，便知滅因；若知生因及滅因，則於阿賴耶之流轉性及眞如性如實了知，了知此者名爲了知因性自性，了知因性自性者便得証入「超二見境界」，証實及領受「阿賴耶識非第一因，非非第一因；非可修，非不可修；非妄亦非眞；非生滅，非不生滅；非有來去，非無來去；非能增減，非不能增減；非垢亦非淨；非斷亦非常；與蘊處界非一亦非異；……」之體性，於外道凡夫法、二乘愚法乃至大乘世出世間法中，悉能為說實相境界，超越二邊，恒依中道般若而度有情。是故菩薩悟已，次第熏習集性自性、性自性、相性自性、大種性自性已，當熏習因性自性；以了知因性自性已，得証超二見境界，一切人天所不能謗，應當從之受學；唯除上地菩薩。以下復說緣性自性—超子地境界：

「復次大慧！計著緣起自性，生妄想自性相。大慧！如工幻師，依草木瓦石，作種種幻，起一切眾生若干形色，起種種妄想；彼諸妄想，亦無真實。如是大慧！依緣起自性，起妄想自性；種種妄想心，種種相行事妄想相，計著習氣妄想，大慧！是為妄想自性相生：大慧！是名依佛說法。大慧！法佛者，離心自性相，自覺聖所緣境界建立施作。大慧！化佛者，說施、戒、忍、精進、禪定及心智慧，離陰界入、解脫識相，分別觀察建立；超外道見、無色見。」

疏：《「復次大慧！由於錯誤的執著緣起性空之法性為究竟法，不解實相，因此產生了一切法緣起性空之妄想自性相。大慧！譬如工於變幻之魔術師，以草木瓦石諸物變作種種幻事、現起各種衆生，種種形色不同，令觀衆起種種虛妄想，以爲實有變幻所成人物；而那些觀衆心中所起之各種虛妄想，也都是不眞實之虛妄想。就像是這樣啊！大慧！衆生都是依於緣起性空之虛妄法性，而起一切法空之妄想自性；因此而有種種妄想心，有種種法相之幻起幻滅妄想相，而錯誤地執著以往熏習的一切法空習氣妄想，不能捨棄，大慧！這就是虛妄想自性相產生的緣由；大慧！開示法界實相非一切法緣起性空之斷滅空，而示導佛子：一切法緣起性空之妄想自性，乃是由於錯執緣起自性，不解佛說緣起性空之理所致；大慧！這就是法身所依莊嚴報身佛所說之法。大慧！法身佛離心自性相──離見聞覺知心之自性所生相──是於自心已經覺悟之聖人所緣智慧境界之根源；大乘聖者爲諸衆生建立佛道法相及法施之作爲等，皆依法身佛自性境界而說。大慧！化身佛不同於法身佛──爲衆生演說六度波羅蜜，即是布施、持戒、忍辱、精進、禪定及眞實心之智慧，離二乘依陰界入緣起性空所說之阿賴耶識解脫相，解脫七轉識之生滅相，分別觀察建立菩薩六度，超越

外道一切見，亦超越外道一切執取無色界法爲涅槃等邪見。」》

「計著緣起自性，生妄想自性相」：計著緣起自性者，謂一切未証悟第八識之中觀師，如藏密自續派諸中觀師；及謂一切否定第八識之中觀師，如藏密應成派諸中觀師（今台灣主張原始佛教、人間佛教諸中觀師亦攝其中），皆是計著緣起自性者。此諸人等所說般若中觀，皆名虛妄想；彼虛妄想之自性，源於緣起自性之不如實知，遂生妄想自性相。

云何名爲計著緣起自性之妄想自性相？此有三相：一爲墮於常見之藏密自續派中觀見，二爲墮於斷常見之藏密應成派中觀見，三爲墮於斷見之台灣島內主張緣起性空人間佛教之印順法師及其跟隨者。分述如下：

一、藏密自續派中觀見：承認陰界入緣起性空，於陰界入之緣起空中，有一不生不滅之如來藏阿賴耶識，此心能往來三世，爲一切法之所依。此派知見符合世尊二三轉法輪所說，符合報身盧舍那佛所說唯識正義；惜於未悟，尚未觸証第八識，不能領受如來藏之体性，錯以空、明、覺知之意識心爲第八識，錯以意識覺知心保持於無妄想狀態爲眞如；故此派古今一切中觀師皆墮常見外道法中，而以陰界入之緣起性空爲究竟佛法；對於空明覺知心之意識体性及十八界緣起性空之不知不解，以爲此心恒不壞滅，能通三世，爲一切法及因果所依，同於常見外道法。此乃由於未具足了知二乘所修陰界入緣起性空之理，名爲計著緣起自性。依於計著緣起自性之不如理作意，便生許多虛妄想；依虛妄想而開示「佛法」，名爲妄想自性相。此妄想自性相，則是依於計著緣起自性而起。

二、藏密應成派中觀見：此派中觀師承認陰界入緣起性空，然不承認有第八識如來藏，喜於他人說處隨應取破，破已自墮斷滅見中；復恐他派責彼爲斷滅見，及因觀察陰界入法已，不能証得第八識而轉執意識爲不生滅心；爲欲表顯其見地超勝自續派中觀見，乃進一步主張意識覺知心應進入定中不動，不起分別，保持覺知不滅，不起名相而安住，謂此境中名爲中道。然，則此中道名爲無常法，有時入定爲中道，有時出定非爲中道，故成無常變異法；不然，則不應名爲般若中道，同於一切外道四禪八定及未到定境界故。由斯故說藏密應成派中觀見，實質爲依於斷滅見而生之常見外道，具足斷常二邊邪見，不應名爲中觀。

三、兔無角之中觀見：印順法師及其跟隨者，由於周遍觀察陰界入中之如來藏，而宿慧不足，不能覓得，便予否定，主張無有第八識如來藏；主張如來藏法「富有外道神我色采」，非眞實有，是佛之方便說法；亦不承認有莊嚴報身盧舍那佛常住色究竟天宮說唯識妙法，故提倡人間佛教，主張大乘三轉法輪多數經典非佛所說，是後人創造集成者；認爲釋迦牟尼佛已入涅槃，現今娑婆世界中無佛住世；並誤會原始佛教教義，主張原始佛教中並未說有如來藏，主張緣起性空方是究竟佛法。若有人住持如來藏妙法，宣揚唯識妙義，便責之爲自性見；殊不知彼等責人爲自性見時，自身正墮自性見中，依陰界入自性思惟所得故，彼所說法悉皆不離陰界入自性故。

何故作是說？此謂彼諸師徒所說般若空，純依陰界入之緣起性空而說，謂陰界入皆悉無常，依緣而起，無有不壞之自性，其性是空；以此陰界入之緣起性空爲眞實不壞之理、爲般若中道觀之內容，否定緣起性空之根本因—第八識，說無此心；亦否定第七識末那，則無意根；唯承認緣起性空諸緣—世界緣、四大緣、父母緣，諸緣既皆緣起緣滅，則一切諸法悉皆緣起性空，無一法可得，謂此名爲般若中觀。

然彼諸師徒所謂之般若中觀，既非般若中觀，亦非二乘之緣起性空，名爲兔無角法。謂佛說般若中道觀，實依如來藏之中道体性而說，非謂一切法皆空之斷滅空也。

二乘緣起性空者謂蘊處界空，空已唯存涅槃本際，色身七識皆滅，名爲無餘依涅槃；涅槃本際於四阿含中，名爲阿賴耶、如來藏、心、有分識、窮生死蘊，具見於北傳南傳阿含經中，是故二乘緣起性空之法不墮斷滅見中，《阿含經》中佛不許弟子說「涅槃是一切法空、斷滅空」故。

今者印順法師徒衆，不斷以書及文章發表，否定第八識，則其所說般若中道即成兔無角之戲論，墮斷滅見故。二乘學人皆知能分別之覺知心是意識，每日斷滅，次晨依有根身及末那而起（有無如來藏暫置不論），若五根俱壞，命根隨壞，彼無根身則不能起覺知心，故名之爲變異無常之意識，六識界所攝；末那識則名意根，六根所攝；六根六識皆是緣起性空、無常變易之法。若十八界悉皆無常變異，悉皆緣起性空，又復不許佛說有涅槃本際之第八識，則無餘涅槃豈非斷滅？因果關係、諸世熏習、善惡業種、……一切世間出世間法皆同斷滅，不能成立。而彼師徒堅持有中道般若，離於第八識獨存；猶如有人堅執有「兔無角法」獨存，不承認「兔無角法」實依牛有角而幻有。今者彼諸師徒所說般若中觀，實依蘊處界有而生；而彼等自認非依蘊處界有而生之般若中觀，究竟讀之，悉皆依於蘊處界有之緣起性空及名相上之有無、一異、斷常、來去、生滅等名相因待而說，是兔無角之名相戲論；雖然口稱中道觀，實則墮於斷見，此即是佛所說之兔無角戲論，尚非二乘初果之正確知見，更非大乘第一義知見，唯是名相戲論爾。

以上所說三種中觀見，皆非眞正之般若中觀，不能起般若慧故，若依方廣諸經及四阿含對驗之，則處處滯礙不通，成大戲論，於解脫道及菩提道悉無助益。凡此邪見，皆因不如實知緣起自性之牛有角法，而生常見法之「牛角中觀」及一切法空之「兔無角中道觀」，此名計著緣起自性所生之妄想自性相。

「如工幻師，依草木瓦石，作種種幻，起一切衆生若干形色，起種種妄想；彼諸妄想，亦無眞實」：譬如工於變幻之魔術師，能依草木瓦石，作種種幻事，現起一切衆生種種形色，令觀者起種種虛妄想，以爲彼諸衆生種種形色眞由草木瓦石變成；實則彼諸觀者心中所起虛妄想，亦如魔術之變幻，非有眞實。

「如是大慧！依緣起自性，起妄想自性；種種妄想心，種種相行事妄想相，計著習氣妄想，大慧！是爲妄想自性相生；大慧！是名依佛說法。」衆生依於緣起性空之自性，不如實知二乘菩提及解脫果，而起一切法空之妄想自性；依於一切法空之斷滅見虛妄想而起各種心想，遂有種種法相幻起幻滅之心行諸事虛妄想相現起，而錯誤地執著以往熏習的一切法緣起性空之習氣妄想，不能捨離，這就是妄想自性相生起之根本原因；這就是莊嚴報身佛欲令衆生如實了知緣起自性，及証入實相而說的法—緣起自性相。

「大慧！法佛者，離心自性相，自覺聖所緣境界建立施作。」法身佛即是佛地眞如；眞如不說法，悉依報化身而爲衆生說法。法身佛有自覺聖智所緣境界，依之建立三乘佛法及人天乘法；建立已，爲諸有情施設五乘法，而有法施之作業。是故報化身佛之說法度衆諸種事業，悉依法佛之自覺聖智所緣境界建立而施作；此非等覺菩薩之眞如所行境界，唯究竟佛地眞如法身所行境界，佛地眞如能與五別境及善十一心所法相應故，等覺菩薩以下之法身眞如唯與五遍行相應，故眞如無自覺聖智所緣境界，不起法佛大用。

法身佛雖與二十一心所法相應，而不墮於覺知心性種種相中，依其自覺聖智所緣佛菩提境界，建立報化身佛之一切法施運作。

「大慧！化佛者，說施、戒、忍、精進、禪定及心智慧，離陰界入、解脫識相，分別觀察建立；超外道見、無色見。」化身佛爲佛子說布施、持戒、忍辱、精進、禪定及眞實心之般若智；報身佛唯說唯識種智之智慧，不說六度。是故方廣諸經中，屬於唯識種智之般若，皆是報身佛所說；或有依於化身中而於人間說者，或有不依於化身而純以報身說者，其義深妙，非未証悟者所能知之，是故一切凡夫及與二乘定性無學衆人皆不能知，聞之茫然，不知何趣。

然而化佛爲度衆生，依法身佛自覺聖智所緣境界而次第開示菩薩六度，由布施植福乃至眞心般若智慧，離五陰十八界六入而說眞心般若，說解脫七轉識之阿賴耶解脫相，不依陰界入之無常空而說解脫相，依此觀察而建立菩薩六度修行次第相；超越一切外道見解，超越一切誤計無色定境界爲涅槃者之邪見；一切外道及一切未悟大乘之佛子等，悉不能知、不能摧壞。

以上說法報化佛，三身全體起用。有時應化身佛具足三身，有時唯是化身；譬如最後身菩薩於有緣世界降神受胎成長出家修道而成佛時，其法身眞如住於後身菩薩之五蘊身中，有時化現莊嚴報身而爲地上菩薩說法，非地球世間之一般佛子所能知見；是則此一應身佛具足三身於其五陰。有時唯是化身者，譬如報身佛視察人間因緣成熟時，示現肉身之化身，或示現唯有影像之化身，則彼化身無有餘二身。若是後身菩薩初成佛者，則於一五陰身中，有三身全体起用。

依於應化身而說人天乘法及二乘法，復於其後說般若空—眞實心空性智慧之總相別相。復於第三階段依報身佛之智慧而說般若種智—究竟之中觀。大乘種智般若，乃是報身佛爲諸惡取空、撥無一切法之中觀學者而說，消弭彼等與二乘人之爭端，圓攝一切佛法，是故宣說緣起自性，令離「兔無角」之邪見。

「大慧！又法佛者，離攀緣、攀緣離，一切應作根量相滅。非諸凡夫聲聞緣覺外道計著我相所著境界；自覺聖究竟差別相建立。是故大慧！自覺聖究竟差別相，當勤修學；自心現見，應當除滅。」

疏：《「大慧！法身佛之自覺境界，非七識心所能攀緣；法身佛自心亦離攀緣性，離能觀所觀故，不墮六塵中取相故；法身佛不墮一切所作行中，不墮諸根中，一切量相滅。此非凡夫聲聞緣覺外道等計著我相者、所執著之境界；依於自覺聖智之究竟智慧，而差別建立凡夫聲聞緣覺外道境界。由這個緣故，大慧！依自覺聖智究竟智慧所建立之差別相，應當殷勤修學；自心所現一切虛妄想之見解，應當除滅。」》

「離攀緣」：法身佛—眞如法身—與遍行五、別境五、及善十一心所相應，故有自覺境界，而此法身佛境界唯有佛地七淨識聚能緣；等覺以下菩薩之七識心，悉不能具足緣眞如境界；而等覺以下菩薩之眞如唯與遍行五心所相應，故亦無有眞如自覺境界，唯有六七識緣於眞如之六七識自覺境界。

「攀緣離」：法身佛與二十一心所相應故，能逕依每一心所而與衆生心相應，然離六塵覺觀—離能觀所觀，故依其無分別性而不取相，攀緣性離。

「一切所作根量相滅」：法身佛雖因具二十一心所法而能逕與有緣衆生心相應，然不墮一切所作行中，依其無分別性任運而行故，所作相滅；法身佛非諸根所攝，故無根相；非相非色而能於諸有情心中現像，雖由有情定中或夢中現見，然非外六塵相，故云量相亦滅，畢竟非色故。

「非諸凡夫聲聞緣覺外道計著我相所著境界」：等覺菩薩以下之眞如，唯有五遍行心所法相應，不具別境等心所法，故無眞如自覺境界，唯有六七識証悟眞如之自覺境界；然有自心現行。此自心現行，唯有眞悟之菩薩能多分知或少分知，各依所悟深淺及道種智修學之廣狹差別而異；一切未悟之凡愚、菩薩、外道悉不能知眞見道菩薩之無我相境界；悉以覺知心之我不起分別、不作我相等想誤作証得無我相。聲聞緣覺依蘊處界我而修無我，現觀蘊處界之無常空及緣起性空，故名現觀無我；乃依覺知心之我，現觀覺知心之無我，緣起終壞故，幻有故，亦依覺知心而修。然諸眞見道菩薩之無我相，實以領受証知眞如之從來不起我相及眞如不自知我人衆生壽者爲無我，覺知心依此第八識之本來無我相而轉捨覺知心之我相，轉依第八識之本來無我相；非如凡夫及外道以覺知心壓抑自己，強令不起我相等分別。

凡夫及外道不知不曉覺知心之虛妄，不知意根即是末那，攝屬十八界有爲法，執覺知心及作主心爲不生滅者，墮於我相；何故墮我相中？謂覺知心「清清楚楚明明白白」，於境能「明」，有覺有知故；既有覺知即能別境，能別境故具足「欲、勝解、念、定、慧」五別境心所，佛說此心名爲意識，六識界攝，三界有爲生死之法也；雖然覺知心無色無相，然有了別法塵及六塵相之心所，能別境，復能返觀自己，即是我；執此爲不生滅心者，即是我見未斷者。我見未斷故，必執「我」相應境界：外道執四禪八定中之定心所住法塵定境爲涅槃境，死時則入定境計爲涅槃；末法佛子執「一念不生、寂而常照之覺知心」爲涅槃心，死時欲令覺知心不滅，保持一念不生常寂而照，計爲涅槃。藏密四大派古今諸祖則口耳相傳，率以「空、明、無盡之覺知」心爲涅槃心，死時欲令此心依然具有明性（分別了知之性）及覺知性而入涅槃，亦是我見不斷之愚痴人。凡此皆墮我相之中，此心於正死眠熟等五位悉皆斷故，唯能與中陰之覺知心相接，不能去至來世故。執此我見者所証境界，悉不能知眞見道菩薩所証眞如「離攀緣」境界。

聲聞緣覺雖斷我見我執，然亦不離我相計著；此謂定性二乘依蘊處界我而修無我，今世証成無學，斷盡我執，具証我空，而仍不離我相，依蘊處界我而修証無我故。二者定性二乘畏懼來世生死，深恐發願受生以後，於來世被胎昧所障，不知出離要義，又無善知識敎導，因此又復淪落生死；以懼墮來世之我故，定性二乘名爲不離我相境界。

眞見道菩薩不執陰界入心（覺知心）爲不生滅我，亦不執陰界入心爲斷滅無，依本來自性清淨涅槃之第八識無我心爲不生滅者，了知自我是生滅我，非從往世來，亦不去至來世，而勇發受生願，不懼隔陰之迷，令世世非一非異之覺知心繼續自度度他，乃至最後身成佛，不執此世覺知心我能離輪迴苦，不懼來世覺知心我復受輪迴苦，故名遠離四相、遠離計著我相所著境界，非外道及未悟凡夫所知，亦非定性二乘無學之所能知。

「自覺聖究竟差別相建立」：自覺聖智究竟相乃是究竟佛地境界，其差別相則依菩薩之眞見道頓悟、及其後相見道漸悟熏習種智之差別，而有衆多層次參差不同；菩薩欲度衆生者，當善知差別相，而後知建立次第，了知凡夫外道聲聞緣覺菩薩與佛之修証差別。諸佛世尊爲十方衆生演示佛法，悉皆依於自覺聖智究竟差別相之建立而說法。至於凡夫外道聲聞緣覺菩薩及佛自覺聖智究竟差別相，拙著諸書敘述已多，勿煩重舉；讀者逕行檢閱可解。

「是故大慧！自覺聖究竟差別相，當勤修學；自心現見，應當除滅。」佛復叮嚀大慧：自覺聖智究竟差別相，應當勤加修學。菩薩若未通達凡夫外道聲聞緣覺佛道之修習內容及各各所証「智慧」，則是未具足菩薩見地者，名爲未至通達位之菩薩；若未通達初地見地，則於度生事業上及說法上，多遭質難而不能置答，不能辨析正義，不能爲衆解析三乘法道之異同，亦不能爲衆解析二乘與凡夫及外道之差別，則不能恒久廣利衆生，亦不能度衆入於初地乃至餘地。若能通達，則亦能令他人通達，成辦上述諸事，是故佛又咐囑大慧菩薩，於自覺聖智究竟相及差別相，應當殷勤修學。次一咐囑，非唯咐囑大慧菩薩，實係咐囑一切菩薩，是故一切佛子皆當殷勤修學。

佛子眞見道明心已，不唯殷勤修學自覺聖智究竟相與差別相，復應淨除自心現流及諸妄見—虛妄之想。此謂勤修自覺聖智究竟相及差別相者，唯能增益道種智，不能增益解脫果。必須種智與解脫果雙圓，方得成佛，是故自心現流及虛妄見，應須修除。

虛妄見者，如前所說牛有角想及兔無角想，如諸破斥一切法而不許有如來藏之惡取空者；亦如依兔無角想而建立牛有角想，如應成派古今一切中觀師之建立細意識覺知心爲不生滅心者。凡此虛妄見，應當修除；若不修除者，忽遇大名聲或多聞善辯者，即被籠罩，乃至因而退失大乘菩提，故自心所現虛妄見應當修除。

自心現流應頓悟漸修，歷緣對境中磨練修瑩，非可一時除滅，前已述之。此乃事修，於佛道自修及度衆上極爲重要；若悟後無有能力修除自心現流者，則顯示此人性障極重，乃是新學菩薩，悟緣尚未具足；乃是與善知識結緣故得悟入，不久仍將因世法故起貪瞋心，觸犯謗師謗法乃至謗佛之惡業，而於捨壽後墮於三途；墮三途故復因胎昧忘失見地，亦無善知識教導令得重新悟入，是人往世所修一切道業悉皆廢失，如《菩薩瓔珞本業經》所說舍利弗往世之退失等。

若悟後能殷勤修除自心現流者，則顯示此人性障輕微，非是新學菩薩，能依善知識教，不唯修除自心現流，亦能善修自覺聖智究竟及差別相，此人不久得入初地，次第圓証諸地功德，後際不久必當成佛。是故自心現行業障煩惱（性障）應當努力除滅。

「復次大慧！有二種聲聞乘通分別相，謂得自覺聖差別相，及性妄想自性計著相。云何得自覺聖差別相聲聞？謂無常、苦、空、無我境界，眞諦離欲寂滅，息陰界入自共相，外不壞相如實知，心得寂止；心寂止已，禪定、解脫、三昧道果，正受解脫；不離習氣、不思議變易死，得自覺聖樂住聲聞；是名得自覺聖差別相聲聞。大慧！得自覺聖差別樂住菩薩摩訶薩，非滅門樂正受樂；顧愍衆生及本願，不作証。大慧！是名聲聞得自覺聖差別相樂，菩薩摩訶薩於彼得自覺聖差別相樂，不應修學。」

疏：《「復次大慧！聲聞乘之通達者有二種分別相，所謂自覺聖智差別相聲聞，及於外法分別執著自性相聲聞。如何是証得『自覺聖智差別相聲聞』？這是說有一種修行人，明見陰界入之無常、苦、空、無我境界；於陰界入緣起性空之眞諦已得現觀，所以遠離欲界貪愛，心得寂滅；止息陰界入自相及共相諸法之執著，所以遠離色界無色界之執著；對於陰界入以外之地水火風等不壞相，如實了知，心得寂靜安住不動。心寂靜安住不動以後，四禪八定、解脫、三三昧道果皆能獲得，正受解脫果；尚未遠離貪瞋痴等習氣，亦未遠離不可思議之變易死，而証得聲聞乘自覺聖智之樂住聲聞境界聲聞人，名爲得到自覺聖智差別相聲聞通。大慧！得到大乘自覺聖智差別樂而安住不退之大菩薩們，雖然也有能力証得此種聲聞無學解脫正受，但不正受此寂滅樂及三昧樂；由於顧念及憐憫衆生的緣故，及本來所發未來世繼續受生之願的緣故，不取証聲聞無學之解脫寂滅樂及三昧樂。大慧！這就是聲聞羅漢証得自覺聖智差別相樂，菩薩摩訶薩們對於他們所得聲聞自覺聖智差別相樂，不應修學。」》

阿羅漢所証聲聞菩提之通達相有二種：一爲得自覺聖差別相，二爲性妄想自性計著相。二者皆爲聲聞無學羅漢所証境界，然二者有別：前者於外不壞相如實知，後者於外不壞相不如實知，故生性（法）妄想。今先說前者：

「云何得自覺聖差別相聲聞？謂無常、苦、空、無我境界，眞諦離欲寂滅，息陰界入自共相，外不壞相如實知，心得寂止」：已經証得自覺聖智差別相之聲聞無學，是說此人依於陰界入，現前觀察陰界入之無常、苦、空、無我等境界，並且証實確認陰界入之如上体性，觀陰界入之依緣而有，其性是空，而得聲聞菩提之眞諦：陰界入無常、苦、空、無我，緣起性空故。

常見外道、藏密四大派古今祖師、顯宗之古今錯悟者，皆因昧於聲聞菩提，故墮常見法中。謂此諸師悉以同一意識心，依其見分、自証分及証自証分，分爲三心：粗意識、細意識、極細意識；於中作諸虛妄想像，欲將此意識覺知心修成果地心—變成第八識眞如；然此覺知返照之意識心，永遠不可能變成佛地眞如；修至成佛時，佛地眞如仍是原來之第八識—由有染汙種之因地阿賴耶轉淨爲無諸隨眠之果地眞如，非因修行而將第六識轉成第八識。又此覺知心有三俱有依：阿賴耶、末那、有根身，若無此三俱行，覺知心即不能現起；

是故病人若受全身痲醉——有根身中五勝義根（大腦）受痲醉時，覺知心即斷滅。聲聞初果人，於眠熟等位現觀此已，即斷我見，証成初果，我執未斷故不成無學。而常見外道、藏密四大派古今祖師，顯宗古今錯悟者，皆於識陰（覺知心）之無常故苦、故空、故無我之境界不能現前觀察，不得聲聞菩提眞諦。

台灣本島十餘年來，多有諸師教令徒衆：應須時時作主、處處作主，乃至令人死時亦應能自作主。如是諸師名爲不解十八界空，作主之心即是末那，恒審思量永不間斷，無始劫來未曾刹那間斷作主心行；衆生修道者衆，佛子更多，所以不能出生死者，皆坐此病；謂此作主之心即是末那識，即是意根，十八界攝。十八界法皆是緣起之法，無常、苦、空，非有不滅之我。聲聞羅漢以現觀此心之生滅變易、緣起性空，故斷我執而成無學；乃今惟覺諸師及廣大徒衆，悉欲保持此心時時作主處處作主之我執性，何時能証解脫果耶？如是諸師既以覺知心爲眞如，未斷我見；復以作主心行不斷，未斷我執；則不唯未証阿羅漢果，抑且未証聲聞初果，何況大乘菩薩別教果証？而任令徒衆稱賢稱聖、不加糾正；自身又復言語暗示証悟成聖，皆名大妄語業成就者，豈眞不畏三壇大戒所受大妄語重戒之果報乎！

聲聞初果現觀五陰內十二入之無常、苦、空、無我，了知意識覺知心之虛妄，故成初果聖人；而猶未具知六根之虛妄。六根者：眼耳鼻舌身意根，前五爲有色根，後一爲無色根；前五既是有色根，當知必定依於阿賴耶識因、父母緣及四大飲食緣而得生成增長，既須依緣，則緣盡必壞，乃至常見外道亦須知此。意根則是末那，不依父母之緣而生，但依阿賴耶識因而生；此心行相微細，刹那刹那作主而不間斷；從無始劫來，種子流注相續不斷；而了別慧劣，執著性強，遍計諸法爲我我所，故令聲聞一至三果聖者一時猶難斷分段死，是生死之根本，又名我執識。聲聞慧脫俱脫無學，由能現觀此識之執著性而除斷之，則斷我執，成無學聖，聲聞乘眞諦已究竟証知。

究竟証知聲聞菩提眞諦已，離欲界五塵貪著，心得寂滅而離五塵攀緣。以十八界之自共相已經具知具証，則陰界入自共相執著亦得漸漸息滅；息滅已，不貪不著色界法塵及無色界法塵；亦於陰界入外之器世間形處成壞中之四大極微不壞相，得如實知—知非有能造者，遂成無學，得成慧解脫聲聞羅漢。成慧解脫無學已，心得寂止，常住寂寞世界，不緣外五塵，亦不緣內法塵；得証聲聞十智之九—盡智已得，不得無生智。

「心寂止已，禪定、解脫、三昧道果，正受解脫；不離習氣、不思議變易死，得自覺聖樂住聲聞；是名得自覺聖差別相聲聞。」慧解脫阿羅漢，心得寂寞安止以後，四禪八定之修証即得漸漸成就，最終成就滅盡定；成就滅盡定已，自知已証解脫，非但擁有慧解脫的智慧，且兼具八解脫的身證，已同時成為定解脫；此阿羅漢名爲俱解脫聲聞，此時已經了知解脫境界，具足解脫知見，知於解脫所應作者悉皆已辦，知於梵行所應修者悉皆已立，具足聲聞十智，能爲他人宣說。此時於聲聞三昧道果—空、無願、無作—已具足修証，樂於此三三昧中寂寞安住，正受有餘依涅槃之解脫境界。

此俱解脫阿羅漢，仍未離貪瞋習氣，未離不可思議之變易死，而離分段生死，此種得証聲聞法之自覺聖智樂住聲聞，即是証得自覺聖智差別相之聲聞聖者，於聲聞乘之修証差別相已經了知。

分段生死，謂此生死有形體或命根之分段，以形體命根之出生及死亡過程爲一分段，受胎之時此世分段結束，譬如欲界人間之受生乃至死亡已，至中陰身受胎止，名一分段生死。無色界雖無色身，然有命根，故於四無色天境界中安住已，名爲受生；一萬乃至八萬大劫中，報盡便墮人間乃至三惡道，無色界天命根終了，亦是一期分段生死，以命根分段故。

變易生死者，非依身根命根而說，依自心識種流注而說。二乘無學雖斷分段生死，然其阿賴耶（異熟）識所含諸識種子尚有自心流注，乃至入住滅盡定中，尚有八識種子各各於異熟識中流注而不現行；如滅盡定中自心流注，無餘涅槃位中之異熟識亦復如是有自心流注，雖不現行七識種子及三界煩惱種子而不受分段生死，然其異熟識中仍有八識心王八識種流注生滅，於其異熟識內自心流注，永不滅盡，此即名爲無餘依涅槃位之變易生死。

此二乘無學尚有變易生死故，佛於彼等入無餘涅槃前，爲說般若及種智妙法，爲說法報化身佛自覺聖智境界；若諸二乘無學聖人，於佛菩提有絲毫欣樂，雖於捨壽時未即迴心大乘，仍入無餘涅槃，然於無餘涅槃位中，其異熟識中已有捨壽前所聞佛菩提啓發之無漏法種，此諸法種將於無餘涅槃位之異熟識中自心流注；或一億劫、或無量億劫後，此無漏法種之自心流注，終將與七識種之自心流注相應，此時便將復由意根作主而現起中陰，受生爲人，復現於人間修菩薩行。此謂自心流注即是變易生死，刹那刹那生滅變易故，佛地方盡；佛地眞如是淨七識聚種及純無漏法種，不受新熏，不改易眞如心中一切種，故變易生死斷盡。

「大慧！得自覺聖差別樂住菩薩摩訶薩，非滅門樂正受樂；顧憫衆生及本願，不作証。大慧！是名聲聞得自覺聖差別相樂，菩薩摩訶薩於彼得自覺聖差別相樂，不應修學。」菩薩所証得之自覺聖智差別樂，是大乘菩提法樂，非聲聞菩提法樂，是故菩薩依大乘菩提自覺聖智差別相法樂而安住；此法樂不同於聲聞羅漢依寂滅門法樂而正受解脫樂，由於顧念及憐憫衆生之故，以及本來曾發世世受生自度度他之大願故，雖能取証有餘涅槃乃至捨壽時能取証無餘涅槃，而不取証寂滅門樂正受。

以上所說，即是聲聞人得自覺聖智差別相樂境界，一切証悟法性之菩薩摩訶薩，對於聲聞人所証得之自覺聖智差別相樂，不應該修學；應依菩提願及受生願，不入涅槃，世世修學佛菩提。

「大慧！云何性妄想自性計著相聲聞？所謂大種：青黃赤白堅溼煖動，非作生自相共相，先勝善說；見已，於彼起自性妄想；菩薩摩訶薩於彼應知應捨，隨入法無我相，滅人無我相見，漸次諸地相續建立；是名諸聲聞性妄想自性計著相。」

疏：《「大慧！什麼是法性虛妄想之自性計著相的聲聞人呢？也就是說這類聲聞人，於地水火風四種元素之集聚所顯現之青黃赤白堅溼煖動等，非由造物者造作而生此諸自共相等理，不能依於自己之智慧觀察而証實之，乃是依先前有勝智之善知識所說善妙之理而信受；或依教理開示而分別思惟取信之。聞已讀已雖然信受，而不能眞解妙義，故於大種所成之山河大地及諸色法，起於心外有法及諸色法皆各有自性之虛妄想，並於此邪謬之自心現見執著不捨，這就是聲聞性妄想自性計著相；菩薩摩訶薩於彼聲聞阿羅漢之自心現見虛妄想，應當了知；了知已，即應捨離，隨即証入法無我相中，滅除人無我相之見解，

漸次修進諸地，建立諸地修道次第。」》

「云何性妄想自性計著相聲聞？所謂大種：青黃赤白堅溼煖動，非作生自相共相，先勝善說；見已，於彼起自性妄想；」性妄想自性計著相聲聞，於《入楞伽經》中譯爲「聲聞分別有物執著虛妄相」，較符原旨。此謂第二類聲聞通相：此類阿羅漢依陰界入自共相等，如前所說修証成阿羅漢，然於外法大種地水火風四大元素聚集而顯現之顯色及形色表色等，知非由能造物者所作而生（如盤古開天闢地、一神教之造物主），但非如第一類阿羅漢能自觀察，於外不壞相不如實知，而由於深信先前有勝智之善知識所說之正理而知，或由閱讀經藏而知；但非如實証知，是故於大種（地水火風）所形成之青黃赤白（顯色）及長短方圓、堅硬溼潤溫暖運動等物性之自相共相，不能眞知大種性自性，因之執有外法離心而有，起外法有自性之虛妄想，執此邪謬之自心現見不捨，名爲性妄想自性計著相聲聞。

「菩薩摩訶薩於彼應知應捨，隨入法無我相，滅人無我相見，漸次諸地相續建立；是名諸聲聞性妄想自性計著相。」菩薩摩訶薩於彼二種聲聞相，皆應了知；知已應捨。第一種聲聞乘通達者，樂於寂滅，不起廣度衆生大願，常住滅盡定中；捨壽後必取無餘涅槃，不肯發受生願—盡未來際廣度衆生；此人不能成佛，少益衆生，是故菩薩摩訶薩應了知其境界，並應捨離之。第二種聲聞乘通達者不如實知外法亦依自心而有（詳前一二輯中已述），於大種自性之本不生滅道理不如實知，故執諸法有我，不入法無我相。

第一類聲聞通者執人我空—蘊處界無常緣起故空，畏懼生死，必取涅槃，故障成佛；第二類聲聞通者不解大種實相，執諸法有我，常不生滅，不能入法無我相；故菩薩摩訶薩於此二類聲聞通相應知應捨，離人無我相見，隨入法無我相。二乘人無我相見，不能起佛菩提；大乘法無我相見，方能起佛菩提；菩薩依法無我相見，方能依十地次第漸次進修。

以上乃說緣性自性，即是說二乘法實是依於緣起自性之依他起性上修空。菩薩若不了知緣起自性及二乘無學所修依他起性空，不能完成八地之修証；若能具足了知，復依無生法忍漸次進修，則可漸次至等覺位，証得「超子地境界」，是故菩薩應知二乘法之緣性自性，亦應修証大乘無生法忍。以下續說成性自性——如來自到境界。

爾時大慧菩薩摩訶薩白佛言：「世尊！世尊所說常不思議自覺聖趣境界、及第一義境界，世尊！非諸外道所說常不思議因緣耶？」佛告大慧：「非諸外道因緣得常不思議，所以者何？諸外道常不思議，不因自相成；若常不思議不因自相成者，何因顯現常不思議？復次大慧！不思議若因自相成者，彼則應常。由作者因相，故常不思議不成。大慧！我第一義常不思議，第一義因相成；離性非性，得自覺相故有相；第一義智因，故有因，離性非性故；譬如無作虛空、涅槃，滅盡故常；如是大慧！不同外道常不思議論。如是大慧！此常不思議，諸如來自覺聖智所得，是故常不思議自覺聖智所得，應當修學。」

疏：《爾時大慧菩薩摩訶薩白佛言：「世尊！世尊所說自覺自証聖智境界及第一義境界，不正是諸外道所說常不思議之因緣嗎？」佛告訴大慧：「不是那些外道所說之因緣能夠常不思議，爲什麼呢？因爲那些外道所說的常不思議，不是由於自身的因相所成就；如果常不思議，不是由自身的因相所成就的話，有何正因能顯現他們所說的常不思議？復次大慧！不思議境界若是由於自相因成就者，那個不思議境界就應該是常。由一個能作的外因相所成就，所以常不思議不能成就。大慧！我所說的第一義常不思議，第一義因相成立；離有法無法，而可以証得自覺自悟聖智相，所以有相；有第一義智慧爲因，所以有因，離有法無法及作者相故；譬如無所作爲的虛空及涅槃境界，由於畢竟滅盡，所以是常；如是！大慧！我所說的常不思議，不同於外道的常不思議說法。如是！大慧！我所說此常不思議，是十方如來自覺聖智所証眞理，所以常不思議之自覺聖智所得智慧境界，應當修學。」》

由此段開始，世尊爲佛子開示大乘第一義諦－圓成實性，並同時摧邪顯正－藉摧伏邪說而顯示正義。若單說正義，唯說佛法之常不思議，則佛子不易眞實証解，往往與諸外道常見論者所說常不思議心，混爲一譚，魯魚不分；是故世尊說法時，常將外道所說混淆佛法之處，舉示解析，令諸當代後世佛子知其分際，顯示正義與外道之差異。

玄奘菩薩云：「若不摧邪，無以顯正。」今者諸宗諸派大師以常見外道法說爲佛法常不思議之眞心，密宗四大派古今諸祖亦復如是，本土西洋一切外教亦復如是，悉認覺知心爲不生滅者；如是不思議常，非眞不思議常，而悉說彼等不思議常與佛法不思議常無異，混淆佛子修學佛法知見，誤導修証方向；故應於宣示佛法常不思議第一義諦時，同時舉示外道之常不思議之邪謬，令諸聞者能如實解知二者差異所在，方有希望進入眞見道位；並可因爲此一舉示，令諸佛子見道後，能簡佛道與常見外道差別，此後不再被古今大師所迷、所籠罩，而免退失正道。由此緣故，大慧菩薩故意舉常見外道所說常不思議問佛；佛即以此問爲由，開示佛道第一義常與外道不思義常之差異；無上甚深微妙正義於焉開展，正示佛子：

「非諸外道因緣得常不思議，所以者何？諸外道常不思議，不因自相成；若常不思議不因自相成者，何因顯現常不思議？」世尊開示云：諸外道所說的常不思議之理不能成立，因爲諸外道所說常不思議之理，是心外之法，不是以自心爲因相而成立；如是常不思議之理，不是以自心爲因相而成立者，以什麼爲根本因？而顯現其常不思議之理？

有諸外道執一能造萬物之神爲常，謂天地及一切衆生皆彼所造，如一神教之神，亦如中國神話之盤古開天闢地等；執彼心外之法爲常、爲不思議。亦有外道執宇宙中有一勝性，或一能量，能生天地萬物及與衆生，謂彼爲常，謂其性不可思議。更多之外道（含佛門內之外道）執自己之覺知心爲常，爲不可思議，能生蘊處界萬法。亦有外道說大梵天創造世界及衆生，謂大梵天爲常不思議。亦有外道說時節、因緣創造世界及諸有情，故時節、因緣常，不可思議。亦有外道說由大種成就世界及諸有情，世界及有情形處有壞有滅，大種永不壞滅，故大種爲常，不可思議。亦有外道說一切皆是自然生，自然壞，萬物及有情有生住異滅，自然性無生住異滅，是常不思議。復有外道說有不可知之冥性，輾轉能生萬法，萬法有生滅，冥性無生滅，常不思議。

彼諸外道所說常、不生滅、不可思議之法，皆非以自因爲相；以非自因爲相，則非正因，名爲非因計因。若非以自因爲常不思議之成就相者，有何正因可以顯現常不思議？所以者何？此諸外因皆非可以現証其常不思議之因性故；或者其因是變異無常之法，如上帝、盤古、大梵天、覺知心，皆非恒住不壞之法；或者其因是人之虛妄想而有，如宇宙之能量、時節、自然、冥性等，非可實証，是兔無角法。是故不能眞實顯現常不思議。

「復次大慧！不思議若因自相成者，彼則應常。由作者因相，故常不思議不成。」不可思議之法若是因於自相而成立者，彼不可思議法就應是常住法；自相因者非所作而成，乃亙古以來本自存在，方可名之常。常住之法必定貫通三際—前際無量世、今際現在世、後際無量世；若是由他法之造作而有者，則能作之因獨立於所作我及我所之外，作已與我無關，則非我此生命之本源實相，異我故；所作之我與我所復是本無今有，則非常住法；本無今有之法乃是有生，有生之法必定有滅，則非是常；能作之法必有變異，是故上帝、大梵天、盤古等必有變異，變異之法便是無常；若上帝等是無變異，無變異法不應能生世間及諸有情，無變異法無作用故；是故能作之神與所作之有情皆非是常，是可思議法。由斯故說：「由作者因相，故常不思議不成。」

復次，由作者因相而言能作所作是常及不思議者，則應所作永常不異，則應男人恒是男人，歷無量劫而不改易；然今現見有諸修行者於定中觀見往世或爲女人，或爲天人，或爲畜生，種種差別，是故作者因相常不思議之旨不能成立。若無自心常不思議，由作者故有我我所，以作者爲常不思議者，則應一切有情悉無往昔世所作業種；然今現見有諸修行者或以宿命通、或於定境中，親見有往世所造諸業，今世受果。是故作者因相常不思議不成。

「大慧！我第一義常不思議，第一義因相成；離性非性，得自覺相故有相；第一義智因故有因，離性非性故；譬如無作虛空、涅槃，滅盡故常；如是大慧！不同外道常不思議論。」我釋迦牟尼所說常住不可思議之法—如來藏，是由第一義因相成就；第一義者，於此之前無有一切法可起，故名此法爲第一義，謂此法無始無終，本有，非所作；不滅，非能壞，故名第一義。

此法—如來藏—無始無終，本有不壞，衆生不能知之，唯有大乘菩薩眞見道者能領受之，故名不可思議。因爲此法之常及不思議，第一義因相方能成就；此如來藏非空非有，証悟菩薩依五蘊身証此般若，故有身智自証覺悟相，故有相；以如來藏第一義般若智爲因，所以有因—非以想像虛無之時節自然冥性等爲因，故離無因論；非以想像之作者爲因，故離作者有因論，是名「離性非性」。

如來藏法譬如虛空無爲無作——一切有爲有作之法及執著六塵之法，皆是蘊處界所作故。譬如涅槃無爲無作——離見聞覺知亦不作主故。如來藏法離見聞覺知，無爲無作，諸法滅盡，是故名常。如是大慧！我所說之常不思議正理，不同於外道之常不思議之議論。

「如是大慧！此常不思議，諸如來自覺聖智所得；是故常不思議自覺聖智所得，應當修學。」此第八識之常及不可思議，是一切如來自覺自証聖智之正理，所以常不思議自覺自証聖智所得般若慧，菩薩們應當修學。

「復次大慧！外道常不思議，無常性，異相因故，非自作因相力故常。復次大慧！諸外道常不思議，於所作性非性無常，見已思量計常。大慧！我亦以如是因緣所作者性非性無常，見已，自覺聖境界，說彼常無因。大慧！若復諸外道因相，成常不思議，因自相性非性，同於兔角；此常不思議，但言說妄想，諸外道輩有如是過。所以者何？謂但言說妄想，同於兔角，自因相非分。

大慧！我常不思議，因自覺得相故，離所作性非性，故常；非外性非性無常，思量計常。大慧！若復外性非性無常，思量計常不思議常，而彼不知常不思議自因之相，去得自覺聖智境界相遠，彼不應說。」

疏：《「復次大慧！諸外道所說的常與不可思議，沒有常性，是將自相以外之異因當作正因的緣故；不是以自作因相之力量而說它是常。復次大慧！諸外道輩所說之常及不可思議，是依於所作之法無眞實法之無常性，見到諸所作法之無常性已，起虛妄想，思量兔角法爲常不思議者。大慧！我亦以如是因緣，見所作者無常相，見已知其無常，復自覺悟聖智境界，証得常住不可思議境界，而說一切外道所說之常爲無因論。大慧！如果另外有各種外道所主張之因相，可以成立爲常不思議者，他們所說因之自相法不是眞實有，和兔子頭上的角一般；這種常不思議之議論，只是言說妄想而已；諸外道們有這樣的過失。什麼緣故呢？這就是說：他們所說的常與不可思議，都只是言說虛妄想像，和兔角一樣—非有眞實之法，所說的自因相是不存在的。大慧！我所說的常與不可思議，是以証得自心爲覺悟得道之相，遠離所作法之虛妄性，所以是常；非如外道因看見心外諸法無眞實性之無常，而於自心起諸思量，想像及建立有某法爲常。大慧！如果是依心外諸法之無常變壞，而思量有一不可思議之常，然而他們卻不知道常而不可思議之自心因相—如來藏，那麼，他們距離『証得自覺聖智境界相』仍很遙遠，他們不應該說法。」》

「外道常不思議，無常性，異相因故，非自作因相力故常。」外道們所說的常不思議，有很多種的說法，但其實都是沒有常性，都不是自心第八識之法相；與自心阿賴耶識之「法相因」有異故，非依「自心能作因」爲法相力而說爲常不壞滅。如前所舉諸外道見，皆於自心阿賴耶之外，而作錯誤之思惟與推論，建立爲常不思議之法相；而彼等所說常不思議之法相，既非自相因，可知絕非眞實之常不思議法。

「復次大慧！諸外道常不思議，於所作性非性無常，見已思量計常。大慧！我亦以如是因緣所作者性非性無常，見已，自覺聖境界，說彼常無因。」前段佛語開示，說諸外道不觀察自身蘊界處無常，而作虛妄想，思惟推論：於蘊處界外別有能生吾人蘊處界之常不思議法。此段佛語則開示：有諸外道則是觀察所作（蘊處界）無眞實不壞性，是無常法，有已後壞；觀察已，思量計度有一恒常不壞之法，能生所作之法（蘊處界），計以爲常。

佛亦如是觀察蘊處界法無眞實不壞体性，是無常性，是所作法；觀察即知必有另一能作蘊處界之法，周遍觀察已，尋知即是自心第八識，此第八識方是眞實能作蘊處界者，非是上帝、阿拉，亦非大梵天，亦非冥性、極微、形處、自然、時節等虛妄想像之無常變易法；亦非無常斷滅之覺知心斷滅已，復能無因自現。以如實觀察已，依自覺聖智境界，說彼諸外道皆沒有証得恒常不壞之因，乃是無因論者。因爲他們所說能作蘊處界之因，都不是正因，唯有如來所親証之第八識，方是能作（能生）蘊處界及萬法之正因，故說彼諸外道雖然口說常不思議因，其實皆是非因計因，本質上是無因論者。

「大慧！若復諸外道因相，成常不思議，因自相性非性，同於兔角；此常不思議，但言說妄想，諸外道輩有如是過。所以者何？謂但言說妄想，同於兔角，自因相非分。」如果諸外道們說，他們也有因相，可以成就常不思議，但是他們所說的因相自性並非有眞實法性，與兔子頭上的角一樣；這一種常不思議的法，只是言語和虛妄想而已，並沒有眞實能作蘊處界的法性，那些外道們有這樣的過失。也就是說：他們所說的都只是言語和虛妄想像罷了！和兔子頭上的角一般虛妄，因爲他們所說的自因相是非分的－不如實有，依虛妄想而自心施設推斷爲有。但佛所說的自因相阿賴耶心是可以實証領受的。

自因相者，謂一切有情蘊處界生起現行之因，若由自心所現起，名爲自因相，譬如自心阿賴耶；若由蘊處界外所現者，名爲他因相，譬如大梵天造人，上帝造人等。此段佛語謂佛教之外，無有任何外道實有常不思議法，皆非自因相故；即使他們口說有常不思議之自因相，其自因相亦皆非分，是故一切外道無有常不思議法。

「大慧！我常不思議，因自覺得相故，離所作性非性，故常；非外性非性無常，思量計常。」世尊所說的常不思議法，是根源於覺悟自心爲証得自因相的緣故，遠離所作法性之非眞實性，所以是常；非如造物主、大種、時節、因緣、自然……等外道所說無眞實體性之無常法，而錯誤地思惟推論爲常不壞法。

「大慧！若復外性非性無常，思量計常不思議常，而彼不知常不思議自因之相，去得自覺聖智境界相遠，彼不應說。」如果有人以蘊處界外、不相干之外法—這種法是「非法」，也是無常的；而心裡思惟推論誤以爲是常，他不知道常不思議的自因相—第八識阿賴耶，這個人距離自覺聖智境界相，仍很遙遠，這個人不應該說法。

中國人自古至今，一向有個大毛病，就是好爲人師。稍稍涉獵一二部經，便當起師父，欲廣度人天；稍爲學過三五年佛法，便以爲全部佛法都瞭解了；更有一類人，名爲大乘惡取空者，否定他人所說法，一律斥爲自性見，不許有眞實不壞之法，主張一切法皆空，以斷滅見之緣起性空爲中道般若；著作甚多，藉以求後世名。

更有甚者：更有一類人喜好神通有爲之法，主張宇宙中有巨大能量，此能量分住各個有情身中，爲一切有情之本源；以彼所說悖余說故，轉賤余法，謂余所說法非眞悟，命人轉告於我：應解散共修團體；不許我再弘法。如此之人見道且無，而目空一切，不許他人弘傳正法。

亦如印順法師云：《細心相續，是唯識學上本識思想的前驅。……這心或者叫意、叫識，雖有不同的意義，但各派都認爲是可以通用的。》然實非是，不可通用；識者通名前六識，意者通名意根，是故意與識不同，不得通用。佛於四阿含中說心，有時是說意識，有時是意界（意根），有時是說有分識、窮生死蘊—涅槃本際之第八識；依爲人悉檀隨應說心，不得說心即是意、即是識。

印順法師復云：《據常識的自覺經驗，六識是生滅無常的、間斷的。像悶絕、熟睡無夢，都覺得當時沒有心識的活動。拿聖教來說：無想定、滅盡定、無想天，都稱爲無心。無心的有情，似乎是釋尊所認可的。》然此無心者，乃隨順世俗經驗而說無心—謂無印順法師所說之覺知心也，此乃世俗「常識的自覺經驗」，非無意根末那心及有分識阿賴耶心之仍住悶絕位中也。

印順法師復云：《但從另一方面觀察，就有完全不同的見解：有情就是有識，心識的活動與生命是不可分離的。假使有無心的有情，試問：「這離卻心識的身体，與死人草木有什麼差別？」佛教只許動物是有情、有生命，不承認草木也是有情；如不從有無心識著眼，草木與動物的有無生命，又憑什麼去分別？經上雖說滅受想定是無心定，但也說入滅受想定的「識不離身」；所以，有情必然是有心的。悶絕等僅是沒有粗顯的心識，微細的意識還是存在，只是不容易發覺罷了。相續的細心，就在這樣的思想下展開。》（以上摘自正聞出版社《妙雲集─唯識學探源》頁四八、四九）

然而佛所說之無心定，乃謂無意識心─無見聞覺知心，非謂全無心識也。譬如無覺無觀三昧，乃謂無欲界五塵覺觀、無初禪界之色聲觸等覺觀，非謂完全無覺無知也；是故無覺無觀三昧定境中，仍有意識心相對於定境法塵而住，非謂完全無覺知也。無想定等亦非完全無心，乃謂意識已滅，無覺知心在，故名無心定；然其中仍有意根末那識，及阿賴耶識存在；既仍有此二心存在，必然仍是有情，非是印順法師所謂之「無心的有情」也。此二心即是印順所舉佛說「入滅受想定的『識不離身』，所以有情必然是有心的。」是故無心定等名爲無心，與入滅受想定之「識不離身」，絕無矛盾。印順法師自不能知，故生誤解，乃以滅盡定之「識不離身」，推斷滅盡定中必有微細意識心，非無意識；乃斷言「悶絕等僅是沒有粗顯的心識，微細的意識還是存在，只是不容易發覺罷了。」

然而印順此說有大過焉：一者滅盡定即成非滅盡定，無想定即成非無想定，二者涅槃成非寂靜，三者涅槃應非十八界俱滅，四者涅槃應仍有識蘊，五者阿含諸經一切佛語俱成虛妄戲論。若仍有微細意識，必定仍有微細覺知；三界中之最細覺知，無過非非想定中之意識覺知，佛說滅盡此覺知心已，方成無想定；滅盡已，再滅意根末那之受想二心所，方成滅盡定；今者印順主張無心定等位中尚有微細意識，則必不離非非想定境，仍有微細覺知，而言「只是不容易發覺罷了」，非非想定境是三界最微細之意識境界故；是，則滅盡定與無想定等俱非有法有境可以名之，則此二定乃是方便施設，佛說此二等至即成妄語；非，則印順法師之言成妄。

若涅槃之中仍有微細意識，故不落斷滅者，則涅槃即非眞正之寂靜，微細意識仍具知覺故，意識之性即是覺知諸法塵故；既有涅槃境界法塵與微細意識之細覺知，則是仍有我在，有知即是我故；有法塵及覺知，又復知我住涅槃中，則涅槃非是眞正之寂靜，應當別有涅槃待修待証；是，則佛成妄語；非，則印順不解涅槃。

佛說涅槃無有境界，無有知者，無我我所，一切寂滅，究竟寂滅。今者印順說微細意識永不滅除，謂爲「相續的細心」，則應涅槃之中仍有十八界之二界—意識界及意根界；意識必依意根方能現起及存在故。是，則佛說涅槃十八界永滅之語成妄；非，則印順主張微細意識—相續的細心—永不壞滅，能往來三世，語成虛妄，不解涅槃。

南北傳之《阿含經》中，佛說涅槃唯有實際、本際，或名窮生死蘊，或名有分識，不曾說有意識；不論意識如何微細，必須滅盡，方名無我；若不滅盡，即墮識蘊我中。如是涅槃即非無我我所，如是涅槃仍有識蘊，如是涅槃未出三界輪迴；不離無色界故，尚有意識及意根恒存不滅故。是，則佛說涅槃究竟寂滅、無我我所諸語虛妄；非，則印順主張「微細意識是相續細心」之語成妄。

若印順主張「微細意識是相續細心，是生命輪迴之主体，永不壞滅」等意眞實，則阿含諸經所說佛語悉成虛妄想，見始非分，無有滅盡定可証，無有涅槃可証，無有二乘有學無學聖人；一切二轉三轉法輪諸大乘經悉成虛妄戲論，釋迦降生人間說法便成千古一大騙局。

印順法師復云：《不論是大衆部，或是上座分別論者、經部譬喻論者，在初期都把細心看成意識的細分。經過長時期的思考，才一律明確的提出「六識以外別有細心」的主張。原來細心說也有它的困難：凡是識，必有它的所依根、所緣的境。釋尊從依根緣境的不同，建立六識；這不但小乘經，就是一分大乘經，也還在這樣說。如離六識別有細心，那不是有七識嗎？這似乎違反聖教的明文。》印順法師竟然否定第七識，認爲佛不曾說有第七識；然其否定之第七識卻又不是末那識。彼所否定之第七識是否爲否定末那識，姑置不論；且先論究有無第七識。四阿含中，佛處處說五蘊十八界；十八界者六根六塵六識，六識有六，皆無異議。六根者謂眼耳鼻舌身等五色根，能觸五塵；因於五塵相分，意根觸之而生法塵；意根是心非色，欲了別六塵而慧不足，故生意識而有覺知了別，此亦三乘共識，無異議者；試問：「意根既然是心，則十八界中豈非已有七識？何處違背釋迦世尊聖教之明文？」是故印順法師不應否定第七識、謂為虛構。今者聲聞法十八界中之意識意根境界，汝尚不知，焉能了知本識阿賴耶？而倡言如來藏阿賴耶非於初轉法輪已有？而倡言如來藏阿賴耶非眞實有？誣之為一種思想？

印順法師復言：《細心的所依、所緣（根境），也是很難說的；所以初期的細心說，都認為是意識的細分。後來發現了釋尊細心說的根據，像十八界中的「意界」，緣起支中的「識」支；理論上也漸完備，這才在間斷的六識以外，建立起一味恒在的細心。》印老依「據常識的自覺經驗」，知道「六識是生滅無常的、間斷的」，不能貫通三世，所以懂得「在間斷的六識以外，建立起一味恒在的細心」，以此建立之細心，聯繫三世輪迴之因果。這是有智慧的想法，遠勝中台山惟覺法師；惟覺法師昧於常識之經驗，不知不見自己意識（清清楚楚明明白白之覺知心）夜夜間斷，不知不覺見聞覺知心之自己乃是緣境依他而有，尚不具備世人共知之常識，云何能解佛法？尚未具備二乘十八界法之基本知識，云何能解大乘眞如佛性妙義？而奢言証悟、奢言「見性成佛」，誑惑廣大佛子，眞大妄語也！

然印老信受細心說，即同達賴喇嘛之建立粗意識、細意識、極細意識，差異不大；此亦有大過。謂意識心必具覺知性，若可建立極細意識（細心）成爲貫通三世因果之主体、成爲涅槃之實際本際者，余已述其過失如前，故意識細心說，理不得成。復次，若是意識，不論細至何種程度，仍是依他起性，必須依於所依根及所緣境方能現行生起；既是依他起性，恒依末那意根而起，云何可以其細、而成恒存不變本來自有之心？無斯理也。故達賴與應成派諸中觀師所建立之粗細意識思想，悉名妄想，悉屬不如理作意，印老萬勿信受之！

印順法師復言：《細心，是受生命終者、根身的執持者，縛解的連繫者。它爲了業果緣起的要求而建立，它就是生命的本質。》若印老所謂之細心，非由意識轉細而成，亦非是指十八界中之意界，則余可以認同；其故有二：一者意識覺知心依根緣境而起，非本來自己已在者；二者意識、意界（意根末那）、細心（生命本質識）此三者体性有異有同，異大於同，三者体性迥異，不可如應成派諸中觀師之將意識一分爲三、執其極細者爲生命本質識，過失極多故。然印老不應言「細心是爲了業果緣起的要求而建立」，第八識非是人爲建立之思想，是本來自在；乃是印老作此建立時，能作此建立之印老覺知心自己，亦是由第八識（細心）而生，印老何可謂此細心是人爲建立之法？若此細心是建立法，則此心實際非有，應十二有支之無明種非由細心所持，乃是由虛空無因而生，如是復墮建立細心前之過失中—無有常存不壞而能連繫三世業果緣起之心。是故「細心建立說」進退失據，一無可取；是故應言細心本有，非是人爲建立之思想。何以故？一者，理必如是故；二者，四阿含中處處顯示有此細心故，或說爲欣阿賴耶、喜阿賴耶、樂阿賴耶，或說爲有分識，或說爲窮生死蘊，或說爲如來藏，四阿含中處處可見佛說此心，即不應說爲方便建立；三者，自釋迦世尊傳付迦葉尊者以來，迄至今日之寶島台灣，尚有能証此心者，所証契符三乘佛典，無有絲毫差異，眞實可証，故不應主張此心乃是「爲了業果緣起的要求而建立」。如果依印老之見，許此細心是「爲了業果緣起的要求而建立」者，則此細心非眞實有，則涅槃即成斷滅，則佛於阿含經中斥責比丘誤認涅槃爲一切法空之斷滅見，即成誤責；若無此心，則涅槃不唯蘊處界一切法空，亦乃成爲無此細心之一切法空，則成斷滅空，是故印老不應主張「此一細心是後代大乘唯識學者之建立，非眞實有」，過失極多故，不應如是誤導佛子；此是破佛三乘法義根本故，余於《眞實如來藏》書中多有陳述，茲不重舉。

印順法師復言：《部派佛教關於生命本質的探發，並不限於細心，這不妨給它個全面的敘述：從代表原始佛教的「阿含經」考察起來，衆生的生命現象，只是名色或五蘊或六界的和合。在三世輪迴中，名色等都是不息的生滅演變，並沒有一個恒存不變的東西可以說是作者受者；這剎那生滅的無常論，在業果緣起的建立上，成爲非常因難；前後不斷的演變，怎樣能成立聯繫？佛教的思想就在這裏分化了。》（以上印順法師語，均摘自正聞出版社《唯識學探源》頁四九、五〇）

以一介凡夫而言，印順法師能探究佛法到此地步，不能不予讚歎，此非惟覺、聖嚴法師、自在居士等人所能望其項背也。然而既知理必有此細心，云何不肯信受此一細心即是南北傳阿含經中所說之阿賴耶、有分識、如來藏、窮生死蘊？既知十八界六根中之意界是心，非有色根，云何不信意根即是末那識？竟否認有第七識？既知有意根第七識，有此細心阿賴耶，云何復又不肯承認有第八識？而主張第八識如來藏爲方便建立？云何數十種著作中處處誣賴「如來藏思想富有外道神我色采」？此理不通也。

當知外道神我梵我思想，皆是「見始非分」—從一開始就已經是見解錯誤；是故佛欲摧破外道神我梵我思想，乃以初轉法輪而說蘊處界一切法空，破除常見外道之神我梵我思想，而於四阿含中處處不違二轉三轉法輪諸經，不墮常見外道神我思想而說二乘菩提；云何破外道已，翻於三轉法輪時回歸外道神我思想？寧有斯理？俗人凡夫略思即知此理不通，云何印老睿智之人而反誣賴「如來藏思想富有外道神我色采」？令人深覺不可理解。印老諸種著作中，處處皆有似是而非之過失，隨處摭拾說之不盡；僅此《唯識學探源》不及三頁之文，已有如是眾多過失，餘諸著作，一斑可見，云何彼諸徒眾不知檢點？迷信盲從？

印老一生固有出家持戒弘法利生功德，然此無量功德，比之於否定第八識如來藏、成就破壞三乘正法根本之惡業，百千萬分不及一分，可謂功不及過，過遠大於功也；其過遠甚於惟覺、聖嚴、法禪法師之墮於常見外道見也，懇祈印老深思明辨，速謀補救，消弭前愆，則佛子幸甚！佛教幸甚！無任祈盼！

若有學人效法印老否定第八識如來藏，而言一切法緣起性空，主張緣起性空是眞實不壞法者，此名兔無角法—以兔無角一法爲眞實不壞之法—所言不及第一義諦，名爲戲論，如是之理無有是處。若有學人依第八識如來藏，而言蘊處界一切法緣起性空，主張蘊處界一切法皆依阿賴耶識而緣起緣滅者，如是說十二因緣者，此理符合三乘佛法，斯有是處。

若有學人說虛空能量是有情生命之本源者，若有學人說梵天是創造一切有情者，若復有人說耶和華、阿拉是有情生命之本源者，斯名兔角法—虛妄想像，非眞實法。若有法師居士謂一念不生之覺知心是眞實不壞心者，此乃常見外道修行之法，密宗四大派古今一切法王仁波切及聖嚴法師自在居士等人悉墮此中，非眞佛法。若有法師主張「清清楚楚明明白白處處作主之覺知心即是眞如佛性」者，此人尚且不具俗人所有之常識，昧於此心夜夜斷滅之事實，何況能有証悟之緣？惟覺法師是此類人也。

以上所說諸類學人，知見皆同外道，自因相非分─皆未証得自因相如來藏；凡有所說，皆同兔角及兔無角想，言不及義，皆唯虛妄想，名為戲論。今者此處佛語宣示：彼諸人等不知常不思議自因之相，距離証得『自覺聖智境界相』仍很遙遠，佛說彼諸人等不應為人宣說佛法；必定會誤導衆生故。

「復次大慧！諸聲聞畏生死妄想苦，而求涅槃；不知生死涅槃差別，一切性妄想非性，未來諸根境界休息，作涅槃想；非自覺聖智趣藏識轉。是故，凡愚說有三乘，說心量趣無所有。是故大慧！彼不知過去未來現在諸如來自心現境界，計著外心現境界，生死輪常轉。」

疏：《「復次大慧！諸聲聞阿羅漢畏懼生死苦及妄想苦，所以求証涅槃；他們不知道生死與涅槃之差別，其實都是法性上之妄想分別，實際上並沒有生死與涅槃之差別。他們錯誤地將『未來六根境界休息不起』作為涅槃而起想；非如大乘以自覺聖智趣向藏識轉依。依此緣故，為諸凡夫及愚人說有三乘境界，說凡夫愚人所知心皆趣向無所有。由這個緣故，大慧！他們不知道過去現在未來諸如來自心所現境界，錯誤地執取外心所現境界，常於六道生死，輪轉不絕。」》

「諸聲聞畏懼生死妄想苦，而求涅槃」：諸聲聞人謂不迴心聲聞，其性已定，決不迴向大乘，名爲定性聲聞人。此諸阿羅漢已離三界妄想及分段生死苦，然不迴向大乘，捨壽必取涅槃。世尊此理似非正說，何以故？既離則不懼，三界生死及妄想，於諸阿羅漢已無所能爲，云何尚有畏懼？然世尊此說實是正說，何以故？以諸阿羅漢多仍未離隔陰之迷（如慧脫者及俱脫而未修得五通者），深恐迴小向大再受生後，來世爲胎昧所障，頓忘此生所修所証涅槃，若萬一來世不慎造作惡業，復無眞善知識指導，則將復墮生死輪迴，不知何時方得再証涅槃，故於生死有懼，不敢迴向大乘菩薩發受生願。

諸聲聞人雖成羅漢，未離胎昧，恐來世出生時頓忘今生所証五蘊空之見地，因於胎昧所障，復無眞善知識教，再度執取四禪四空定中之覺知心爲不生滅心，便將重新輪轉生死；對於來世能否重新再斷有愛住地，心不決定，是故畏懼有愛住地之虛妄想，不敢效法菩薩發受生願，再受生死及妄想苦。是故定性聲聞畏懼生死苦及妄想苦之因，即是畏懼隔陰之迷。

菩薩離隔陰之迷者，多在三地滿心之後；然偶有五行位乃至初住位菩薩已離胎昧者，非必三地滿心。五行位菩薩悉能正知入胎，多未能正知出胎；唯有依賴深入修學般若及宿命通，方能於來世出生後，依宿命通及往世熏修般若之種子現行，而復具足見地，不須此世再事參禪，可逕從五行位起修。

若如平實多生多劫不修神通，唯依般若一門深入，則須至三地滿心方離胎昧，唯能度學人，不能度俗人。

然菩薩發大心者，不畏來世生死苦，不畏來世虛妄想苦，仍依往世所發受生願及菩提願，繼續於捨壽後受胎，以佛菩提爲主修，不以解脫果爲主修。雖於一世中能斷三界愛成慧解脫而取涅槃，而不屑爲之，依四宏願而入胎昧受生；來世雖爲胎昧所障，示同凡夫，然無妨自參而復自悟，再回大乘菩提道自利利他。而此菩薩此世所悟自覺聖智境界，非諸凡夫外道聲聞緣覺所能揣測。

「不知生死涅槃差別，一切性妄想非性，未來諸根境界休息，作涅槃想。」阿羅漢與辟支佛，對於生死與涅槃，一直存有對立之觀念，認為生死中無涅槃，涅槃中無生死，二者互相對立；而不知這些分別皆是虛妄想，實際上並沒有這些差別。他們認為：在未來捨壽時，五色根及意根，及此六根所對六塵六識境界全部休止息滅，就是涅槃，以二乘菩提所知境界作涅槃想。

「非自覺聖智趣藏識轉，是故，凡愚說有三乘，說心量趣無所有。」二乘無學不知大乘菩薩自覺聖智是趣向藏識轉依，以藏識不生不滅為涅槃——不住生死、不入涅槃而成就大般涅槃。所以，凡夫（含外道）及二乘愚人說佛法有三乘出世間法，不知唯有大乘一乘；說心之現量是終歸壞滅的——覺知心必於眠熟等五位斷滅、十八界所攝——所以究竟無有不壞之心可得。

此因二乘無學智慧，不能了知生死及涅槃皆依藏識建立；若離藏識，即無生死輪迴，亦無涅槃可証；生死本際是藏識，涅槃本際也是藏識，是故生死與涅槃無二。二乘無學以証涅槃故名為聖，以不証知此理故名為愚。凡夫由不分証滿証涅槃，故名為凡；二乘無學由不証知藏識正理，故名為愚；諸地菩薩不墮此二，故離凡愚；一至五地菩薩雖未証有餘涅槃，亦不名凡，已起聖性故，能於一世中取証慧解脫或具解脫而不証故。七住至十迴向菩薩，以証知此理故，於一切外道及凡夫而言，依三藏教及通教而言，名爲聖人；依別教而言，名爲外聖內凡之三賢位菩薩，雖未能証有餘涅槃，而皆証知生死涅槃實依藏識轉依而施設建立，故得外聖內凡果位，智慧難量，非二乘無學所知也。至於生死與涅槃無二之理，後自當說，此處暫置不舉。

「是故大慧！彼不知過去未來現在諸如來自心現境界，計著外心現境界；生死輪常轉。」二乘無學不知過去如來、未來如來、現在如來自心智慧現行之境界皆依自內心而顯，依執取外境之覺知心所現境界而生錯誤之認知，所以生死輪常常運轉而不斷絕—不知生死之中即有涅槃。

「復次大慧！一切法不生，是過去未來現在諸如來所說。所以者何？謂自心現性非性，離有，非有生故。大慧！一切性不生，一切法如兔馬等角；是愚痴凡夫不實妄想，自性妄想故。大慧！一切法不生，自覺聖智趣境界者—一切性自性相不生，非彼愚夫妄想二境界。自性身財建立趣自性相，大慧！藏識攝所攝相轉；愚夫墮生住滅二見，希望一切性生，有非有妄想生，非聖賢也。大慧！於彼應當修學。」

疏：《「復次大慧！一切法不生，這是過去現在諸如來所說，未來諸如來亦必如是說。所以者何？此謂一切法皆是自心阿賴耶所現体性，非有眞實不滅之性，離眞實有，非眞正有生的緣故。大慧！一切法体性不生；一切法皆如兔馬等角，是幻有法；是愚痴的二乘人及外道凡夫不實際之虛妄想，是誤以爲諸法有自性之虛妄想之故。大慧！一切法不生，自覺聖智意趣境界安住者—是一切法性之自性相不生，這不是那些二乘愚人及外道凡夫虛妄想像的二種境界。諸法自性及色身資財乃至器世間建立之意趣自性相，大慧！都是依於藏識之能取所取性而運轉；愚痴之二乘人及未悟之凡夫，墮於生住及壞滅二種邊見中，希望一切法自性生起不壞，所以諸法有自性及諸法無自性之虛妄想便出生了，這些人不是大乘法中之賢聖也。大慧！你們對於佛法中，生死與涅槃不二之常住不思議自覺聖智相，及漸斷自心現流習氣等，都應當修學。」》

「復次大慧！一切法不生，是過去未來現在諸如來所說。所以者何？謂自心現性非性，離有，非有生故」：一切法無生，是三世諸佛所說，永不改易此說。此乃依蘊處界萬法之幻起幻滅現象及阿賴耶体性不生而說；一切法皆依五位百法爲本而說，五位百法則歸結到八識心王，八識心王又復歸結到第八阿賴耶識，七轉識依之而生故；是故一切諸法即是阿賴耶，阿賴耶生一切法故；然阿賴耶自体從來不生，往昔無始劫來未曾滅故，故云一切法不生，此是依理說。

阿賴耶與七轉識，分別具有五十一心所法功能差別，是故阿賴耶能生有根身等色十一法，能生七轉識，能生命根等二十四不相應行法，能顯現六無爲法；次第輾轉又生千萬億法，無窮無盡。然此一切法，悉皆不離蘊處界法，必有生住及異滅之過程；起已轉變，非不變異；變異既盡，則歸壞滅空無，皆是幻起幻滅，皆歸空無，故說一切法不生，無不滅之体性故，此是依事說。

依理依事說一切法不生，是三世諸佛所同一說，是故佛說此「謂自心現性，非性，離有，非有生故。」

「大慧！一切性不生，一切法如兔馬等角；是愚痴凡夫不實妄想，自性妄想故。大慧！一切法不生，自覺聖智趣境界者—一切性自性相不生，非彼愚夫妄想二境界。」一切法自性本來不生，唯有法相幻起幻滅，猶如兔角馬角等，非眞實有；這是愚痴二乘人及凡夫之不實妄想，依於一切法生滅之自性相所生之妄想故。菩薩所証一切法自性不生者謂一切法能生之体—阿賴耶識；一切法依阿賴耶而有生住異滅，然阿賴耶法性始終不生不滅；若一切法性（阿賴耶）同於一切法而有生滅者，則已現之法不能再現—如喝水之法名爲一切法，能生喝水之法者名爲法性（阿賴耶），若法性隨喝水之法壞滅，則此法過已，不復能生喝水之法用，法性已滅故，不復有能生喝水法之法性故；是故法相有生滅，法性不生滅；一切法皆依法性有故，由斯說一切法不生，一切法即是阿賴耶法性所顯故，與阿賴耶非一非異故。由斯故說一切法性不生，一切法則如兔角馬角，依法性心幻起幻滅。

然諸愚痴二乘及諸未悟凡夫，不知不覺法與法性眞實正理，外於自心藏識而起虛妄想；都是由於誤會，而生諸法有自性之虛妄想故。一切法不生，是大乘菩薩証得自覺聖智意趣者之境界—一切法性之自性相不生；不同於愚痴二乘及末悟凡夫虛妄想的二種人所知境界。

「自性身財建立趣自性相，大慧！藏識攝所攝相轉；愚夫墮生住滅二見，希望一切性生，有非有妄想生，非賢聖也。大慧！於彼應當修學。」一切法自性、色身、資生財物乃至器世間萬法建立之意趣自性之相，都是因阿賴耶識有能取所取性，才能運轉—能取性謂阿賴耶所生之七轉識見分及其心所法之現行，所取性謂阿賴耶所現器世間資財有根身及六塵相分；愚痴凡夫不知不覺此一正理，墮於法相而生虛妄想，謂諸法各有獨立自主之法性，起諸法生住見及異滅見，希望諸法自性不必依藏識因即可生起不滅，有與非有之虛妄想因之生起，這些人既非賢人亦非聖人。「大慧！你們對於生死涅槃不二之常住不思議自覺聖智相，以及漸斷自心現流習氣等，都應當修學。」佛又如是咐囑。

「復次大慧！有五無間種性。云何為五？謂聲聞乘無間種性、緣覺乘無間種性、如來乘無間種性、不定種性、各別種性。」

疏：《「復次大慧！依修學佛法說有五種無間種性。哪五種呢？這是說：

聲聞乘無間種性、緣覺乘無間種性、如來乘無間種性、不定種性、各別種性。」》

無間者，謂聞法時，與彼法相應，無有間歇遲疑，心即隨入彼法，是名無間。

「云何知聲聞乘無間種性？若聞說得陰界入自共相斷、知時，舉身毛孔熙怡欣悅，及樂修相智，不修緣起發悟之相，是名聲聞乘無間種性。聲聞無間，見第八地，起煩惱斷，習氣煩惱不斷，不度不思議變異死，度分段死；正獅子吼：『我生已盡，梵行已立，不受後有，如實知。』修習人無我，乃至得般涅槃覺。」

疏：《「如何知道彼人是聲聞乘無間種性？如果有人聽聞善知識說明証得五陰十八界十二處六入自相斷及共相斷，而能知解其意時，或能証得時，舉身上下毛孔舒暢安祥，歡欣喜悅；以及樂於修學有相智，不樂修習緣起觀發悟之相，亦不樂修大乘無相智者，此人名爲聲聞乘無間種性。聲聞無間種性証四果已，得見菩薩八地解脫境界（作者註：應為六地，此處疑是誤譯。餘二譯亦謂六地。本經後文當說），起煩惱已斷盡，然起煩惱之習氣煩惱未斷；尚未得度不思議之變易生死，而度分段生死；眞正能作獅子吼：『我受生已經永盡，所應修之梵行已經修持，不再受後有輪迴，我已如實知道証得解脫。』修習人無我見，乃至斷盡我執，証得般涅槃之覺悟。」》

「云何知聲聞乘無間種性？若聞說得陰界入自共相斷、知時，舉身毛孔熙怡欣悅，及樂修相智，不修緣起發悟之相，是名聲聞乘無間種性。」如果有人善於宣說五陰十八界十二處六入之自相與共相，善說其無常性、苦、空、無我性，善說陰界入集之因由，善說滅陰界入集之因，善說滅陰界入集起因之道，善知宣說聲聞二種涅槃；若有人甫聞此善知識說法，其心隨入而知，乃至分斷具斷苦集之因，全身上下毛孔舒張暢快，心中安祥怡然乃至歡欣喜悅者，此人即有可能是聲聞乘無間種性。

但仍須再作觀察：若此人於大乘般若空性無相法門不能相應，而樂修有相智法門，亦不樂修學緣起觀發悟法門，若有此相，即可確定是聲聞乘無間種性。無間者謂餘種性法不能間雜於彼心中，故名無間種性。

有相智法門者，謂依五陰十八界十二處六入，修四聖諦法，現觀陰界入之無常、苦、空、無我；修行之法名爲八正道。此即南傳佛法之正修，以所修之法不離陰界入有爲之法，具足三界有之相，若得現觀，亦能分証或滿証陰界入空，得聲聞菩提；此聲聞菩提智之修証，悉依有相法陰界入而修，故名有相智。菩薩所修大乘法，是般若經所說空性，即是方廣唯識經典所說如來藏識，非依蘊處界修，非有爲有相之法，故其所証智慧爲無相智。

「聲聞無間，見第八地；起煩惱斷，習氣煩惱不斷；不度不思議變易死，度分段死」：「見第八地」一句，應爲誤譯。《大乘入楞伽經》譯文：「彼於自乘見所證已，於五六地斷煩惱結，不斷煩惱習，住不思議死。」《入楞伽經》譯文：「彼聲聞人邪見証智，離起粗煩惱，不離無明熏習煩惱；見己身証相：謂初地中乃至五地六地離諸煩惱，同已所離故。熏習無明煩惱故，墮不可思議變易死故。」聲聞無間種性，其解脫境界可以了知六地菩薩之解脫境界；起煩惱斷盡—四住地煩惱斷盡，但不離四住地起煩惱之習氣。他能現觀初地至六地菩薩已離起煩惱，與自己已離相同；但無法遠離起煩惱之微細習氣，也無能力超越變易生死，墮於變易生死中，只能超度分段生死。

聲聞無間阿羅漢，不見第八地，唯見六地；謂阿羅漢俱解脫者証得滅盡定，一切六地菩薩亦証得滅盡定，故謂彼見第六地。一切三地滿心菩薩皆能証滅盡定而不取証，戒定直往初地菩薩亦能証滅盡定，而不取証；故《入楞伽經》譯爲「見己身証相：謂初地中乃至五地六地離諸煩惱，同已所離故。」亦是正譯。

此是俱解脫阿羅漢所見初地至六地菩薩解脫境界同於自己所証，然慧解脫阿羅漢唯見戒慧直往初地菩薩解脫境界，不見戒定直往初地菩薩解脫境界，未証得滅盡定故。

俱解脫阿羅漢不見七地八地菩薩解脫境界；七地念念入滅盡定，非俱解脫阿羅漢所能想像；八地不入生死而亦不住生死，於分段生死之修習，完全無功用，分段生死習氣亦斷盡故，已具足圓滿故，不住生死而入生死中現有分段生死，念念任運分斷變易生死，非俱解脫阿羅漢所能知之，故說阿羅漢一切俱解脫者唯見六地解脫境界，不見八地。

以上乃依解脫果而言，若依佛菩提而言，一切阿羅漢皆不能見七住菩薩智慧境界，遑論初地六地？故說阿羅漢起煩惱斷，習煩惱不斷，唯度分段死，不度不思議變易死。

「正師子吼：『我生已盡，梵行已立，不受後有，如實知。』修習人無我，乃至得般涅槃覺。」俱解脫阿羅漢若遇佛弟子誹謗其未証解脫者，即擊椎聚衆，於大衆中高聲唱言：「我生已盡，梵行已立，不受後有，如實知。」說已即令謗者當衆懺悔、後不復作，欲免其地獄罪故。此即阿羅漢之正獅子吼。

云何名爲正獅子吼？謂俱解脫阿羅漢作此說前，於苦聖諦已如實知，所應知者悉皆已知（包括覺知心之自我執著為苦之根源亦知，無想定之色界身執著苦亦知），不應更知；於苦集聖諦所應斷者皆已正斷（包括四禪八定中之微細寂照心之自我執著已經正斷），不應更斷；於苦集滅諦所應滅者悉已正滅（於欲界男女欲已滅……乃至於無色界非想非非想定中之微細寂照心亦滅），不應更滅；於滅苦集之正道梵行已修已足（故証得滅盡定，具足聲聞十智，成一切智），不應更修。由是之故，俱脫羅漢於解脫境界如實知，於自己已証解脫、已能離生死如實知，不必世尊再爲授記爲阿羅漢及已出生死苦。

慧解脫阿羅漢：已修斷欲界愛，解脫於五欲繫縛，發起初禪遠離欲界的受生，於欲漏心解脫，進斷色、無色界之有漏、無明漏心解脫，證知自身已斷除全部我執，遠離三界貪愛之無明故，成就慧解脫。此謂慧脫羅漢已知苦斷集證滅，名所作已辦，梵行已立，來世三界的出生已經滅盡了，知道來世不會再領受後有。能於解脫境界及解脫知見如實知，自知已能出三界分段生死苦，不必世尊為作證明。

此謂俱脫無學已如實証覺涅槃境界，具足証得人無我，而不知涅槃本際——如來藏，故不能超度變易生死。四年前，宜蘭自在居士私謂其蕭姓學員，轉告我會二三同修，云能授人如幻三昧，能令人一世成就解脫果而証涅槃，令彼蕭姓學員迷之不已，二三同修一時爲之所惑，信受不疑，誹破我法；然今觀其「修証」，三乘菩提見道皆無，自未能知涅槃解脫，何況能証能修？而奢言能令人証得解脫？何故余作如是破斥？謂彼既已否定阿賴耶心，謂此心是生滅之妄心，而亦未能証得此心，不明法界實相，不破理障；復又執取一念不生之覺知心寂照心爲眞如，則尚未斷我見，不破事障，聲聞初果尚未能証，何況能知慧脫羅漢解脫境界？更不能知俱脫無學涅槃覺証，而奢言能授人修証俱脫羅漢所不能知之八地如幻三昧？尚且未破初參，不斷我見，云何而言一悟已成佛地？而反破斥悟後起修正說？名之爲狂禪，不亦宜乎！

是故佛子學習佛法，必須戰戰兢兢、如履薄冰，凡所修証，不得絲毫悖離聖教量，否則難免未來三塗果報；若起慢心，作大妄語及方便妄語，未來多劫地獄尤重純苦，不易消受。余出道弘法十年以來，敬愼戒懼，不敢妄語，唯說實語，其故在此；所有共修開示錄音存証及諸著作，悉皆依此而行，不敢逾越分毫、不敢高攀果証以邀虛名。唯求第一義正法之久遠留傳，不求個人之分毫世利；乃因自覺修証淺薄，欲以摧邪顯正、弘傳正法諸大功德，迴作地地增上之修道資糧，何敢自命成聖成佛、受人崇拜供養？乃今末法不畏後世長劫尤重純苦之人，多如過江之鯽，以凡夫地自命成佛成聖，受人崇拜供養；猶如小兒無智，貪彼鋒刃微蜜，不懼割舌之患，不亦愚哉！

「大慧！各別無間者：我、人、衆生、壽命、長養、士夫；彼諸衆生作如是覺，求般涅槃。復有異外道，說悉由作者；見一切性已，言此是般涅槃，作如是覺；法無我見非分，彼無解脫。大慧！此諸聲聞乘無間、外道種性，不出出覺；爲轉彼惡見故，應當修學。」

疏：《「大慧！各別無間種性者，謂有外道言有能覺知之我，能覺知他人、衆生，有壽命長養以及能作之覺知者，執彼能覺知者爲能作者、爲恒不生滅者；那些衆生們作這樣的覺想，認爲這能覺知者能作一切事，是不生滅心，欲以此心求証涅槃。又有一種不同的外道，說一切法都是由造物者所作；見一切法生滅已，說這造物者是不生不滅之涅槃，作這樣的覺想。這兩種外道稱爲各別無間種性，他們所說的法無我見，是非分的—不正確的，他們完全沒有解脫之修証。大慧！以上所說的那些聲聞乘無間種性，及各別無間外道種性，並沒有眞正的出離生死，而作出離之覺想；爲轉變他們的惡見，應當修學了知彼等惡見。」》

「各別無間者：我、人、衆生、壽命、長養、士夫，彼諸衆生作如是覺，求般涅槃。」各別無間種性，是說二大類外道；第一類外道認爲一切有情皆有能覺知之我，此覺知之心能覺我、人、衆生、長養、壽命相；此覺知心能長養有情，令有情得具壽命；此覺知心能作一切事——思惟作主運動往來，作諸士夫事業；此覺知心恒不生滅，以造業故輪轉生死，是一切善染法之根本所依；若能滅除雜染及惡業，此心即得入住涅槃，永離生死。

此類人名爲常見外道——以覺知心爲常不生滅者。此類人遍佈一般民間信仰及多神教信仰者中，佛門修行者中約有半數是此類人，口說三乘佛法名相，本質則是常見外道；顯宗內一切錯悟之古今禪師皆墮此中，乃至禪宗臨濟義玄禪師初開法於臨濟院時亦不能免，後雖改正，但已招惹當時諸方眞善知識之評論（詳見拙著《宗門道眼》拈提）；密宗四大派古今祖師亦皆墮於此中，乃至應成派諸中觀師，如月稱、寂天、阿底峽、宗喀巴、土觀……等人，悉墮於此常見法中，執此常見外道法爲究竟，破斥一切人之修証。

此類人誤認覺知心爲恒不生滅之心，欲修除此心之妄想分別而入涅槃；認爲此心修除妄想分別之後，處於一念不生之中，即是涅槃；希冀捨壽後留存此覺性而不受生，以此覺性作涅槃想；藏密四大派古今法王活佛仁波切等，悉作如是覺，求般涅槃；我見不斷，見道未得，云何以凡夫身而造書發行全球、自謂「全然開悟、即身成佛」？

「復有異外道，說悉由作者；見一切性已，言此是般涅槃，作如是覺；法無我見非分，彼無解脫。」第二類各別無間種性者，謂一切一神教信仰之外道見。此是常見外道外之另一種外道—大梵天之神我信仰。古印度之宗教思想中，一向有一派人認爲他們是由大梵天所生，種性高貴；彼等身心皆由大梵天所創造，大梵天是作者，作一切法，恒不生滅；所作之法有壞，大梵天常住不壞，是常，是般涅槃；此諸外道，見一切法体性生住異滅已，便說大梵天是不生不滅者，是故一切人有生死，非有我不滅；大梵天無生死，即是般涅槃，名爲法無我；作這樣的覺想。

今時之一神教即此流類，執有造物者，能造彼諸人等一切身心，奉以爲主；異日身壞命終，當回主之天國，永爲奴僕；若人造惡，及不信造物主者，造物主則降以大水、火災，乃至將異教徒交於其信徒手中而殺戮之；死後罰入地獄，永處地獄受苦，永不能出。此類人雖亦口說諸法之中無有不生滅我，然不知自心藏識方是自己之造物主，彼等所說之法無我非分，不同於佛所說「依自心藏識說諸法無我」，以自心外虛妄想像建立之兔角法爲般涅槃——造物主是人之虛妄想像建立，非實有法故。

佛住世時，爲破此類外道，乃於大梵天謁佛求法時，特以此事對衆詢之，大梵天答謂世間及諸有情皆非彼造，然諸外道故作此說，彼亦不能禁之。是故造物主之說——神造世間及與萬物有情——皆是人之妄想臆度，兔角之法，非眞有造物主也。彼等雖亦主張諸法無我，然異佛說自心阿賴耶所生諸法無我，彼諸人所說法無我見非分；設使行善而生天國，亦在輪迴之數，無有解脫之覺証也。

「大慧！此諸聲聞乘無間、外道種性，不出出覺；爲轉彼惡見故，應當修學。」以上所說聲聞乘無間種性，及外道種性，尙未眞正出離生死，而作出離想。彼等常見外道及造物主外道，又名無種性；於可見之未來，不具三乘菩提種故。聲聞阿羅漢之出離生死，乃是佛之方便說，以度畏懼生死者；然猶未知諸法皆是自心所現，唯以方便斷三界惑而出分段生死，然而心中尚有法我執著，非眞已出三界者；是故阿羅漢仍有異熟果種，若迴心大乘而不取涅槃，即以異熟果種而復受生，非如佛之化生—實無異熟果種生死因，而現有八相成道及與生死—故說聲聞無間種性非已眞實出離生死，尚有變易生死故，非能化生，故名「不出、出覺」。菩薩爲欲轉變外道惡見及聲聞惡見，令入大乘正道，應當修學聲聞法及了知外道法（作者註：悟後生起擇法覺分已，方可學之），以之方便度入大乘第一義法中。

「大慧！緣覺乘無間種性者，若聞說各別緣無間，舉身毛豎，悲泣流淚，不相近緣，所有不著；種種自身，種種神通，若離若合種種變化，聞說是時，其心隨入。若知彼緣覺乘無間種性已，隨順爲說緣覺之乘；是名緣覺乘無間種性相。」

疏：《「大慧！所謂緣覺乘無間種性者，若聞說十二因緣各各差別之緣起法—所謂十二有支之此有故彼有、此滅故彼滅，一一支中各有緣起緣滅之法若干；三十七道品法各有緣起緣滅之法，其起、其滅，各各異相。聞此各別緣無間，全身上下感動毛豎，悲泣流淚，從此不再相近世緣，離諸憒鬧，所有世間法悉不染著。若聞說依於禪定能現種種變化身，能起種種神通，或散壞、或聚合等種種變化；聞善知識如是教時，其心隨入禪定，起諸功用。菩薩若知彼人是緣覺乘無間種性之後，即隨順其根性，爲彼演說緣覺乘之修法。這就是緣覺乘無間種性相。」》

「大慧！緣覺乘無間種性者，若聞說各別緣無間，舉身毛豎，悲泣流淚，不相近緣，所有不著；」緣覺乘無間種性者，謂有一類人，於聲聞法有相智不樂熏習，復於佛菩提—菩薩所修般若種智—無相智不樂修學；然於十二有支諸因緣法感應極強，聞說隨入，速易成就，此類人即名緣覺乘無間種性。

各別緣無間者，謂十二有支內，一一支中各有極多緣起法；依菩薩道種智而言，一一支中各有緣起緣滅之法若干，十二有支中各有四聖諦、四意端、四神足、八正道、五根、五力、七覺支、七眞如、十眞如、四緣、異熟生、異熟果、等流果、士用果、離繫果、增上果……等法。若唯爲說一一支內之一法，其心能入；乃至爲說十二有支之一一支中三十七道品法，亦能隨入，是名各別緣無間之緣覺乘種性。

爲說緣覺乘各別緣法，令其心隨入已，然後漸漸爲說一一有支中之無相法─七眞如、四緣、五果、八識心王、五十一心所法……等；漸漸引入般若無相第一義中，則必漸漸入大乘道。若離緣起法而逕爲說般若無相法者，則必不能相應；是故菩薩悟後通達已，當學緣起法，爲度緣覺種性者入於大乘故。

緣覺乘人雖樂十二因緣法，若善知識僅能爲說十二因緣法，而不能爲說一一支中各別法緣起─一一支中各有三十七道品法─者，則彼聞之索然無味，不起相應心，此乃善知識過，與彼無關。若能爲說各別緣起法─一一有支皆具三十七品法，則彼人聞已，必將舉身毛豎、感嘆悲泣、流淚不已；從此遠離世俗憒鬧，精進修持，不再執著世間萬法，成辟支佛。

「種種自身，種種神通，若離若合種種變化。聞說是時，其心隨入。」緣覺乘無間種性人，若聞說可依其禪定功夫，現起種種身─或人身天身、或大身小身、或傍生身修羅身……等，其心隨入，依其禪定境界高下而多少証得此種變化身。復聞神通有五種：天眼、天耳、他心、宿命、神足通，其心隨入，依其禪定境界高下而分証之。能現種種身、分証五神通已，便能變現多化身，非唯一身；爾時則一身現多化身，或多化身復合為一身，復起種種變化。善知識若為彼如是說時，彼能隨入隨証，是名緣覺乘無間種性。

關於神通之修持，有藏密行者林某，於桃園南崁某密宗道場修行，不知不解其理，一意追求神通，認為此種世間有為有作之神通修持証得後，方有可能眞實開悟；並認為一悟即成究竟佛，若証悟之人無神通者，即不信其為証悟聖人；並舉《大般若經》卷第四百零五第二分觀照品第三之四佛語云：「菩薩摩訶薩修行般若波羅蜜多時，能圓滿清淨六神通波羅蜜多。由此六神通、波羅蜜多圓滿清淨故，便証無上正等菩提。」而於影印經文旁註云：「有六神通才可証無上証（應為正）等菩提。」隨函郵寄與余。

試問：蓮花色比丘尼是俱解脫大阿羅漢，而無神通，被惡人禁閉而不能離，須待目犍連尊者傳授神足通而後方得飛離；彼蓮花色阿羅漢未得神通前，豈未証悟聲聞菩提？若未証悟聲聞菩提，云何佛為授記為大阿羅漢？

復問：《華嚴經》說菩薩七住証悟般若，成位不退，而猶無神通；修學種智，至通達位，成初地聖人，而猶無神通；入三地已，未近滿心前猶無神通。則七住、初地、三地菩薩豈皆未悟之人？是否《華嚴經》爲僞經？而汝不信受？

三問：若得神通方可証悟，或証悟後必有神通者，請問禪宗諸祖之眞悟者，云何十之八九未有神通？云何藏密四大派諸祖神通廣大（姑妄信之），而未見有一人証悟？悉墮常見外道法中？

四問：若一切人皆是一悟即成究竟佛者，拙著《護法集》五〇二頁諸問，汝又云何作答？頗能答吾諸問否？

當知悟有深淺廣狹，道有次第縱橫差別，非一切人証悟即成究竟佛，是故菩薩七住起皆是証悟賢聖，而無生忍與無生法忍有別，此諸菩薩無有一位是未悟人；云何藏密四大派諸祖悉言已悟、即身成佛，而悉墮外道常見論議？不入佛法？

無上正等菩提者，謂最後身菩薩之証悟而成究竟佛，非謂七住乃至十地之証悟賢聖也。佛以福慧具足故，須具一切種智佛地大菩提智慧，亦須具福德——無量百千三昧及六神通波羅密多之圓滿清淨，此非十地滿心之大神通菩薩所能知也。是故《大般若經》所說與《華嚴經》所說無差，而非一般佛子之所能知。

何以故？此謂神通與波羅密多之間，有四句差別：一、有神通亦是波羅蜜多，如七住以上菩薩修得或報得神通者。二、有神通非波羅蜜多，如諸鬼神及藏密四大派諸祖之有神通者。三、有波羅蜜多非神通，如諸七住乃至未到三地滿心而未修得神通者。四、有亦無神通亦無波羅蜜多者，如藏密四大派祖師宗喀巴、岡波巴、土觀……等人，亦如藏密當代法王活佛自稱有神通者，皆是口說神通、裝神弄鬼、暗房技巧……等，以籠罩俗人者；既無眞實五通，復未見道，名爲「亦無神通亦無波羅蜜多」。今者狂密宗徒昧於四句分別，而主張必須有神通方是証悟者，知見淺薄乃至於斯，夫復何言？

復次，神通有修得者、有報得者、有離染得者、有離染亦不得者，此中亦有四句分別，淺學佛子何能知之？何況藏密行者知見淺薄，好樂有相有爲之法，何能知之？《阿毘達磨》亦說：「未曾，加行得；曾修，離染得。」亦足佐証余說。

復次，神通高下差別不等，自鬼神報得五通，乃至十地大神通，差異極大。凡此皆因禪定高下而有別，更因無漏慧與有漏慧之差別而有勝劣之分。然諸十地菩薩所得大神通境，猶未及佛，以波羅蜜多及神通俱未圓滿清淨，故未能証無上正等菩提─成就四種圓寂及大菩提果。此中諸多正理，限於篇幅，不能具說；又此經中非以神通爲主旨，是故於此僅作略述，拙著《平實書箋》中已略述部份，讀者欲知者，可索閱參考，此處從略。

此段經文說緣覺乘人易與神通相應，成辟支佛後多不說法利生，唯以神通示現，令諸有緣者生起信敬心，修學佛法。然緣覺乘人共有十品，非品品皆得神通，不可一概而論，以免偏頗。

「若知彼緣覺乘無間種性已，隨順爲說緣覺之乘。是名緣覺乘無間種性相。」菩薩証悟已，不可即學二乘及外道法，須俟見地通達，成初地聖，擇法覺分已現，方得於諸外道及諸大師無疑─具悉諸大師及外道墮處故。若未通達，不起擇法覺分者，甫學外道法已，即隨外道見而轉，退失大乘菩提，佛子宜詳覺察。

若得初地通達，亦自能通二乘法，便可觀察緣覺種性者，而爲彼說十二因緣支之各別緣起法，令其成就緣覺菩提。

「大慧！彼如來乘無間種性，有四種：謂自性法無間種性、離自相法無間種性、得自覺聖無間種性、外剎殊勝無間種性；大慧！若聞此四事一一說時，及說自心現身財建立不思議境界時，心不驚怖者，是名如來乘無間種性相。」

疏：《「大慧！如來乘無間種性共有四種：也就是如來藏自性法無間種性、離蘊處界法相及遠離如來藏自性相執著之無間種性、得自覺聖智無間種性、樂往來十方殊勝佛剎無間種性；大慧！若有佛子聞此四種如來乘境界事之名相，一一說其內涵時；以及演說自心能現身色資財，建立阿賴耶識之不可思議境界時，心中不驚恐怖畏者，這就是如來乘無間種性之法相。」》

如來乘無間種性者，即是菩薩種性，總有四種：

「自性法無間種性」：謂有菩薩於如來藏阿賴耶識之自体性，生無上心，喜樂探求，欲明法界實相，欲証無相空性；不樂聲聞所修蘊處界空法，亦不樂緣覺所修緣起空法，厭憎各別種性之常見外道法及造物者兔角法，念念欲求如來菩提，不樂寂滅自處；若聞如來菩提眞如自性法門者，歡喜渴仰，念念無間欲求親証，是名自性法無間種性，此是求悟佛菩提之末見道佛子。

「離自相法無間種性」：謂菩薩証得無相無我如來藏已，轉依藏識自性，遠離七轉識貪染暗昧，趣向寂滅境界；又復欲求圓証解脫果故，亦修遠離如來藏自性相之執著，圓証解脫而不取涅槃，是名離自性相法無間種性，此是大乘眞見道後，轉入相見道位通達見地及道次第，遠離眞見道位自性相法執著之初地菩薩。

「得自覺聖無間種性」：謂有菩薩証得無相空性已，向自身一切所知境中如實領受藏識自性，依藏識自性現觀自身百千萬法悉非實有，緣起緣滅，皆依自身藏識生已還滅，証知諸法非有實我体性，証知諸法法性即是藏識，而藏識離見聞覺知，復不作主，亦不自觀，不自知我，本無生滅；於此無生法而自安忍，斷人我見及法我見，得如幻三昧無生法忍，起八地道種智，住無所有境界者，是名得自覺聖智無間種性者。

「外刹殊勝無間種性」：謂戒定直往初地菩薩，及其同類地上菩薩，以其所証莊嚴報身及與輪寶，遊諸佛國殊勝刹土，樂於外刹廣大佛土遊履往來，不樂勤求自身內証聖智，於上地無生法忍不勤修學，是名外刹殊勝無間種性。

「大慧！若聞此四事一一說時，及說自心現身財建立不思議境界時，心不驚怖者，是名如來乘無間種性相。」大乘新學菩薩唯樂初轉法輪及二轉法輪所說法，不樂三轉法輪之深妙法；不可思議故，初始熏習故，微妙深密難可証解領受故。此諸人等若聞如來種性四種菩薩心行，多不信樂；若爲解說有情色身見分相分及資財受用皆依自心阿賴耶識建立—皆是自心藏識所現者，往往狐疑不信，心生驚怖，謂非佛說。若有菩薩聞此四種如來乘無間種性事，及聞一切萬法皆是自心所現而不狐疑驚怖者，此人即是久學菩薩，名爲如來乘無間種性相。

「大慧！不定種性者，謂說彼三種時，隨說而入，隨彼而成。」

疏：《大慧！不定種性之人，即是隨於善知識所說聲聞、緣覺、佛種性法之一種時，隨聞隨入—若為彼說聲聞無間種性之法時，隨修聲聞有相法，隨之而成聲聞法之修証；若為彼說緣覺乘無間種性之法時，隨修緣起觀而得發悟，証成辟支佛法；若為彼說如來乘四種無間種性法時，隨其一種修學成就。此即不定種性人，非各別無間種性人。」》

「大慧！此是初治地者，謂種性建立，為超入無所有地故，作是建立。彼自覺藏者：自煩惱習淨、見法無我、得三昧樂住聲聞，當得如來最勝之身。」

疏：《「大慧！以上所說，是為甫入初地菩薩而說種性之建立，欲令初地菩薩超越諸地而入無所有地，所以作如此之建立。那些已經自己覺証如來藏的人：也就是自心煩惱障習氣已淨、親見諸法無我、並証得三昧而心樂安住之阿羅漢們，將來必定可以証得如來最殊勝三身。」》

「無所有地」：亦名無影像地，此謂八地境界也。初地境界名為猶如鏡像，親自証驗見分及內外相分皆是自心賴耶所現，猶如明鏡現一切像而不動心分別，故名如鏡像地。此是初得無生法忍，初起道種智；此菩薩復應修治初地所應修法，故名初治地菩薩，初入十地進階故；次第斷愚圓智，方能得至第八無影像地。

「種性建立」：菩薩初地欲至無影像地，必須具証解脫果，如諸迴心聲聞証得有餘依涅槃，而不取証無餘依涅槃；如是則須了知三乘法道異同，了知已、復能修証，故作三乘種性建立；令知初地欲至八地者，必須修習諸禪三昧、神通、斷除思惑煩惱障，並修緣覺乘緣起觀，通達各別緣起法，悉依無生法忍而予証驗領受，自住寂靜境界，於自心所現一切影像皆無貪執而自不起諸像，於無影像地—無所有地—而自安住自在。佛為諸初治地人地地增上而至八地，故作三種無間種性之建立，觀乎《十地經》及《解深密經》之十地進階次第即可了知此三種種性建立之意旨。

「彼自覺藏者：自煩惱習淨、見法無我、得三昧樂住聲聞，當得如來最勝之身。」此段佛語之前半段謂菩薩見道後之修道須有其次第內容，故建立初地至八地之修道內容次第；既已至八地入地心，証得解脫果而不畏分段生死已，當續向佛地進修，進入第三阿僧祇劫，故又作後半段開示。然爲兼顧聲聞無學迴心向大者，乃以慧解脫阿羅漢爲例，說八地菩薩應如何進向佛地。

一切阿羅漢欲入八地者，須如七住菩薩觸証如來藏，才能進入大乘眞見道位，名爲自覺藏聲聞，正式入於菩薩數中，位在別教七住。然此自覺藏者，唯証大乘無生忍，不得無生法忍，仍須修學一切種智而起道種智，方入初地得無生法忍；依前所說次第增益無生法忍，見法無我，方能成就取証佛地之三種條件之一。

第二條件爲自煩惱習淨：菩薩於斷三界煩惱障時，亦依無生法忍而漸斷煩惱習氣，非唯斷根本煩惱而已；聲聞無學斷根本煩惱，而不斷其習氣，故應於諸微細習氣作意修斷，是名自煩惱習淨。

第三條件爲「得三昧樂住」：意謂尚須具足証得四禪八定、滅盡定、觀禪、練禪、熏禪、修禪……無量百千三昧，然後「當得如來最勝之身」—法報化三身莊嚴。如是，菩薩初地進趣佛地之主要條件已略說訖。

爾時世尊欲重宣此義而說偈言：

須陀槃那果，往來及不還，逮得阿羅漢，是等心惑亂。
三乘與一乘，非乘我所說；愚夫少智慧，諸聖遠離寂。
第一義法門，遠離於二教，住於無所有，何建立三乘？
諸禪無量等，無色三摩提，受想悉寂滅，亦無有心量。

疏：《爾時世尊開示已，為欲重新宣示此義而說頌言：
初果須陀槃那，二果一往來及三果不來，乃至証得四果阿羅漢；
這些聲聞聖人心中，對於佛菩提之般若慧，
其實仍舊是迷惑紛亂，不明實際理地。
三乘及一乘法皆是方便說，引導不同種性者進入佛法中；
其實我所說的法，是非乘——不分三乘與唯一佛乘，是成就佛果之修持法門；
二乘愚人及凡夫外道缺少智慧，所以要區分三乘，方便演說；
諸地菩薩聖者悉皆遠離三乘與一乘之分別，自住於寂滅境界中。

第一義眞實諦法門，不唯遠離二乘教，亦遠離唯一佛乘之教法，安住於無所有境界中，何須再建立三乘法教？

諸種禪定三昧及四無量心等，以及無色界四空定之修持；進入滅受想定時，悉皆寂滅無所有，

其中亦無見聞覺觸及能知自己之心—無有心量。》

「須陀槃那果，往來及不還，逮得阿羅漢，是等心惑亂。」聲聞初果乃至四果聖人，迴心大乘時，即不得名為聖人，唯是別教六住滿心菩薩，不知不証七住菩薩眞見道境界、不起根本無分別智故，不知不解大乘所說法界實相；若聞七住菩薩說法，茫然無知，不知所趣，何況初地所說無生法忍？故說聲聞聖人一至四果聞大乘法時，悉皆迷惑紛亂，不知涅槃之實際理地故。

「三乘與一乘，非乘我所說；愚夫少智慧，諸聖遠離寂。」三乘者，乃是世尊思惟佛菩提智甚深難解，衆生福慧不足，難以契入；是故方便分析為三乘，令諸有情由淺至深，漸漸引入佛菩提智。遂先至鹿野苑，初轉聲聞法輪：詳述五蘊十二處十八界內容，說蘊處界悉皆無常，無常故苦，苦故非眞實我，

非我故空。

初轉法輪目的有二：一爲度諸有緣得証解脫果，証解脫果而能自知已出三界輪迴；自証知已，能爲他人起信作因，轉度有情離分段生死，則佛法得以弘傳久住，能起信故。二爲摧滅常見外道，令於佛法不能障礙；以諸外道多分主張各人能知能覺之心爲不生滅法，隨於各人異異思惟，墮於妄心七識之見分、自証分、証自証分中，執彼定外定中粗細有別之知覺心爲不生滅之常住法；世尊若不先行摧伏彼諸常見外道邪說，而逕說如來藏唯識種智法門者，彼諸外道必皆誤會佛法同其常見法，或對一切人說其法與佛法無二——皆同是不生滅心；由此緣故，世尊先轉聲聞法輪，說諸常見外道之不生滅法乃是五蘊中之識蘊，無常變異之法；乃至更以十二因緣法，深析常見外道過失，令彼等不能置辯，以此顯示佛道異於外道。

初轉法輪摧滅常見外道已，佛法得以廣傳；然因衆生不解聲聞緣覺法，誤以爲無常苦空及緣起性空即是一切法斷滅空，甫離常見論議，又復墮於斷滅邪見之中。爲令有情遠離斷常二種邪見，亦爲接引二乘佛子入眞佛法，遂有二轉法輪般若空法─如來藏空性心之中道實相法性開演─建立大乘法之弘傳廣傳，依如來藏法性心之總相及別相，而宣說般若中道法門，令諸有情遠離常斷邊見，大乘法教正式開展。

二轉法輪後，摧伏斷見論已，復有未悟及錯悟之大乘佛子，以及不能眞解二乘法之佛子（不知佛說涅槃本際即是第八識如來藏者），因不解佛意故，而生空有之諍；一方說一切皆空─佛般若經說無一法可得故；一方說有─佛般若經說有不生滅、離斷常之空性心故；以此爭執不捨，自是非他，各分宗旨。佛鑒於此，憫諸佛子，遂有三轉法輪─如來藏八識心王及諸萬法自性空及不空─之如來藏唯識教，所謂《大乘同性經、解深密經、楞伽經……》等唯識方廣經典開示敷演，兼爲彼諸已証般若中道之七住菩薩得入初地乃至成佛，而開示十地修道進階及地地斷惑圓智之內涵。乃至入滅前，復以《法華經、大般涅槃經》而總其成，說無三乘，唯有成佛之法，三乘一乘但是假名方便施設以度衆生，是故佛說：「三乘及唯一佛乘，並非我所說之眞正意旨，是權宜施設，爲無智人說；証得初地無生法忍以上境界者，其心遠離此諸諍論，安住空性寂滅境界，無有三乘一乘之諍論存在。」

「第一義法門，遠離於二教，住於無所有，何建立三乘？」第一義者，謂此義理正眞無上，無有一法而能上之，位居世出世間萬法之首，故名第一義。二乘法中無第一義，無根本故，唯依蘊處界法而修故；故四阿含中雖亦隱說第一義，而多偏顯二乘法。大乘法之第八識如來藏，是一切法之根本；世間萬法以及二乘涅槃乃至佛地無住處涅槃及一切種智——四智圓明，悉皆依於第八識眞如而建立，離於此心而說佛法，必墮邊見，不入中道，故藏識空性般若爲第一義諦。

不証如來藏者，每以爲証得如來藏者皆是執著如來藏性之人；殊不知事實正好相反：未証得如來藏之中觀學者，悉皆內執如來藏性爲自內我（二乘無學除外），而反誣指已証之人說有如來藏者爲自性見人，苦不自知已墮自性見中。已証之人轉依如來藏之寂滅性及無我性，遠離凡夫之執藏性，依於領受如來藏之涅槃性及能生萬法體性，故般若慧日漸增長，不墮自性見中。

如前輯所述：聲聞教及緣覺教，悉依蘊處界法之無常空及緣起性空而修除三界愛之執著，依現象界有爲法界而修。佛菩提之修學則反其趣，令諸菩薩作二乘教法之四種加行觀行，親証蘊處界之能取所取空已，方傳授般若知見，令覓法界空性心如來藏；覓得之後即生般若慧，不墮二乘教法之斷滅空，故云「遠離於二教」。

証得空性之後，漸修至於初地，現觀六塵萬法如鏡現像，遂滅異生性障，發起聖性；復依藏識無生法忍所起道種智，現觀藏識所生萬法悉空如幻，通達二乘無學解脫境界而復超勝之，至第八地如幻三昧無影像處——一切諸法皆無所有，復有何處何法而可建立三乘差別？解脫智慧雖有差別，所証解脫涅槃（無餘涅槃）境界則無高下異同，悉皆寂滅而無所有；乃至佛地所得無餘涅槃若取証者，亦與二乘無二無別，云何建立三乘差別？故說三乘非是世尊眞實說法，善巧度攝衆生而方便建立故。

又：二乘教既亦依於第八藏識而方便建立，所說諸法當知不離佛菩提智，否則即成斷見外道法；既然如是，則三乘法教本皆同源而出，云何說有三乘？是故三乘之說，乃爲度衆方便施設，接引不同根性衆生，示有三乘，然實同一根本，皆由第八識如來藏出，是故無有一乘二乘三乘，皆唯佛法爾。

「諸禪無量等，無色三摩提，受想悉寂滅，亦無有心量。」慧解脫阿羅漢証果已，所作未辦，梵行未立，故於捨壽前加修四禪、四無量心及五神通，復修無色三摩提—四空定，此諸三昧悉有意識覺知安住，有受有想故，知即是想故；然於非想非非想定中，若進一步滅除微細想（微細之知），則意識即滅，意識滅已則想陰暫滅；想陰暫滅時，受陰隨之暫滅，無覺無知，唯是末那餘三心所法及藏識五遍行心所法尚存，三界中一切天主、天人、凡夫、外道所知之心量悉滅，成滅受想定。滅盡定中無覺無知，非以覺知心入此定中，故說「受想悉寂滅，亦無有心量」，滅盡定無所有境界，無覺知心之現量可得故。直至出滅盡定之預設時至，方復有覺知心現行—復有心量。

「大慧！彼一闡提、非一闡提，世間解脫誰轉？大慧！一闡提有二種：一者捨一切善根，及於無始衆生發願。云何捨一切善根？謂謗菩薩藏，及作惡言：『此非隨順修多羅、毗尼、解脫之說。』捨一切善根故，不般涅槃。二者菩薩本自願方便故，非不般涅槃一切衆生而般涅槃；大慧！彼般涅槃，是名不般涅槃法相，此亦到一闡提趣。」

疏：《「大慧！那些一闡提人及非一闡提人，是誰能夠轉變而証得世間解脫、不受生死？大慧！一闡提人有二種：第一種是捨一切善根之人，第二種是『爲無始以來的衆生發願』—願度盡一切衆生而後方取涅槃。如何是捨一切善根之人？也就是說誹謗菩薩藏者，以及說邪惡之言語：『此法門不是隨順於經、律、解脫之說法。』說這樣的邪惡語言時，善根就全部斷盡，不能証得涅槃。第二種一闡提人，是菩薩本於憐憫衆生之心，發願欲度一切衆生悉入涅槃，並非不度一切衆生入涅槃而後自己入涅槃；大慧！如此大菩薩亦是屬於不証涅槃之種性，這也歸入於不証涅槃之一闡提人之中。」》

「彼一闡提、非一闡提，世間解脫誰轉？」一闡提人無涅槃性，不証解脫，常處世間生死之中，名爲無涅槃種性；此謂各別種性也，亦名無種性人，謂彼諸常見外道及一神教外道，違背解脫涅槃法性，故恒輪轉世間，生死無盡。菩薩一闡提人方有涅槃性，能於佛法中斷惑去執，解脫世間輪迴。

「一闡提有二種：一者捨一切善根，及於無始衆生發願。」第一種一闡提人，名爲斷善根人，謂此種人無有善根故。第二種人是發大悲願，憫諸衆生自無始以來輪轉世間，生死無盡，願度盡衆生而後方入涅槃，如地藏王菩薩摩訶薩，亦如慧解脫初地菩薩。

「云何捨一切善根？謂謗菩薩藏，及作惡言：『此非隨順修多羅、毗尼、解脫之說。』捨善根故，不般涅槃。」《大乘入楞伽經》譯云：「云何捨一切善根？謂謗菩薩藏言：『此非隨順契經、調伏、解脫之說。』作是語時，善根悉斷，不入涅槃。」佛子修學佛法者，目的有二：一爲証得涅槃解脫，二爲圓証佛地大菩提果。欲求此二，須具善根；若斷善根，二皆不得。

捨一切善根者，謂有佛子墮常見法中，或墮兔無角法中（如藏密應成派中觀師宗喀巴等一類人，及今否定藏識之印順導師等人），不能忍於佛說有如來藏而自己不能証得，便予否定，謂爲方便說，謂非眞有如來藏；若人証得如來藏，出而弘法，彼諸人等便誣指証悟者爲自性見。月稱、宗喀巴、土觀等人，更否定世尊三轉法輪所說諸經，謂非了義，謂爲方便說，謂爲違背二轉法輪諸經，不符解脫之說；乃至達賴五世竟假薩迦達布之手，打殺覺囊達瑪正法，將覺囊派寺院收歸黃教或強迫改宗黃教，不許覺囊達瑪正法存在，誣爲邪魔破壞正法；然此諸人謗菩薩藏已，所修一切善根悉斷，何況打之不足，復以刀殺、驅出藏地？如此諸人斷善根已，不免下墮三途，云何謂爲有修有証，而妄封爲至尊法王？

今者印順導師方便否定如來藏第八識已，近年更有傳道法師跟隨，大膽否定第七識末那；彼法師更將否定第八識第七識之說，謄爲文字，載於月刊而廣發行，此亦斷善根人；身爲大乘法師而如此破壞菩薩藏，可謂無知及膽大妄爲，何以故？余於《眞實如來藏》書中已具說有如來藏之理，已具說如來藏是一切法根本之理，已具說如來藏法是三乘根本之理，而彼諸人於拙著無能置一詞故；復次，若無末那識者，則應十八界減一，唯十七界，佛說末那是意根意界故；如此則悖佛說。又菩薩藏諸法，以如來藏第八識爲中心、爲根本，否定如來藏已，一切世間出世間法悉成斷滅，無因無果，三乘正法皆成戲論，故說印順導師及其徒衆中之否定第八識者，皆已成就斷善根三行，成一闡提人。

學佛人若於佛法未眞証悟，萬勿恣意評論佛法；更勿因己不能証入便否定之。若因自己不能觸証領受阿賴耶及末那識，便否定之（不論其為正式否定或方便否定），皆是謗菩薩藏者；何以故？以八識心王是三乘菩提之根本故，八識心王復以阿賴耶識爲根本故，若人謗無第八識者，即成斷善根人，不因身披佛教法衣而在例外，故說印順導師及諸否定如來藏者爲一闡提人；佛子欲學佛法者，務必小心，應當避免親近學習，更莫護持，以免成就謗菩薩藏之重大共業—成一闡提人。謗菩薩藏者，名爲「捨一切善根」，此種人於未來百千劫乃至萬劫之後，仍不能証得涅槃，「善根悉斷」故。

余出道弘法以來，常有學佛者以先入爲主之邪謬知見，及信受北投錯悟大師之邪謬知見，而輕易否定余法，謂余所傳証悟如來藏法爲「不如法」，以其名聞四海之師父曾作此否定故；彼諸徒衆遂有多人謂余法爲「非隨順經律解脫之說」，如此師徒，亦名捨一切善根人，未來百千萬劫不証涅槃；彼師雖然名聞四海、著作等身，唯得凡夫無智之人迷信崇拜；實無証量，後世多劫尤重純苦惡報，余不敢爲彼等思之；哀哉！而竟顧慮名聞眷屬，不捨邪見，不思補救懺悔，令人悲憫。

「二者菩薩本自願方便故，非不般涅槃一切衆生而般涅槃；大慧！彼般涅槃，是名不般涅槃法相，此亦到一闡提趣。」第二種一闡提人—不入涅槃種性人—非是斷善根人，而是大心菩薩。

此種大心菩薩，本於自願以及方便，而不取涅槃；此等菩薩以何自願而不取涅槃？謂此諸大心菩薩起增上意樂，世世於佛前發十無盡願，窮未來際受持此願；以十無盡願故，常處生死，不入涅槃，爲欲廣度有緣衆生出離生死。云何方便而不取涅槃？謂諸大心菩薩起增上意樂，欲求無上大菩提果，漸修至初地滿心成慧解脫，或至六地滿心成俱解脫，以無生法忍聖智，能入無餘涅槃而不取証；依於有餘涅槃及十無盡願，已離生死而恒處生死中，已証涅槃而不住涅槃中，現有生死而上求下化，盡未來際，是名菩薩方便及願波羅蜜。

此類菩薩以大悲願故，不取無餘涅槃；以大菩提願故起受生願，不取無餘涅槃；於無量劫中常求無上菩提、常悲憫度化衆生，不入涅槃寂滅中，亦名無涅槃種性，名爲一闡提人。此菩薩並非不度衆生入涅槃而後自己入涅槃，然因無上菩提之修証圓滿時劫久長，故菩薩常在生死中，不証無餘涅槃；又因悲憐衆生輪迴生死，常懷大悲，欲與諸衆生同事，方便攝化，不速求証佛果，其圓証無住處涅槃之時劫久長，名爲一闡提人；這也是不証涅槃之法相，亦是一闡提之類，但非斷善根人。

大慧白佛言：「世尊！此中云何畢竟不般涅槃？」佛告大慧：「菩薩一闡提者，知一切法本來般涅槃已，畢竟不般涅槃，而非捨一切善根一闡提也。大慧！捨一切善根一闡提者，復以如來神力故，或時善根生；所以者何？謂如來不捨一切衆生故。以是故，菩薩一闡提不般涅槃。」

疏：《大慧菩薩向世尊稟白：「世尊！這二種無涅槃性之人，哪一種人畢竟不証涅槃？」佛告訴大慧：「菩薩無涅槃性者，是已經証知一切法之本際——如來藏識——本來就是自性清淨涅槃，然後永遠不入涅槃，而不是捨一切善根之無涅槃性人。大慧！至於捨一切善根之無涅槃性人，復以如來神力加持故，有時也會有善根生起；這是什麼緣故呢？這就是說如來一向不捨棄一切衆生的緣

故。由於以上這兩個緣故，菩薩一闡提人永遠不入涅槃。」》

「云何畢竟不般涅槃？」此問菩薩及斷善根人爲何畢竟不入無餘涅槃也。

「菩薩一闡提者，知一切法本來般涅槃已，畢竟不般涅槃，而非捨一切善根一闡提也。」菩薩無涅槃性者，如前所說本於大悲願及方便波羅蜜而不取涅槃；但此菩薩之方便及願波羅蜜，須以觸証本來自性清淨涅槃爲前提；而本來自性清淨涅槃之証實及領受，須以大乘菩提之見道爲因，方能証實及領受。

本來自性清淨涅槃，乃是依如來藏識立名，一切衆生同皆有之，一切有情皆各有藏識阿賴耶故。阿賴耶識能生七轉識見分，復能生色蘊相分及內六塵相分，輾轉能生一切法。而此一切法悉以如來藏識爲根本方得生起，此一切萬法雖有法相之起滅，而其法性—藏識—本不生滅；不生名涅，不滅名槃，故名涅槃。法性藏識雖生見分相分及萬法，由見分執取萬法法相以爲實有，猶如海水因大風吹而起諸浪；然藏識於見分七識執取六塵相分萬法諸心行中，不起欣厭，不隨六塵而動心，故名清淨。此種清淨及涅槃即是法性藏識之本來自性，一切衆生同皆有此自性，乃至殺人放火無惡不作之人，於其見分五蘊正造大惡業時，其法性藏識依舊恒處本來自性清淨涅槃中。

大乘菩薩眞見道後，依其所觸証領受之藏識法性，入相見道位，如實現觀法性之本來自性清淨涅槃已，了知一切法本來涅槃，無有起滅；諸法乃至七轉識起滅者皆是幻起幻滅，依於自心而有，本來涅槃。如實現觀已，了知修道取証有餘涅槃者，其實無他—但將五蘊十二處十八界之貪執修除，即成有餘涅槃；捨壽時，棄捨自我（色蘊及覺知心）即成無餘涅槃。以如實現觀有餘及無餘涅槃故，了知有餘及無餘涅槃仍是依法性藏識之本來自性清淨涅槃建立施設。菩薩了知此三涅槃及諸萬法皆是本來涅槃—依藏識立名；則知無餘涅槃非是斷滅，本來有之，非因修得，非不修得；取無餘涅槃與不取無餘涅槃，非一非異，因此畢竟不入無餘依涅槃，故名一闡提人—無涅槃種性者；而非如諸藏密應成派諸中觀師（月稱、寂天、宗喀巴、土觀，及台灣印順導師師徒等人）捨一切善根、謗菩薩藏阿賴耶識，成爲無涅槃性者。

「捨一切善根一闡提者，復以如來神力故，或時善根生；所以者何？謂如來不捨一切衆生故。以是故，菩薩一闡提不般涅槃。」捨一切善根（謗如來藏法）者，又因為如來大慈大悲及威神之力加持故，有時亦將生起善根—信有如來藏，信如來藏所生種智妙法（三轉法輪所說唯識妙義）是佛法正統，亦是三乘菩提之根本。然有時蒙佛恩加，而善根依舊不生—不信有如來藏，不信三轉法輪唯識妙義；往昔熏習根深柢固，一時難轉故；往昔大力否定藏識妙法、不遺餘力，業重障深，善根一時難生故。然我世尊大慈大悲，仍將觀其因緣，以威神力而加持之，令生善根—起其正信，使知菩薩藏法以藏識為根本—謂我世尊及十方佛，皆是無緣大慈，永不棄捨一切有情故。

由以上所說涅槃體性之緣故，菩薩一闡提人，不取証無餘依涅槃。次說五法三自性：

「復次大慧！菩薩摩訶薩當善三自性。云何三自性？謂妄想自性、緣起自性、成自性。」

疏：《「復有其次所應學者，大慧！菩薩摩訶薩應當善修善解三種自性。如何是三種自性？此是說妄想自性、緣起自性、成自性。」》

妄想者，非謂心中有語言文字──如世俗人心中打妄想；而是說未入大乘見道者之所知所見，名爲虛妄之想。妄想自性者，謂虛妄想之自性，亦名妄計之自性，亦名遍計執之自性。佛說虛妄想自性及緣起自性者，欲令佛子証解脫果故。

緣起自性者，亦名依他起自性，謂蘊處界萬法悉依他而起，非能自在；所依之緣消滅時，蘊處界萬法隨之散壞，是名緣起自性。佛說此性者，欲令佛子了知蘊處界法悉皆緣起性空，由此消除虛妄之想，得証解脫。

成自性者，即是圓成實性，謂有情自心本來自在，能生世間萬法，亦能顯現出世間四種涅槃，具足圓滿成就空性有性之眞實體性。佛說此性者，欲令佛子起諸實相智慧，証得道種智乃至成就一切種智，圓滿大菩提果。

「大慧！妄想自性從相生。」大慧白佛言：「世尊！云何妄想自性從相生？」佛告大慧：「緣起自性事相相、行顯現事相相，計著『有』二種妄想自性，如來應供等正覺之所建立：謂名相計著相，及事相計著相。名相計著相者，謂內外法計著；事相計著相者，謂即彼如是內外自共相計著；是名二種妄想自性相，若依若緣生，是名緣起。云何成自性？謂離名相事相妄想，聖智所得，及自覺聖智趣所行境界，是名成自性如來藏心。」爾時世尊欲重宣此義而說偈言：

名相覺想，自性二相；正智如如，是則成相。

「大慧！是名觀察五法自性相經、自覺聖智趣所行境界；汝等諸菩薩摩訶薩應當修學。」

疏：《「大慧！虛妄想之自性，是從法相而生的。」大慧白佛言：「世尊！爲什麼說虛妄想之自性是從諸法之法相而生起？」佛告訴大慧：「依於他緣所起之自性上所有之各種事相之法相，以及依於緣起性之行蘊而顯現之各種事相之法相，衆生不知其幻，計著爲實有；這二種虛妄想之自性，是如來應供等正覺之所建立：也就是名相計著相，及事相計著相。名相計著相，是說衆生於內法及外法計以爲實，施設諸名而生執著；事相計著相，是說在名相之所從生諸事相上，分別內自相及外共相，計爲實有而生執著；以上所說即是二種虛妄想之自性相，或從所依之因，或從所緣事相而生，名爲緣起自性。如何是成自性呢？這是說：遠離名相事相之虛妄想，大乘聖人智慧所得，及自覺聖智意旨內涵者、其心所行境界，這就是成自性如來藏心。」此時世尊欲重新宣示此一正義，而說偈言：

於「名法相」及「事法相」上起諸覺知及虛妄想，
這就是自性的二種相：遍計執性及依他起性。
於名相及事相之自性，眞實觀察者，名爲正智；
能依於正智而住於眞如境界者，即是証得圓成實性之相貌。

「大慧！這就是觀察五法三自性相之經、自覺聖智意趣所行境界；你們這些大菩薩應當修學。」》

「大慧！妄想自性從相生。」一切凡夫外道悉皆不離虛妄想——不如實覺知名相及事相；是故，不如實覺知名相事相即是妄想之自性。

「緣起自性事相相、行顯現事相相，計著『有』二種妄想自性，如來應供等正覺之所建立：謂名相計著相，及事相計著相。」緣起自性者，謂法非自己本來存在者，必須依於他法而後能現起存在，即名緣起自性。若依緣起自性而生者，此法必定將隨緣之散失而壞滅，則此法即名緣起自性事相。

舉例言之，五蘊、六塵、五色根、六識，皆是依如來藏因，四大及父母爲緣，方能輾轉生起；此等諸法既然有依有緣，即非本來自己已在，名爲緣起自性事相。譬如一念不生之覺知心，以及定中不觸五塵境之覺知心，須依如來藏之識種流注爲因，以色身五根及五塵與意根末那爲緣，方能現起而有覺知；五根俱壞，則藏識捨身，覺知性永不復現於此色身；須轉入中陰身中，緣中陰身微細五根，覺知性方能再現。亦如五根疲倦，故於每夜入眠，覺知心即隨之暫滅；俟五根功能恢復，覺知性方能再正常現行。又如寒冷所凍，五根功能受阻，覺知性漸漸不現起，終至悶絕；若於藏識未捨離前，給予溫暖，恢復五根功能，則便甦醒，覺知性又復現前；故說定中定外之覺知心，依於因緣方得現行存在，是緣起自性之事相，非本來自在之法。衆生因無明所障，執見聞覺知心爲實有，墮於緣起自性事相諸法相中，是故輪轉生死。常見外道及以定爲禪之佛子（如藏密四大派諸祖諸法王及應成派諸中觀師，及禪宗錯悟諸師），悉以定中不起妄想之覺知心爲眞如，皆墮緣起自性事相相中，而不自覺，云何能免生死輪轉？

行顯現事相者，謂於諸法現行變異而未滅壞之中，執其法相實有，是爲行顯現事相。譬如根塵諸識觸受，有諸六塵六根六識運作之過程；如人於眼見色中起諸領納覺觀分別貪著；亦如外道及諸應成中觀師，入於定中不起語文妄想，住於無妄想境，以境中覺知心爲涅槃心，以定境爲涅槃境，而不知自己已墮於意識覺知之心行中，以此爲証入中道，悉皆墮入行顯現事相相中。

彼諸人等，墮於緣起自性事相相，及墮於行顯現事相相中，其故無他，皆因計著此二種「有」之虛妄想自性見中。這就是如來應供等正覺所建立之二種虛妄想自性：其一爲名相計著相，其二爲事相計著相。

「名相計著相者，謂內外法計著；事相計著相者，謂即彼如是內外自共相計著；是名二種妄想自性相，若依若緣生，是名緣起。」名謂受想行識，受想行識是心，無形無色，必須以名建立，方能顯說，故立爲名；名相謂受想行識相。識相者，謂眼識觀色、耳識聞聲、鼻識嗅香、舌識嚐味、身識覺觸、意識知法，是名識相。行相者謂六識於六塵中起諸識相，連續不斷，乃至未滅之前，悉名行相；如人入於二禪等至位中，不觸五塵，唯有覺知心住於定境法塵中一念不生，或二小時、或二天，此時間內即名爲意識住於定境中之行相，即是行陰；乃至住於非想非非想定中亦復如是不離意識行相。

意識住於定中，連續不斷之清明覺知，名爲想陰之相；若人欲超想陰之相，當滅非非想定中之自我—覺知心，則入滅盡定。入滅盡定前，覺知心不滅，想相猶存，故能覺知定境；既知定境，則有境界受，不離受陰。入滅盡定後，覺知心滅故想陰滅，想陰滅故受陰隨滅；想受二相滅故，名相四陰皆滅，唯餘末那不滅，成就俱解脫果，暫出三界，是名有餘依涅槃。若捨色身，則色相名相以及末那識俱滅，入無餘依涅槃。

若菩薩証無生法忍已，於色相之無常空相已如實現觀，復能如實現觀名之四相，則於內外法不生計著，成慧解脫聖者，名爲初地滿心菩薩。已証六地無生法忍者，若能証入滅盡定中，即成定解脫聖者，亦名俱解脫聖者，名爲六地滿心菩薩。此二菩薩於自身內法名相尚不計著，何況計著他人外法名相？故說此二菩薩於內外法皆不計著，遠離名相計著相。餘諸賢位菩薩及外道凡夫，或少分墮名相計著相，或完全墮於名相計著相，不離施設之受想行識四種名故。

事相者，謂名相四陰及與色陰，於行陰中顯現衆事之相，自身可知可覺其相，是名自內事相；依於自內事相而觀他人及餘五道有情之五陰行相，名爲外共相。佛子若見三地滿心菩薩有大神通者，不思依於大乘道次第，循序進修，而欲唯求神通者，名爲墮於外相計著。若已有報得五通，見他人亦有五通，生心計爲眞實不壞之法，名爲墮於內外自共相計著。若已有五通，不見餘人有五通，而於自身五通，生心計爲眞實不壞之法，名爲內自相計著。是名事相內外自共相計著。初地滿心悉離事相計著相，已離內外自共相計著故。

名相計著相及事相計著相，是佛所施設二種虛妄想之自性相；此二自性相，或依藏識爲因而生起，或緣事相而生起。名相計著相，必依藏識爲因而得現起；識陰依藏識所藏七識種子而現起，故說有依：無色界末那依阿賴耶及其所藏末那識種而現行，意識依阿賴耶及其所藏意識種子及與末那之現行方能現起；欲界前五識復依彼三識之現行及五識種子方得現起。欲色界有情之前六識復增一依—有根身之五色根—方能現起；故說「若依生」。欲界有情識陰色陰俱足，方有受想行陰；四陰俱足，則名相計著相生焉；名相計著相生已，我見存矣！

事相計著相，緣於色陰相及名等四相而生者，譬如執著男女欲、執著色界諸法等；亦有緣於名等四相而生者，譬如無色界諸法；是故佛說「若緣生」。名相計著相及事相計著相是衆生虛妄想之自性相，非能自在，若依若緣而生，故名緣起，是故緣起必有所依之因；若無所依之如來藏因，唯憑諸緣即能現起，則一切緣起緣滅之法，悉應同時頓生頓壞，不應有人今日生，有人昨日明日生，應一時頓生；故拙著《眞實如來藏》中說：一切有情蘊處界法，雖名緣起性空，而此緣起性空諸法非唯衆緣而生，尚須有其依因，方有緣起性空可言，否則緣起性空之法即同斷滅見。

「云何成自性？謂離名相事相妄想，聖智所得，及自覺聖智趣所行境界，是名成自性如來藏心。」成自性者又名圓成實性，謂二空所顯圓滿成就諸法之眞實体性—如來藏心。

凡夫外道之七轉識不離名相妄想相及事相妄想相時，其如來藏心—阿賴耶—仍然同時具足顯現人空法空之涅槃性，並同時具足顯現其圓滿成就三界九地萬法之眞實体性—空性及有性，是名成自性—圓成實性。如來藏心有此空性及有性，能使証悟之人觸証領受其二空之空性及能生萬法之有性，非是虛妄想像之法，此是大乘証悟菩薩之聖智所得，不共二乘，故名別教。

大乘証悟菩薩依此聖智現觀，安住其七識心，遠離名相事相計著相之虛妄想，是名自覺聖智意趣所行境界；而此聖智所得及自覺聖智意趣所行境界，悉依如來藏体性之証悟領受而有，非依虛妄想像之法相而有，故云「成自性如來藏心」。

「爾時世尊欲重宣此義而說偈言：

名相覺想，自性二相。正智如如，是則成相。」

名等四法—受想行識—之錯誤認知及執著，以及事相—諸有爲有作萬法—之錯誤認知及執著，即是衆生心中虛妄想之自性二相。謂衆生依於錯誤之覺想分別，墮於名相計著及事相計著相中，名爲「名相覺想自性相」及「事相覺想自性相」；此二種覺想之自性相，即是虛妄想之自性。菩薩若欲依無生法忍而實証慧解脫或定解脫者，當善了知此三法：名相、事相、覺想。若善了知此三法，即能了知虛妄想自性及緣起自性，實証解脫。

正智者謂實相智慧—如來藏心之体性觸証修証所生般若慧，非謂二乘菩提所証蘊處界空之聲聞緣覺智也。如如者謂如來藏心自住境界，及悟者之六七二識依聖智所得，而能遠離名相事相妄想，安住於自覺聖智意趣所行境界，名之爲圓成實性法相。

「大慧！是名觀察五法自性相經、自覺聖智趣所行境界；汝等諸菩薩摩訶薩應當修學。」佛復囑云：以上所說名爲「觀察五法三自性法相經典」，以及自覺聖智意趣所行境界，汝等諸大菩薩皆應當修學。

「復次大慧！菩薩摩訶薩善觀二種無我相：云何二種無我相？謂人無我，及法無我。云何人無我？謂離我、我所—陰界入聚，無知業愛、生眼色等攝受計著生識。一切諸根，自心現器身等藏，自妄想相施設顯示；如河流、如種子、如燈、如風、如雲，剎那展轉壞；躁動如猿猴，樂不淨處如飛蠅，無厭足如風火，無始虛偽習氣因；如汲水輪，生死趣有輪。種種身色，如幻術神咒，機發像起；善彼相知，是名人無我智。」

疏：《「復次大慧！菩薩摩訶薩善於觀察二種無我相：云何二種無我相呢？那就是人無我及法無我。如何是人無我？也就是說：遠離我與我所──遠離五陰十八界六入積聚，無知、業種、及三界愛，所生眼等五色根之執取貪著所生轉識。一切諸根──六根──及自心所現器世間有根身及六塵相，皆是藏識之所顯現，是自心虛妄想自性相之所施設顯示；猶如河流遷流不住，猶如種子變易生芽，猶如燈焰飄忽不定，猶如迅風吹襲不斷，猶如浮雲飄移變化，皆是剎那剎那輾轉變壞；躁動不安猶如猿猴，樂著不淨處猶如飛蠅，永無厭足如風與火，皆以無始劫來虛僞習氣爲因；於四生二十五有之生死輪中流轉，猶如汲水輪流轉不息。於世世輪迴之種種色身威儀進止，猶如幻術神咒所催死屍行步，亦如機關發動使得木製人像起行；善於彼諸法相深入了知者，即稱爲人無我智。」》

「復次大慧！菩薩摩訶薩善觀二種無我相：云何二種無我相？謂人無我及法無我。」一切地上菩薩皆善於觀察人無我及法無我；人無我共二乘菩提，然亦有不共二乘菩提之處；法無我亦復如是。

余度衆十年以來，每遇狂慢之人，於我法中只悟得藏識總相，便謂已至究竟，於佛生慢，輕賤於我，鄙視此法，私謂人曰：「不過如此。」便信月溪法師邪法，相率離去；不能尊師重道，於我不復恭敬，乃至亦有謗法者。凡此皆因尚未深入別相智及種智修學，故有此過。

亦如元覽居士等人，輕賤我處所得眞如總相智，不信眞如別相智及種智，故崇尚所未証得之藏密應成派中觀見。殊不知應成中觀見極易修証，我會中人十有八九皆能証之—但將無相念佛之念捨去，令覺知心安住不起妄想，即成應成中觀師所住境界；其境界比之於無相念佛境界更爲粗淺，無有正念，墮於空明覺知之中故；若令彼諸應成中觀師於定中起憶佛正念—遠離佛相佛名而念佛—彼等悉皆不能；乃元覽居士不知不証此理，而崇尚應成中觀見。復以應成中觀師之邪見而破斥唯識種智之法，謂非了義；以不信故，於我所授《成唯識論》詳解課程中，每於座上瞌睡，不能受熏；後復謗佛謗法及謗於余，乃有《平實書箋》之出版，成爲另類請法者，廣益佛子。（然諸佛子亦莫輕賤元覽居士，此人雖犯誹謗三寶重罪，當受長劫尤重純苦，然於受苦之時，若起一念善心，必定蒙佛神力加持，發起善根，得生人中；生人中已，篤信佛法種智，具足信心，發奮勤學，極易超劫精進，反較今諸未悟佛子迅速成佛，以彼已曾親証領受如來藏法性故，復曾受長劫尤重純苦故，雖因今世不信佛性可以眼見而謗三寶，然苦罪受畢之修行佛道，非今未悟諸人所可及也。）

此諸人等犯此等過，皆因邪師所傳邪見，及未具備善觀二種無我之智慧所致，是故二種無我智極爲重要，函蓋三乘菩提智故。而諸入地菩薩之現觀二種無我，悉依函蓋二乘法之無生法忍道種智而觀，非唯依二乘菩提而觀也，故有不共二乘菩提智者—謂如來藏心無生法忍。

「云何人無我？謂離我、我所—陰界入聚，無知業愛、生眼色等攝受計著生識。」攝受者謂攝取領受。攝受計著生識謂七轉識，此七識若現起時，必定不斷攝取領受六塵萬法而生計著；由此体性熏習而生，故名攝受計著生識。此七轉識之現起，導致有情之輪迴；而其生起現行，肇因於五陰十八界六入之積聚，於實相無知、往昔世中造諸善惡業行、以及對三界有法之渴愛，故生眼等五色根，因於眼等五根及意根末那之遍計執性而生「攝受計著生識」。

云何名業？謂於往昔世中造諸輕微惡行，造已則熏成種，墮於藏識攜至此世，即成業種，遇緣則發，遂成業障。又如往世造作誹謗三寶、破壞正法弘傳之重大惡行，造已熏成業種，墮於藏識攜至此世地獄中受報，是名爲業報。又如往世悟後修學種智，護持正法，雖未入地，然已熏習成種，墮於藏識攜至此世；若聞種智妙法，業種則發，心大歡喜，殷勤修習，此世得入初地，亦名善業。此段佛語所謂業者，謂諸染業；如造惡行之業，以及善行果報貪著之業—譬如行善而執六欲天之業，亦如修定而貪四禪天之業，乃至修四空定而執定中覺知心境界之業。

云何無知？謂不解人無我。如古今一切應成派中觀師，執定中不起法相妄念之覺知心爲涅槃心，名爲無知。亦如河北淨慧法師、台灣中台山惟覺法師、宜蘭自在居士、安徽王驤陸師徒、四川袁煥仙師徒、義雲高師徒等輩，皆墮此中，將七轉識執爲不生滅心——或以見分爲眞，或以自証分爲眞，或以証自証分爲眞，皆是於佛法無知之啞羊也。何以故？謂我世尊已於四阿含中廣破，說爲五陰中之識陰故，說墮此見者爲常見外道故；藏密四大派古今一切法王亦復如是，墮於七轉識之空明覺知心中，余已多年連續廣破，彼等猶不肯依經依論修正邪見，皆名無知之徒。

陰界入聚者，皆由往世不明覺知心之虛幻，不明處處作主之心即是末那，是故畏懼覺知之我及作主之我消滅，捨棄肉身時又復現起中陰身，依於中陰身之微細五根爲緣，復起覺知及作主之我；中陰壞時，恐墮斷滅，遂起心受生，藉父母四大爲緣，復有五陰十八界及六入之積聚，則有此世「清清楚楚明明白白處處作主」之我，此名我見。饒汝精進修除此心所現之一切執著，若不肯斷除此心恐懼自己消滅不現之邪見，縱得四禪八定，亦永不能証滅盡定，輪迴無窮，必致後世陰界入積聚，世世不斷。是故一切佛子求解脫道者，皆應深明陰界入聚之理，如實現觀，方能証得人無我——出離三界分段生死。

陰界入聚、無知、業、愛，所生眼耳鼻舌身五色根及因之而現之攝受計著生識—七轉識，名爲我及我所。七轉識名之爲我；陰界入聚、無知、業、愛所生眼等五色根，名爲我所；七轉識我（明明白白處處作主之心）因彼諸法方能於三界中現行故。是故修証人無我（出離分段生死）者，當離我與我所；能滅卻我與我所者，方名具証人無我，得解脫果；捨壽時若不起無相大悲而發受生願，則滅我與我所，不復受生，不起來世陰界入聚，唯餘如來藏無見聞覺知亦不作主，永離三界輪迴，是名無餘涅槃。是故人無我之現觀，必須了知我（見聞覺知及作主心）乃依因攀緣而有—依如來藏因，攀「無知、業、愛、陰界入聚」諸緣而有，能如實作此現觀者，名爲善觀人無我相。

「一切諸根，自心現器身等藏，自妄想相施設顯示；如河流、如種子、如燈、如風、如雲，剎那展轉壞；躁動如猿猴，樂不淨處如飛蠅，無厭足如風火，無始虛僞習氣因；如汲水輪，生死趣有輪。種種身色，如幻術神咒，機發像起；善彼相知，是名人無我智。」此段經文之後半段，於《大乘入楞伽經》譯爲：「種種色身威儀進止，譬如死屍、咒力故行，亦如木人因機運動；若能於此善知其相，是名人無我智。」一切諸根，或有謂二十二根者，或有謂六根者。一切諸根及自心所現器世間、有根身、六塵六識及諸煩惱等法，皆是藏識之所顯現，由有情自心（七轉識）虛妄想之自性相所施設及顯示；此諸法相猶如河水遷流不住，猶如種子變易生芽，猶如燈焰飄忽不定，猶如迅風吹襲不斷，猶如浮雲飄移變化，……乃至猶如風助火勢燒一切物而無厭足；凡此皆以無始劫來虛僞熏習所成習氣，爲其生死之因，於四生二十五有之生死輪中恒常流轉，猶如汲水輪（水車）一般輪轉不息。於此世世輪迴之種種色身（或為天人之天身，或為人間之人身……乃至或為地獄中之地獄身），於其威儀進止之際，猶如幻術神咒催諸死屍行步，亦如內置機關之發動，使得木製人像行住坐臥；若有佛子善於彼諸法相深入了知者，名爲証得人無我智。

此謂佛子覓得眞如—第八識阿賴耶，於陰界入之我與我所中，能依所証藏識，現觀陰界入之幻有緣起，無有眞實不壞性，反觀藏識於陰界入聚之中，現有大用，而復不墮見聞覺知，住於本來自性清淨涅槃之中，証得人無我智。此乃七住菩薩証悟之藏識總相智，亦是禪宗一切破初參証悟者之眞如總相智；此中密意不得明述，余已隱於《眞實如來藏、公案拈提》諸書中方便詳述，佛子閱後參究，一旦相應，便能証得如來藏，善知此段佛語密意，即証大乘人無我智，入菩薩數中，成位不退；証已隨學《楞伽經》，如實証解及如實修行者，此世初地境界可以期待也。

「云何法無我智？謂覺陰界入妄想相自性，如陰界入離我我所，陰界入積聚，因業愛繩縛，展轉相緣生，無動搖；諸法亦爾，離自共相。不實妄想相、妄想力，是凡夫生，非聖賢也；心、意、識、五法、自性，離故。大慧！菩薩摩訶薩當善分別一切法無我，善法無我菩薩摩訶薩，不久當得初地菩薩無所有觀地相；觀察開覺歡喜，次第漸進，超九地相，得法雲地。於彼建立無量寶莊嚴大寶蓮華王像大寶宮殿，幻自性境界修習生，於彼而坐；同一像類諸最勝子眷屬圍繞，從一切佛剎來；佛手灌頂，如轉輪聖王太子灌頂；超佛子地，到自覺聖智法趣，當得如來自在法身。見法無我故，是名法無我相。汝等諸菩薩摩訶薩應當修學。」

疏：《「如何是法無我智？意謂証得人無我之菩薩，復如實觀察五陰十八界六入虛妄想之自性，猶如五陰十八界六入並無眞實不生滅之我與我所；我與我所乃因五陰十八界六入積聚，依藏識因及業愛繩所縛爲緣，展轉相緣而生，並無能造我與我所之作者；五陰十八界六入所生之一切法亦是如此，無有眞實不壞之自相與共相。不如實之虛妄想、虛妄想之勢力，是凡夫分別心所生，非諸聖賢所生；菩薩摩訶薩善知心、意、意識、五法、三自性已，隨即遠離故。大慧！菩薩摩訶薩應當善於分別一切法中無眞實不壞之我，這就是法無我之智慧。善於如實觀察法無我之菩薩摩訶薩，不久以後應當會証得初地菩薩無所有觀之境界相；觀察開悟覺証故，心大歡喜，依循諸地斷愚圓智之次第漸漸修進，終能超越九地境界，証得第十法雲地境界。即於十地建立『無量寶莊嚴大寶蓮華王像大寶宮殿』，此宮殿乃由往昔如幻三昧自性境界之修習而生起，爾時菩薩於彼寶宮殿中端坐；諸方十地菩薩悉皆有無量眷屬圍繞，各從諸方一切佛刹來至此菩薩所住大寶宮殿；十方如來同伸佛手，放諸寶光遙灌此菩薩頭頂，猶如轉輪聖王以四大海之水灌太子頂。此菩薩漸將超越最勝佛子之地而入等覺位，進到自覺聖智法趣境界，於諸法中能得自在，當必証得如來自在法

身。由於現前親見法無我故，所以名為法無我相。汝等諸菩薩摩訶薩應當修學法無我。」》

「云何法無我智？謂覺陰界入妄想相自性，如陰界入離我我所，陰界入積聚，因業愛繩縛，展轉相緣生，無動搖；諸法亦爾，離自共相。」人無我智謂菩薩初見道明心，証得藏識之法智忍；依此大乘眞見道之法智忍，現觀陰界入之緣起性空、刹那相續變壞不停，無眞實我及與我所，名為人無我智，此唯藏識之總相智。

隨依善知識教，轉入相見道位，修學法無我觀：一者依非安立諦現觀藏識之無我性及涅槃性；二者觀已復依安立諦，而現前觀察五陰十八界六入之苦集滅道四諦各有法智忍、法智、類智忍、類智，如實覺察五陰十八界六入之虛妄想自性；依眞見道所得根本無分別智，現觀陰界入中實無不壞之我與我所；如實覺知我與我所乃衆緣和合而有：五陰十八界六入等法積聚，藏識因、往世所造業種及三界萬法之渴愛等繩索所縛，展轉互相為緣而生我與我所，非於自心之外別有能造我與我所之作者。無動搖者謂自心阿賴耶於外六塵相離見聞覺知，無造作相，故名無動搖；意謂藏識雖然能生萬法，而於萬法不動心分別。依陰界入所安立之四聖諦法智忍等十六心，無我我所；百法千法萬法……等亦復如是，悉無我與我所；皆以藏識爲因，業愛繩縛爲緣，藉陰界入方得現行，是故一一法皆無我與我所；菩薩如是現觀已，隨即遠離諸法有我之自相；自相離已，共相隨之亦離。此名菩薩依其所証藏識法智忍總相智，修學法智及類智忍、類智等別相智也；是名修學法無我。

「不實妄想相、妄想力，是凡夫生，非聖賢也；心、意、識、五法、自性，離故。」不如理作意之虛妄想所顯現諸身口意相，皆由不如實知人無我及法無我而有，是故外道及凡夫不離我見，執見聞覺知心爲我、執陰界入爲我所；是故外道行者及藏密四大派諸祖、應成派諸中觀師執取定中意識心爲不生滅我，自謂意識覺知心不作我想即是無我，悉墮我見中，尚不能知人無我，云何能知法無我？

依於我見心，計爲涅槃心，則處處有我恒在——於醒覺之時處處作主——如是現之於外之身口意相，即是不實妄想相；依不實妄想相，則有虛妄想之動機，影響身口意三行，成就虛妄想之萬般業行，名爲妄想力；此謂妄想力源於不如理作意而生。

不如理作意之妄想相及妄想力，是未証道之凡夫心中才會生起，非諸聖位賢位菩薩心中所能生之；此謂菩薩証得根本心已，隨即漸入唯識位中修唯識行，修已善知心、意、識、五法、三自性；善修善知已，了知人無我及法無我；了知法無我已，心即遠離心意識五法三自性等法執。

「大慧！菩薩摩訶薩當善分別一切法無我，善法無我菩薩摩訶薩，不久當得初地菩薩無所有觀地相；觀察開覺歡喜，次第漸進，超九地相，得法雲地。」《大乘入楞伽經》別譯爲：「如是觀察一切諸法離心、意、意識、五法、自性，是名菩薩摩訶薩法無我智；得此智已，知無境界，了諸地相，即入初地。心生歡喜，次第漸進，乃至善慧及以法雲，諸有所作，皆悉已辦。」觸証藏識而能親自領受其体性，具足正信而不退轉者，悉名菩薩摩訶薩，此諸親証藏識之位不退菩薩，不應以觸証領受藏識總相、得法智忍，便生滿足想，此唯得証人無我故；應當善學法無我，方得漸入初地。

學法無我者，當善了知藏識種智；欲了知種智，當善了知意根末那及前六識体性；了知已，隨起少分法智、類智忍與類智；此即我於禪三精進共修期間，令諸已証藏識者整理思惟之修行道，欲令得証少分法智、類智忍與類智故。以此思惟修以及体驗故，能起少分法無我智；是故法無我智之修學，非唯依眞諦現觀藏識之空性，亦須依俗諦現觀藏識之有性——七轉識妄心之運作，見地方能透徹，於三乘法之証解方能漸漸自在。

由是故說菩薩摩訶薩觸証藏識心已，尙須了知意及六識，復學五法、三自性、七性自性、七第一義；修學已，善知法無我相，能親現前觀察一切諸法中無不壞之我故。云何現觀一切諸法中無不滅之我？謂菩薩已親現觀藏識離見聞覺知、不自知我，亦不作主故；復親現觀五陰十八界六入及其所生萬法，悉皆因於妄想性及緣起性而生住異滅，無有眞實不壞之我與我所故。

以修學心、意、識、五法、自性等法，依眞諦俗諦善觀人無我及法無我故，不久（五年十年或五生十生五劫十劫……）即可証得初地菩薩所住無所有觀之境界相（此境界相略不敘述，行者悟已，依余所示精進修持，久後自知；

說之無益）。如是善觀一切諸法無我，了知心、意、識、五法、自性已，復依此了知所生法無我智，而遠離心意識……等法。如人以火燒木，木盡火亦隨滅；菩薩如是以了知心意識等法而除法我見，法我見除已，心意識等自我法之法執隨之亦滅。菩薩摩訶薩証得法無我智已，了知初地菩薩無所有觀之境界相；了知已，復隨善知識修學，了知初地至十地之法相，即成初地菩薩摩訶薩。以善依眞諦俗諦雙觀人無我及法無我故，名爲實証般若中道者，因此無生法忍而起道種智，二乘外道諸人，無有能責之者。

初地菩薩了知十地相已，心大歡喜，佛道次第了然於心；已於十地諸相善加觀察開悟覺知故，即得依十地漸修次第精勤修學，循序而進，終能超越第九善慧地，証得第十法雲地境界。菩薩至此可以高聲唱言：我於大乘及二乘菩提，諸有所作皆悉已辦。

「於彼建立『無量寶莊嚴大寶蓮華王像大寶宮殿』，幻自性境界修習生，於彼而坐；同一像類諸最勝子眷屬圍繞，從一切佛剎來；佛手灌頂，如轉輪聖王太子灌頂；超佛子地，到自覺聖智法趣，當得如來自在法身。見法無我故，是名法無我相。汝等諸菩薩摩訶薩應當修學。」菩薩漸修至十地已，於色究竟天漸漸建立「無量寶所莊嚴之大寶蓮華王模樣之廣大寶宮殿」；此一無比廣大莊嚴之大寶宮殿，係由菩薩往昔世中修學如幻三昧、及諸自性法門等修証境界而生，菩薩即於此宮殿中端坐。甫坐不久，十方如來各各發動其座下十地菩薩率領眷屬、簇擁圍繞，各從十方佛剎來至此菩薩所坐廣大寶宮殿中；諸方十地菩薩及眷屬至已，十方如來各於其土，伸手放諸寶光，遙灌此菩薩頭頂；猶如轉輪聖王取四大海水，爲太子灌頂，即成紹繼王位之人。

菩薩得十方佛灌頂已，滿足十地，超越佛子地（一至十地名為佛子地，親得佛旨，名為生如來家故），成等覺位如來。等覺如來種智已近妙覺如來，唯餘往昔無量世中發受生願而故意所留微有漏種，及一切種智中最後一分劣無漏隨眠未斷，需待最後身時降生人間除斷；而其福德仍有不足，故由此時起，百劫修相好──無一處非捨命處，無一時非捨身時──衆生若有所求，不論外財內財，隨時隨地悉皆歡喜布施；如是百劫捨身受生專修布施，漸漸圓滿三十二大人相、八十種隨形好等，終至福德圓滿，至最後身降生人間，獲得自覺聖智法趣，証得如來自在法身。

以上所述，即是七住不退菩薩勝解行地悟後起修唯識行，進入初地之法門；初地通達位乃至佛地，各各依其所証藏識，少分多分滿分現見法無我故，皆得名為法無我相。此是一切証悟藏識之七住不退菩薩摩訶薩所應學者。

「爾時大慧菩薩摩訶薩復白佛言：「世尊！建立、誹謗相，唯願說之；令我及諸菩薩摩訶薩，離『建立、誹謗』二邊惡見，疾得阿耨多羅三藐三菩提；覺已，離『常建立、斷誹謗』見，不謗正法。」

疏：《爾時大慧菩薩摩訶薩又向佛稟白：「世尊！建立相及誹謗相，懇請世尊說明；說已，能令我及諸大菩薩，遠離建立相及誹謗相之二邊邪惡見解，迅速証得無上正等正覺；覺悟以後，遠離『常建立、斷誹謗』之惡見，從此以後不會誹謗正法。」》

建立相者，謂非有計有，非因計因，是名建立相，此謂常見外道類之邪見。誹謗相者，謂於眞實藏識空性，不善觀察，不能証得，計以為無，墮於斷見，謗無如來藏，是謂誹謗相。此二相，佛隨後當說，此勿先解。

大慧菩薩非未了知此二相，第以學人多有不知者，往往墮於「常建立、斷誹謗」二邊惡見中，猶不自知，尚自責人，指斥正法爲非法，遠離正道而自命爲佛法正統。若能聞佛正說，眞解佛旨，則能遠離二邊惡見，迅速証得無上正等正覺，從此永離「建立、誹謗」二見，不謗正法；不謗正法者，永離三塗之苦。

証悟藏識之菩薩，往往有因性障深重，及往世熏習藏識種智已來，時劫尚近，未是久學菩薩，慧力不足，導致善知識助其悟入後，心不生信，反致謗法者；余出道弘法以來，往往遇之，不在少數。若性障淺薄者，肯接受眞善知識攝受解說，則不謗法，自能漸至通達位，成初地聖人。是故，若非多劫久學菩薩，於善知識助其証悟藏識已，往往因其見取見深重，欲與助其証悟之善知識較量見地高下，而另生見解、標新立異，以爲超勝；如是則偏離善知識所示正道，墮於「常建立、斷誹謗」之二邊邪見中，退失正道，而自以爲超勝於善知識之上；余出道弘法以來，接二連三發生此事，無獨有偶；大慧菩薩亦見此過，故為學人乃至初悟藏識者而問於佛，求佛開示；欲令佛子遠離此過，速証初地正覺乃至成佛。

爾時世尊受大慧菩薩請已，而說偈言：

建立及誹謗，無有彼心量。
身受用建立，及心不能知，
愚痴無智慧，建立及誹謗。

爾時世尊於此偈義復重顯示，告大慧言：「有四種非有『有』建立。云何為四？謂非有相建立，非有見建立，非有因建立，非有性建立，是名四種建立。又誹謗者，謂於彼所立無所得，觀察非分而起誹謗；是名建立誹謗相。」—

疏：《爾時世尊接受大慧菩薩之請求後，即說偈道：

虛妄建立之常見論者，及誹謗無一切法之斷見論者們，

他們都沒有証得眞實之心量—未得証驗藏識之現量。

他們對於五蘊身及其受用器世間與六塵等，皆依藏識心建立之道理，

以及藏識心之体性，悉無能力知曉，

因爲愚痴而無智慧之緣故，

所以有常見之建立，及斷見之誹謗──謗無不生滅心。

爾時世尊對於此六句偈之義理，又再一次開顯示意，告訴大慧菩薩說：「有四種不眞實的有，被虛妄建立爲眞實的有。如何說爲四種呢？也就是說：非眞實不壞之相，而建立爲眞實不壞之相；非眞實之知見，而建立爲眞實之知見；非眞實之因，而建立爲眞實之因；非眞實之法性，而建立爲眞實之法性。其次，所謂誹謗者是說：於他們所建立之無所得法，由於觀察之不正確，而起誹謗見，謗爲一切法空──無有眞實不壞之法。以上所說即是建立相及誹謗相。」》

「非有有建立」：謂非有眞實不壞之有法，而建立爲眞實不壞之實有法。此是一切常見外道之共相，將虛妄不實之變異法生滅法，建立爲不生不滅之恒有法，是名非有『有』之建立。謂諸外道起虛妄想，將非有相建立爲實有相，將非有見建立爲實有見，將非有因建立爲實有因，將非有法建立爲實有法，名為四種建立相，此四種建立相，佛隨後說，勿勞先舉。

「又誹謗者，謂於彼所立無所得，觀察非分而起誹謗；是名建立誹謗相。」誹謗者謂所說語意不符事實。此處佛意謂諸學佛人中，多有不善修學中觀者，墮於外道斷見論中，生虛妄想，謗無如來藏；如今印順導師於其所著《妙雲集》等著作中，信受密宗應成派中觀邪說，以己邪見而方便說無如來藏，即是佛說「愚痴無智慧，建立及誹謗」二種惡見中之誹謗見者。

外道常見論者執覺知心為不生滅者，已為世尊初轉法輪所說阿含諸經廣破，彼諸外道遂有部份人改墮於斷見論中。學習佛法之法師居士亦復如是，多有墮於斷見論者；尤以修學般若經之應成派中觀論者為最，每認一切法空、無一切法可得，以之為般若中觀，遂謗三轉法輪所說諸經，謂為非佛所說，謂為方便說，謂為非了義法。

如是未悟錯悟之應成派中觀師，謗無不生不滅之如來藏，皆因彼等誤解般若中觀，建立想像中之無所得法，錯會一切法空為般若空，錯會藏識無所得意旨；於法實際（藏識）不善觀察—觀察非分—而起誹謗見，謂一切法皆空，無有如來藏，亦無藏識眞實自性以供証驗。若人主張如來藏識眞實有，有眞實自性可以証驗，非是虛妄想像，彼等師徒便責証悟者此說爲自性見；誹謗悟者所說正法爲非了義。凡此皆因觀察非分——不能如實觀察五蘊身俱之藏識本体及其現行，故起誹謗——正式否定或方便否定如來藏；如是觀察非分而生之身口意行相，即名誹謗相。如是誹謗相，一切大乘佛子皆應知之，避免成就誹謗菩薩藏之共業，其罪遠重於未証言証之大妄語業故。此誹謗相若不說之，佛子多有未知者，往往隨喜及擁護佛門中之墮於誹謗見者，成就無比重大惡業；大慧菩薩以慈愍故，特意請佛開示；佛子聞已，便可遠離誹謗相，勤求如實觀察，遠離後世尤重純苦長劫重報，避免因誹謗如來藏而斷盡善根。

「復次大慧！云何非有相建立相？謂陰界入非有自共相，而起計著：『此如是，此不異』，是名非有相建立相；此非有相建立妄想，無始虛偽過，種種習氣計著生。大慧！非有見建立相者，若彼如是陰界入：我、人、衆生、壽命長養、士夫見建立，是名非有見建立相。大慧！非有因建立相者：謂初識無因生，後不實如幻，本不生；眼、色、明、界、念前生，生已、實已、還壞、是名非有因建立相。大慧！非有性建立相者：謂虛空、滅、般涅槃，非作，計著性建立；此離性非性一切法，如兔馬等角，如垂髮現，離有非有，是名非有性建立相。」

疏：《「復次大慧！如何是非有相之建立相？這是說：五陰十八界六入本無不壞之自相與共相，衆生外道不知，而起錯誤之認知與執著：『此法如是有不壞之自相；此法與彼法具有同一不壞之共相』，這就名爲非有相建立相；此種非眞實不壞自相共相法建立之虛妄想，是由無始劫來虛僞知見之過失，及由執著陰界入之種種習氣而生。大慧！非有見建立相是說：如果那些外道們像這樣於陰界入法中，作有我、有人、有衆生、有壽命、有長養衆生者、有能作業者等知見，如是建立之知見，名爲非有見建立相。大慧！非有因建立相是說：外道及凡夫們不知眼識之根本因如來藏，主張眼識之現行（能見之性）不須有根本因，是故眼識初起之第一剎那識心是無因而生；出生以後亦非眞實不壞，猶如幻化假有，是故本來不生。其實是由於眼根、色塵、光明、功能、念欲見色，故有前識生；生已似若實有，還歸壞滅，是故名為非有因建立相。大慧！非有性建立相，是說未悟佛子錯解虛空無為、擇滅無為、無餘涅槃，將無為法錯認為有眞實法性，由虛妄分別故建立為有實体法；而此三法離法與非法等一切法，猶如兔角馬角；亦如垂髮似有物現，而垂髮所現之物離有，非眞實有；此即名為非有性建立相。」》

「復次大慧！云何非有相建立相？謂陰界入非有自共相，而起計著：『此如是，此不異』，是名非有相建立相；此非有相建立妄想，無始虛偽過，種種習氣計著生。」非有相建立相者，謂諸錯悟禪師及藏密四大派古今法王等輩，於五陰十八界六入法中，不知不覺其幻有，不知無有眞實自相、無有眞實共相，錯執陰界入法之空明覺知心為有眞實不壞之自相及共相，而起錯誤之認知及執著：「此人如是有空明覺知之不壞自相，復有此人亦如是不異，同具此心不壞之共相。」此即非有相建立相，藏密自續派諸中觀師悉墮此相中。

亦如藏密應成派一切中觀師，執取定中不分別諸法之覺知心為眞實不壞之法，以此陰界入法自相為實有；復以此邪見而觀一切有情，錯執為實有不壞之共相，建立此自共相爲不壞之實有法，即是非有相建立相；何以故？謂空明覺知心及定中不分別諸法之覺知心，皆是同一意識心，或處定外，或處定中，皆由陰界入所生，非有眞實不壞之自相與共相；然諸藏密古今法王及應成中觀師，及今河北淨慧法師、安徽元音老人、四川義雲高、香港南懷瑾、台灣中台山惟覺法師、宜蘭法禪法師等人，悉墮定外定中之覺知，執此無常斷滅變異之法，以爲具有不壞之自共相常住不滅，此即是非有眞實不壞之自共相，而建立爲眞實不壞之自共相；復以此教人：「汝身中有此不壞之自相，他人亦有此不壞之共相，與汝不異。」

此種非有相建立之虛妄想，乃由無始劫來之虛僞知見過失，以及由於虛妄執著陰界入萬法之種種習氣熏習，所產生之執著性而生。既已建立非有相爲眞實相，便與眞善知識所說之眞實相對立，爲恐失其名聞利養，遂禁止其徒衆研讀眞善知識著作，禁止將彼著作比對經論、辨正法義，猶墮非有相建立妄想中，無上大法交臂失之，誠可憐憫。

「大慧！非有見建立相者，若彼如是陰界入：我、人、衆生、壽命、長養、士夫見建立，是名非有見建立相。」第二種非有見建立爲有見者，是說：若有人於彼五陰十八界六入所生萬法中，錯執有自我、有他人、有衆生、有壽命相、有長養吾人之神、有能令吾人起諸作用行來去止之士夫作用能量，將此虛妄想像所見，建立爲實有不壞之法，隨執此一虛妄見爲眞實見，即是非有見建立相。

謂外道諸有見解，悉依不如實見而說爲親見，依臆想所得建立其所說法爲眞實見。譬如凡夫傍生，見有我相、人相、衆生相、壽者相，不知其幻有暫有假有，說爲眞實有，建立蘊處界有，以爲實法，執其所見爲眞，是名非有見建立相。亦如外道說有造物主生我養我，如人牧羊長養，將如來藏之一切体性功德說爲上帝之神蹟，此名長養見；藏密中亦有一分長養見者謂：一切有情皆由虛空中無所不在之能量而長養，類同一神教之長養見，亦是非有見建立相。

佛門中復有一種外道見建立相，此類人執空中有能量（能源、能力、或宇宙星球爆炸之能量）爲吾人之所以能去來進止及命根之根源，名爲士夫見建立，此亦墮非有見建立相，以於生命實相之觀察非分故，不如實見而妄想建立故，不能証驗故。

「大慧！非有因建立相者：謂初識無因生，後不實如幻，本不生；眼、色、明、界、念前生，生已、實已、還壞，是名非有因建立相。」非有因建立相者，謂大乘中有一分無因論者，主張無有如來藏，亦無末那識，唯有眼至意識等六識心，是名無因論者；如台灣印順導師於其《妙雲集、華雨集》中，方便說無如來藏；其門下法師更於月刊中說彼導師否定如來藏，不信有如來藏；更有另一追隨之法師，索性將末那意根亦否定之，謂無第七識；此等人皆是無因論者，尚不如二乘人，何有大乘証量可言？所以者何？謂南傳小乘法亦不否認有意根及阿賴耶識故，《阿含經》四大部俱在，豈眞不信不解耶？

彼導師及其門徒等輩，每認眼等六識無因而生—不須如來藏作因，便能自生最初識；最初識生已，變異轉壞，終歸於滅，不實如幻，非眞實有，故說本來不生；譬如眼根、色塵、光明、界（功能差別）以及念欲觸知眼色，五緣合故眼識生（種智中說為九緣）；眼識生已，於現象中有其眞實存在之過程，然後復歸於壞滅，以其終究滅壞不無，同於未生之時，故說此眼識空無，本來不生。此諸輩人，撥無如來藏因，而說唯緣能生眼等識，即是無因論者。此諸人等在大乘法中，依無因有緣之邪見，爲人解說般若中觀；亦依無因有緣之邪見，爲人解說涅槃寂滅；亦依無因有緣邪見，爲人解說因果、原始佛法；亦依無因有緣邪見，爲無智佛子解說《成佛之道》；亦如印順法師依其無因有緣邪見，解說龍樹菩薩有因有緣之《中論》，曲解龍樹《中論》之意旨，欲廣弘之。而末法愚痴無智之法師居士，迷彼導師無因有緣邪見，競相護持弘傳，共同成就謗菩薩藏之大惡業；以修善法之因，而成就後際無量世之大惡業，無乃三界內之最大冤苦乎！

非有因即是無藏識因，無藏識因而能成就諸法者，未之有也。若無藏識因、而能令眼初識依緣而生，則應一切人死已，一切死屍皆亦能忽生眼之初識，乃至能生耳鼻舌身意等初識，根塵等緣悉皆已具故，意識之初識亦能無因自生故；則一切死人應立即活轉，永遠不死，眼等初識得無因而生故。

若言無命根故，五根無用，故不能活轉，則知必有持身之因—如來藏識；意識覺知心唯能了別，不能持身故。

無因有緣而能生諸法者，則諸法皆是無因生；此諸法旣生已暫有，復歸於滅，當知即是生滅之法，不可將滅止生，說爲本不生；一切法之因─如來藏識─方是本來不生之法，非以滅止生故，其体本來即離生滅故。

二乘有學無學聖人，悉皆不墮無因論中，知有涅槃本際─知無餘涅槃中之本際爲第八識故，是故二乘所証無餘涅槃雖猶不解般若中道，而能不墮斷滅無因論中；乃竟大乘法中弘揚般若中道之法師導師居士們，竟墮於無因論中，取斷滅見而假藉佛法名相，飾言不墮斷滅，飾言所說所修爲中道之法；凡此皆是非有因論者，此諸人等所說諸法，皆墮非有因建立相中。

「大慧！非有性建立相者：謂虛空、滅、般涅槃，非作，計著性建立；此離性非性一切法，如兔馬等角，如垂髮現，離有非有，是名非有性建立相。」非有性建立相者，謂有修學佛法者誤解佛法，將非有法性依虛妄想建立爲實有法性。

譬如虛空、寂滅、般涅槃，此三法乃是無爲無造作法，依於八識心王、五十一心所法、十一色法、二十四心不相應行法，共同顯示虛空無爲、涅槃寂滅及取涅槃，是故百法明門論中說諸無爲乃「四所顯示故」；非有眞實法性可得，依眞如及所生諸法而顯；學人不知，執爲實有法性，遂離眞如等法說有涅槃，及誤計虛空寂滅爲實有法性，不知皆是依於眞如立名，方便宣說。

虛空乃是虛空無爲之簡稱，非謂十方無窮無盡無物無遮之虛空也。虛空是無法，以無法故不墮三世十方處所；既是無法，不應執以爲實。了義法中所謂虛空者，乃謂眞如無爲法性猶如虛空，藉虛空無爲無造作之体性以喻眞如，非謂虛空無法是佛法也。關於虛空無法，拙著《平實書箋》中已有略述，學人索閱可解，此不贅述。

虛空無爲謂有情各各皆有之第八識法，其性猶如虛空，是無爲性──不欣不厭三界六塵故；是無作性──不造作一切有爲法故；非由他作──無始劫來本自存在故；是不生性──無始劫來恒自存在，非從緣有故；是常性──体恒自在不壞故；是不壞性──一切人天不能毀壞自他有情之藏識故；是不老死性──無老無死無病無壞故；以藏識性如虛空故，無爲無作，故名之爲虛空無爲。是故虛空無爲乃是依藏識法性猶如虛空無爲無作，從喻立名；非離藏識有虛空無爲法性，是故虛空及虛空無為二法皆唯名相施設，非實有法；若人將虛空及虛空無為二法建立為實有法性，則墮「非有性建立相中」，名為「心外求法」者。

寂滅者謂藏識離見聞覺知，本自解脫，不被六塵所牽；藏識雖因自身所藏業愛有漏法種而輪轉三界六道，然於三界輪轉中，恒不起見聞覺知，如鏡現像而不起覺知觀照，故名寂滅。是故寂滅一法無自体性，乃是依藏識法性方便立名，以供宣說顯示藏識法性。

寂滅有四：本來自性清淨涅槃，有餘依涅槃，無餘依涅槃，無住處涅槃；前已說之，茲不重述。然此四種寂滅，皆依藏識及佛地眞如立名，乃敘述第八識之寂滅法性；非離因地佛地之第八識，別有寂滅法性單獨存在；若人否定如來藏，不承認有第八識而說有寂滅性者，即墮「非有性建立相」中。

般涅槃者謂佛子修道、成就無學解脫果，捨壽取涅槃也。然而涅槃乃是純無為純無漏法，譬如一切有情皆同共有之本來自性清淨涅槃，於有情輪轉生死之有為現象中恒時分明顯現，未曾遮覆―七轉識執著諸有漏法而造衆業時，如來藏依舊離見聞覺知，不欣不厭，恒住寂滅之境；有情若未親証大乘見道智慧者，悉不能知。此法本有，非從修得，亦非從見道得，本自存在，然須依於有情之蘊處界方能顯之，故謂「四所顯示故」；若入無餘涅槃，則不可見。而此性淨涅槃，實依藏識處於蘊處界中之不生滅、不造作、離見聞覺知之寂滅性而建立，非離藏識而有性淨涅槃。若離藏識法性—否定如來藏識—而說有本來自性清淨涅槃者，彼人則墮「非有性建立相」中。

有餘依涅槃者，謂佛子依世尊教示，斷除七轉識之我見（不以空明覺知心為不生滅心，不以能觀能照之心為不生滅心，証驗此心之虛妄），修除覺知心之自我執著，即証有餘依涅槃；未捨壽前已無三界境界我執煩惱，唯餘色身冷熱痛癢微苦爲其所依，故名有餘依涅槃；而此斷除我見及三界境界中「覺知心我」之自我執著煩惱，實依藏識中之有漏法種斷除而立名，非離藏識之本來自性清淨涅槃而可建立有餘依涅槃；若人否定如來藏，而說有「有餘依涅槃」者，斯人則墮「非有性建立相」中。

無餘依涅槃者，謂二乘無學（菩薩不取無餘涅槃）捨壽後，依其所斷七轉識自我執著之修証，不生七識覺知之愛，故不復起中陰五根，不復受生；七轉識永不復現，唯餘藏識離見聞覺知，無境無受，不自知我；以無想故（想者非謂語言妄想，乃想陰之想—覺知也），住於寂滅之中，而實無寂滅境界，無此境界可住可取，無覺知心可知自己住於寂滅境故，是故不受涅槃寂滅境界，無有受者。二乘無學取涅槃者，實無所取—無涅槃境界可取，唯是消滅自我—滅除色身及覺知作主之心我—唯餘藏識無見聞覺知，獨自存在，不再出現於三界六道之中。是故二乘無學取涅槃者，亦依藏識立名，非有涅槃境界可取，涅槃之中無我無境界故。是故涅槃唯是名相，乃是藏識之法性所顯—經由修道，修除七轉識我執法種，令七轉識我執法種不復於捨報後之藏識中現行，令本來自性清淨涅槃法性獨存，即立名爲無餘依涅槃。若人效法印順法師及月稱宗喀巴等人否定如來藏，否定藏識之本來自性清淨涅槃法性，而說有「無餘依涅槃」者，斯人即墮「非有性建立相」中。

無住處涅槃者，謂十方過現如來，依七地所証「念念入滅盡定」方便波羅蜜而不住生死，依八地上求下化、起受生願之願波羅蜜而不住涅槃，圓滿大菩提果及解脫果，名爲無住處涅槃；而此涅槃仍不離藏識之本來自性清淨涅槃，以斷盡識種流注，離變易生死及証大菩提果故，令佛地淨七識聚不住生死亦永不滅，故名無住處涅槃。若人不信有如來藏識轉依所成之眞如，而爲人說有「無住處涅槃」者，斯人名爲非有性建立相者。

猶如燈名不能離於燈之体用而說，若離燈之体用而說燈名，則燈名諸釋皆成戲論；般涅槃法亦復如是，若離藏識而說般涅槃法，否定藏識本体而說般涅槃法，則成戲論，無眞實義故。今者印順導師及其繼承人，一意否定如來藏，或明說無如來藏，或方便說無如來藏；如是否定第八識已，又復引述佛語，說涅槃非是斷滅，豈眞認同藏密應成派中觀師以識蘊之意識覺知心而取涅槃？違佛旨意殊甚！如是等人，聲聞見道尚無，何況大乘見道？而諸徒眾竟推之爲導師，然余不知彼導師者將導諸徒眾伊於何處？猶如愚痴無智盲人，聞人說有燈之体性，而不知不見燈体，否定他人說有燈体，而執燈之体性爲實有法，有智之人悉皆笑之。彼導師等若不修正已往邪見，收回諸書重新改正，恐五年十年乃至千百年後，必遭有智之人齒笑。

亦如彼等多說般若中觀，而不能知般若智中觀智、即是証得藏識体性之智慧，乃竟否定藏識，說無藏識而說有般若中觀智—依緣起性空而解般若；故其所說般若中觀智慧，皆成「兔有角」法；依於意識思惟虛妄想像之般若中觀，說爲離於藏識而獨有之中觀法，則如離燈而說有燈性，乃竟多有法師居士迷於此理，信其所說；此非末法，復何謂乎？

彼等師徒不解虛空、寂滅、般涅槃是藏識之無作体性，而計著離於藏識有虛空無爲、寂滅、般涅槃法性，建立爲實有法；此種離於眞實法性之非有法性等一切法，猶如兔角馬角，亦如眼前垂髮妄見有物—離髮而說實有別物；離於眞實有之法性，非有眞實法性，名爲非有性建立相。

「建立及誹謗—愚夫妄想；不善觀察自心現量，非聖賢也。是故離建立、誹謗惡見，應當修學。」

疏：《「非有有之建立相，及無因論之誹謗相—是愚痴二乘及凡夫外道之虛妄覺想；乃因不善於觀察萬法皆是自心所現之事實，故生建立相及誹謗相，此諸人等皆非聖位賢位菩薩也。以此緣故，遠離建立及誹謗等二種惡見，汝等

菩薩應當修學。」》

量者謂事實也；三量中之現量，皆是親於其法如實現觀，依自証分而說爲現量。自心現之量，即謂蘊處界萬法、世出世間一切法，皆由自心藏識所現；於自心現之量，如實証知，名爲大乘見道通達位之証量；彼諸墮於建立相及誹謗相者，皆因不善觀察自心現量所致，是故佛說彼諸人等非聖非賢，敎令大慧菩薩們應當遠離建立及誹謗惡見。

建立相者謂今全球錯悟之師—密宗四大派古今一切法王仁波切、惟覺法師、聖嚴法師、法禪法師、淨慧法師、淨空法師……及元音老人、義雲高、南懷瑾……等人，悉墮建立相中。誹謗相者謂密宗月稱「菩薩」、寂天「菩薩」、阿底峽、宗喀巴、土觀等應成派中觀師，及今達賴喇嘛；乃至台灣印順法師及其繼承人等，皆墮於「無第八識」之誹謗相中。

建立相及誹謗相，名爲惡見者，以其能令衆生斷善根故—謗菩薩藏時善根悉斷故；是故說名爲惡。而末法淺學佛子不知其惡，反更助長其勢，擁護「建立惡見及誹謗惡見」者，成就斷善根之共業，而猶沾沾自喜，以破法重罪視爲護法功德，何其顛倒？凡我佛子當善觀察，遠離彼等建立誹謗惡見師徒，不造共業。

「復次大慧！菩薩摩訶薩善知心、意、意識、五法、自性、二無我相，趣究竟。為安眾生故，作種種類像，如妄想自性處依於緣起；譬如眾色如意寶珠，普現一切諸佛剎土、一切如來大眾集會，悉於其中聽受經法：所謂一切法如幻、如夢、光影、水月；於一切法離生滅斷常，及離聲聞緣覺之法，得百千三昧，乃至百千億那由他三昧；得三昧已，遊諸佛剎，供養諸佛，生諸天宮，宣揚三寶，示現佛身，聲聞菩薩大眾圍繞，以自心現量度脫眾生；分別演說外性無性，悉令遠離有無等見。」爾時世尊欲重宣此義而說偈言：

心量世間，佛子觀察；種類之身，離所作行；
得力神通，自在成就。

疏：《「復次大慧！大菩薩們善於了知藏識心、意根末那識及意識、五法、三自性、七種性自性、二種無我相，趣向究竟佛地。為欲安樂眾生故，化作種種不同種類之身像，猶如衆生身處妄想自性，依於緣起法而化現種種身像；以此化現之身像，譬如衆色如意寶珠，普於一切諸佛刹土、一切如來大衆集會，悉皆於諸會中聽受經法：所謂一切法如幻、如夢、如光影、如水月；於一切法皆能遠離生滅斷常邊見，以及遠離聲聞緣覺相空之法，証得百千三昧，乃至証得百千億無量數三昧；得諸三昧已，即能遍遊一切諸佛國土，從一佛土至一佛土，次第供養禮拜諸佛；示現受生於諸天宮中，宣示顯揚三寶正法；乃至示現佛身，聲聞菩薩大衆圍繞，以內外一切法皆是自心所現之事實而開示佛法——說一切唯心現，以此度脫衆生出離生死；復爲衆生分別演說：「心外之法皆無眞實法性，悉依藏識因及與衆緣和合而成，令諸聲聞菩薩遠離有無等邊見。」爾時世尊欲重宣此義而說偈言：

自心現量即是三界世間，

心意識五法三自性及七自性等道理，佛子善於觀察了知；

示現種種身像於諸佛土聽受經法，熏修無量三昧，

依無生法忍所作無礙，遠離有爲有作心行；

獲得威神之力，及得世出世間神通，
一切法皆得自在，任運成就。》

「復次大慧！菩薩摩訶薩善知心、意、意識、五法、自性、二無我相，趣究竟。爲安衆生故，作種種類像，如妄想自性處依於緣起；」菩薩悟後欲入初地者，必須善知藏識心、意根末那識、意識、五法、三自性、七種性自性及二種無我相，次第進趣究竟佛地；不應以証得藏識之總相而得少爲足，應以究竟佛地爲目標，故應依其所証藏識總相進修別相智及種智（後得無分別智）。

復爲安樂利益衆生故，不以初地二地爲足，復依三地境界或初地境界遊履諸佛國土，修學諸經法門，不以自身安樂而心滿意足。爲進趣究竟佛地及安樂利益衆生故，依所証藏識總相之根本無分別智，進修別相智及種智，發起後得無分別智。

菩薩証得藏識總相者，唯入七住；尚須親從眞善知識修學，方得漸離習種性位，入性種性十行位中，乃至入道種性十迴向位中。若眞証悟之人，能依余此詳解如實進修者，一世即入初地二地，非無可能；要在行者能發增上意樂—

誠懇勇發十無盡願，如實精進，三行無違；次要遠離異生性—修除性障五蓋，發起聖性；三要從余修學種智，不唯通達八識心王之五法三自性……等，尚須通達百法明門，即入二地修持戒法，名爲持戒（初地以下皆名學戒）；若能通達千法明門，戒學因果通達，乃至小小戒亦能自然不犯，則入三地；入三地已，即能速起四禪八定、四無量心及五神通，成滿心菩薩，能化作種種身像，次第遊履諸佛國土。

戒慧直往菩薩，依此次第進修，是《華嚴經》所說大乘菩薩修道次第，亦是一切種智法門所說修道次第。然此菩薩雖入初地二地滿心，乃至三地之入地心，猶未有諸禪定三昧及五神通，未能發起莊嚴報身及與輪寶，故不能至諸佛國土禮拜供養、聽受經法；謂此菩薩增上慧學遠超戒定直往菩薩，而不能面見十方佛國諸報身佛，戒定直往初地菩薩則能爲之。

《菩薩瓔珞本業經》卷上，十迴向菩薩若受世間果報者，得爲「金剛寶瓔珞金輪王，千福子爲眷屬，入十方佛國中，化一切衆生；處四天下。歡喜地：百寶瓔珞七寶相輪四天王，萬子爲眷屬；百法身，爲百佛國中化十方天下。」

戒慧直往初地菩薩如何能得發起莊嚴報身及輪寶？此須往生色究竟天，於彼自然而得；或往生極樂淨土，亦自然得。此二種往生者，不唯得莊嚴報身及輪寶，亦得增上十地中之位次；見報身佛聞法得法故，迅速增上。生色究竟天已，隨即能作種種身像，變化自在；猶如凡夫妄想自性之依於緣起法而受生，此菩薩則依緣起自性而幻化種種身像，至百佛國禮佛供養聞受經法，增進道業。

「所謂一切法如幻、如夢、光影、水月，於一切法離生滅斷常，及離聲聞緣覺之法；得百千三昧，乃至百千億那由他三昧；」一切法如幻……乃至水月者，是佛略說；若具足說者，則爲「一切法猶如幻事、陽焰、夢境、鏡像、光影、谷響、水月、變化所成、非有似有。」

一切法猶如幻事者，係七住菩薩破參明心，進修十住眼見佛性後，所得境界—於身口意所行一切境界中，皆見不實，身根及與世界皆如幻化，此是明自眞心及眼見佛性二關具足者所証境界。此是証得人無我者所証境界，本經所言「種種身色如幻術神咒，機發像起；善彼相知，是名人無我智。」今已証知無訛。

一切法如陽焰者，謂十行位性種性菩薩，悟後精勤修道，現前觀察自心所生七識妄心或俱起、或互起，緣三界六塵而遊移不定；猶如陽焰於熱沙地上幻起動搖，十行位菩薩亦復如是，見自七識妄心依附於藏識而追逐境界風；如是現觀已，以証自証分冷眼旁觀自他有情一切法，現見一切有情處於如幻世界之身行口行，皆是依其心與心所有法，演其所當演之戲碼；人生無非是戲，悉依七識心與心所有法而令色身行來運往，依於藏識現一切行，猶如陽焰動搖不住，無有眞實；故說人生如戲──一切法猶如陽焰，是名性種性菩薩所住境界。

一切法如夢境者，謂十行位性種性菩薩，依前所証「世界如幻、人生如戲」之幻事陽焰現觀，復起觀察；親見一切有情起諸無量心所有法，於六塵相分起於貪染受用，亦起厭惡逃避；爲此愛厭故，造作諸行，而不知所造一切行及所受用一切境法，皆悉無得無失。猶如迷人眠夢，於夢中悲歡離合，喜樂無常，而不知是夢，復於夢中造作諸多善行惡行；性種性菩薩依根本及後得無分別智，作此現前觀行，証實人生如夢，一切皆無所得所失；復觀自身所行菩薩道，亦如夢中廣修六度，悉依世界六塵幻相及自心所現七識妄心諸心所法而行菩薩道，皆是夢境所行，無有一法眞實可得，故云菩薩道如夢。菩薩依此現觀，入道種性，成就十迴向位觀行。

余於一九九〇年坐中破參及與見性，彼時即証如幻、陽焰、夢境三事現觀，故於見道報告中，曾述及「人生如戲、世界如幻、菩薩道如夢」，以如實現觀故印象深刻，今猶憶之而未遠離；今此報告仍在余此世之師手中，而余彼時初悟，未曾檢校余師有否証悟，誤爲已悟，便繕見道報告以呈；今不知彼見道報告是否仍存？言歸正傳：

一切法猶如鏡像者，乃是形容初地菩薩之染淨愛厭果報之証知；道種性菩薩已証幻事陽焰夢境現觀，欲入初地者，除起增上意樂及發起聖性外，必須親隨眞善知識修學一切種智，方能証得道種智而起無生法忍，証入猶如鏡像境界，斯名初地聖人。

云何猶如鏡像？謂初地菩薩於三界世間一切法中，如實現觀一切法中所生染淨愛厭心行而生之身口諸行，皆不離自心所現相分。一切有情貪染順心境、厭惡逃避違逆境，而不知順違諸境皆是自心阿賴耶所現，故生愛厭，造諸業行，以業愛故輪轉生死。

初地菩薩現觀七識妄心不能觸及外五塵——七識心非形非色，不能觸色法五塵故。阿賴耶依有根身觸外五塵，對現似有形色之內五塵境相分，法塵於中隨起，七識妄心方能觸此六塵，七識妄心唯住於身中所現賴耶相分中運轉，一向不觸外相分；菩薩如是現前觀察七識妄心所觸一切相分，皆是賴耶如鏡現像，非有外法可得；以現觀故，我見斷盡，我執永伏不現，如阿羅漢，故名聖人。以此現觀故，菩薩之法執隨破，觀一切法皆是自心所現故，無有外法可得故。菩薩以如是現觀故，善知人無我及法無我相。

若人不能現觀一切法相皆是自心所現，不能証知自心所取一切法皆唯內相分，執有外相分能爲自心所得者，永不能入初地；不能親証一切法猶如鏡像，執爲實有，以此不能斷除異生性障，不起聖性故。雖發十無盡願、起增上意樂欲入初地，然以增上慧學（一切種智）之熏習証驗不足，不能現觀一切法猶如鏡像，則我執不能永伏如阿羅漢，不起聖性，性障不能斷除，永不能入初地。

故說一切法猶如鏡像之現觀具足者，能入初地，餘人不能。

余出道弘法以來，於共修團体之一切事務，皆隨順衆同修之意（唯除正法知見，不得絲毫偏離），不自作主，隨順一切同修大衆之建議而行，心無主見；有時自謂爲牆頭草，喻如根植牆頭不動（佛法正見不許移動），而隨風東搖西擺（隨諸同修建議而時時變動弘法事務），此乃依於人生如戲、世界如幻、菩薩道如夢之現觀，而有此心態。然時久弊生，漸有挾天子以令諸侯之態勢；亦有人欲效慈禧之垂簾聽政者，亦有人因此評論余「身爲導師，說話變來變去」者。適值同修會成立，見諸弊端不一而足，不欲同修會之百年大計步此後塵。遂作主張，堅持建立制度，一切悉依法令及制度而行，重大事務悉由理監事會決議而行，掃除因人建事廢事諸弊。然亦因此得罪心有私意之人，遂有《平實書箋》二函元覽居士等人欲推翻余法，並聯名寄來郵局存証信函，要求同修會理事長禁止余公開彼等所說所爲，以弟子身份要求爲師者噤口；復又無根誹謗余與某女有染，逼其離去。凡此皆因性障所遮，有以致之。彼等性障不除之故，端在未能如實現觀「如幻、陽焰、夢境」所致；余所闡釋自証「猶如鏡像」之開示，以諸譬喻証實確有內相分之言語開示，彼等皆不信受，堅信藏密應成中觀否定唯識種智之說，不信余法，故有元覽二函及聯名寄來存証信函事件，以及其後諸多無根誹謗及阻撓我正法弘傳等事。

以此緣故，勸諸學人萬勿打聽眞如佛性名義；欲實証者，應當如實自參自証，方能眞實親見如幻、陽焰、夢境境界；打探所得答案雖同，然無能力如實現觀此三境界，終無受用，與解脫道不能相應。若因此而效元覽居士不信正法，造作謗佛謗法謗僧惡行，如彼等人阻撓我會弘法正行，則必成就一闡提斷善根業，愚不可及；佛子務必在意！

一切法如光影者，謂菩薩初地証得無生法忍，起道種智，現觀諸法依於相分而運行，然諸相分唯內無外——七識自心所觸皆由藏識映現所成，猶如鏡像。現觀已，復觀彼諸法相既皆自心賴耶所現，云何而生執著、自心取自心？此乃無意義事；遂細觀之，見自妄心於鏡像中追逐六塵相者，猶如光影，與像相觸而實不得諸法。如實現觀鏡像中之七識心如光影逐鏡像者，即入二地。

一切法猶如谷響者，謂菩薩二地現觀諸法猶如光影，種智深妙而為人說，廣有弟子得入七住十住十行十迴向等乃至初地，後繼有人，宗門無憂，思欲進趣三地；遂觀所說一切法，皆依八識心王藉緣而立，實唯自心取自心而生戲論，但有所說皆無實義；猶如山谷迴響，有音無義。菩薩如實現觀已，於名、義、自性、差別，皆無執著，証此猶如谷響境界已，心得寂止，即入三地。

一切法猶如水月者，謂菩薩二地現觀諸法猶如光影已，進住三地，修學四禪八定、四無量心、五神通，成滿地心，思欲入第四地；遂觀三地所修禪定、四無量心、五神通等，皆是意識定心修習所成，依於藏識現有定境乃至五神通等，非意識自心變現所成。猶如水月，由空中月映現而成，水唯是緣，水中月非眞實有；定境、四無量心及五神通亦復如是，由定心爲緣，藏識現此諸境，非眞實法，水月無異。如實現前觀察已，於三地成就之禪定乃至神通境界無有貪執，滿足四地。

一切法變化所成者，謂四地菩薩現觀諸法如水月已，心無顚倒，成四地心；復觀自心猶未成佛，有情猶自淪墮，而自身住於水月境界，終不能起自利利他事業，不應捨壽便取涅槃，是故不應修証滅盡定；此菩薩能証滅盡定而不取証，思欲利樂有情，願受生死，起受生願；此菩薩現前觀察世世捨身受生，以及變現化身利樂有情一切事業，皆是藏識變化所成，無有意識末那眞實不壞之我能單獨變化；復又重觀四聖諦十六心，悉依八識心王及諸心所有法、蘊處界等變化所成，如實現觀故，成五地心。

一切法非有似有者，謂五地菩薩現觀三界一切法皆是藏識依七識心變化所成已，復觀一切諸法非有似有。云何非有似有？經云：「非不見眞如，而能了諸行，皆如幻事等，雖有而非眞。」意謂一切有情身中各顯三種自性：依他起自性、遍計執自性、圓成實自性，而此三性悉皆不離八識心王及諸心所法之所變現，非有似有。而諸有情橫計爲有，於藏識所變見分七識及其心所法、及與藏識所變相分諸法如幻等事，依他起性中橫生我想法想一異諸想，起遍計執性；菩薩於此現觀：於依他起性上所執我、法、一、異、俱、不俱等，性如空花，皆無有實；依藏識變現，暫時似有，顯現圓成實之眞實体性。

復觀十二因緣一一有支，莫非依此三性、於蘊處界中變化所成，非有似有，起十二有支，菩薩如實現觀已，了知欲証如幻、陽焰、夢境、鏡像、光影、谷響、水月、變化所成、非有似有等，悉皆必以親見第八識如來藏体性爲根本，而後方能了知此諸境界；以此現前觀察故，成六地心。

成六地心已，於一切法現觀之中，不墮生滅斷常邊見，亦能遠離聲聞緣覺諸安立諦法，善知人無我及法無我，自然成就滅盡定。六地菩薩聞佛說此諸法已，即得成就百千三昧，成七地心，証得「念念入滅盡定」；乃至成就百千億無量數三昧，成八地心。

「得三昧已，遊諸佛剎，供養諸佛，生諸天宮，宣揚三寶，示現佛身；聲聞菩薩大衆圍繞，以自心現量，度脫衆生；分別演說外性無性，悉令遠離有無等見。」菩薩依七住所証眞如藏識，得根本無分別智；依根本智起後得智，隨從諸佛菩薩聽受經法，次第漸修，了知一切法如幻…乃至非有似有等，得無量三昧，即入八地。入八地已，即能遍遊諸佛剎土，無有不能至者；此菩薩不復生於人間，遍遊諸佛國土、禮拜供養諸佛已，於諸天宮次第受生；凡有受生，示現佛身，顯揚三寶眞實妙義；天宮中諸聲聞菩薩大衆圍繞，此菩薩隨以三界萬法皆是自心所現之事實而宣正義，度諸衆生得脫輪迴；其演說者皆爲衆生分別外法非有，一切皆唯自心所現，非有似有，悉令聞者遠離有無一異俱不俱等邊見。

「爾時世尊欲重宣此義而說偈言：心量世間，佛子觀察；種類之身，離所作行；得力神通，自在成就。」爾時世尊欲重新宣示這個道理而說偈言：心的現量就是世間，佛之眞子能如是觀察心意識等道理；能示現種種不同類像之色身，於諸佛土聽受經法，熏修無作正理，証得百千三昧，遠離作與所作心行；獲得威神之力，以及世出世間神通，一切所應修法皆得自在，任運成就。

爾時大慧菩薩摩訶薩復請佛言：「惟願世尊爲我等說：一切法空、無生、無二、離自性相。我等及餘諸菩薩衆，覺悟是空、無生、無二、離自性相已，離有無妄想；疾得阿耨多羅三藐三菩提。」爾時世尊告大慧菩薩摩訶薩言：「諦聽！諦聽！善思念之，今當爲汝廣分別說。」大慧白佛言：「善哉世尊！唯然受教。」佛告大慧：「空，空者即是妄想自性處。大慧！妄想自性計著者，說空、無生、無二、離自性相，大慧！彼略說七種空：謂相空、性自性空、行空、無行空、一切法離言說空、第一義聖智大空、彼彼空。」

疏：《爾時大慧大菩薩又再一次請求說：「惟願世尊爲我等大衆說：一切法『空、無生、無二、離自性』相。我等大衆及其餘諸菩薩衆，覺悟此一切法『空、無生、無二、離自性』相以後，能離有無一異俱不俱等邊見妄想；可以迅速証得無上正等正覺。」爾時世尊告訴大慧菩薩摩訶薩言：「專心地聽！專心地聽！聽已應當善於思惟，憶念不忘，如今當爲汝等廣爲分別演說。」大慧向佛稟白：「善哉世尊！我等專心接受教導。」佛告訴大慧：「空，空之一詞即是虛妄想之自性所在。爲虛妄想像自性之錯誤執著等人，我爲彼說一切法『空、無生、無二、離自性』之相，大慧！彼等妄想自性計著者，略說有七種空：所謂相空、性自性空、行空、無行空、一切法離言說空、第一義聖智大空、彼彼空。」》

「一切法空、無生、無二、離自性相」：此謂四法—一切法空、一切法無生、一切法無二、一切法離自性。明心見性之菩薩摩訶薩們，欲入初地通達位者，必須明此；若不明此，則於三乘入道初門尚不能知，況能知曉三乘果証斷修異同？不曉三乘果斷異同，云何能知菩薩十地修斷圓証次第？故此四法乃是一切大乘眞見道位菩薩（明心及見性者）應當修學之法，以修此故，能益眞見道菩薩漸漸通達而入初地。

以能覺悟此四法故，速能遠離有無、一異、斷常、俱不俱……邊見，善知中道第一義諦；善知中道第一義諦故，後際速能成就無上正等正覺。是故世尊二度咐囑：「專心地聽！專心地聽！聽已應當善於思惟，念持不忘。」

「空，空者即是妄想自性處。大慧！妄想自性計著相者，說空、無生、無二、離自性相，」三乘佛法有說空者，有說空性者；說空者，爲二乘速求出離三界生死、速求解脫果者而說；說空及空性者，爲發大心度脫衆生及求世出世間無上菩提者而說。若唯說空、唯証空，則唯能出離三界分段生死苦，不能出離自心變易生死苦，皆依蘊處界法而修故，不知不証中道第一義諦之實相故，是故佛說：「空，空者即是妄想自性處。」

依凡夫及外道而言，具証空者即是聖人，已出三界分段死故，世所應供故。然猶不解法界實相，彼諸二乘無學聖人，於七住菩薩所明法界實相、於十住菩薩眼見佛性境界，悉不能知，何況能知通達位初地菩薩智慧？以不知不信法界實相之空性，堅執空性無非是空，墮於妄想自性處。不知空法是虛妄想，則不能入第一義諦，是故大慧菩薩以此請佛開示，佛即鄭重宣示，令大慧等人諦聽，並廣說之。

「大慧！彼略說七種空：謂相空、性自性空、行空、無行空、一切法離言說空、第一義聖智大空、彼彼空。」墮妄想自性處者，總有四種妄想：一切法空、一切法無生、一切法無二、一切法離自性；空者即是執一切法空，墮於第一種妄想自性處中。彼等妄想一切法空者，大概歸類，可分爲七種空：相空、性自性空、行空、無行空、一切法離言說空、第一義聖智大空、彼彼空。

於今末法之際，墮於此七種空之妄想中，而反指責及排斥第一義諦法，以自己爲眞正之第一義諦法者，比比皆是，到處可見。彼等處處混淆第一義諦，以空爲空性，以二乘法義爲大乘法義，以二乘法爲大乘法之根本，以……；如是種種顚倒妄想，而以身披法衣故，自視爲大乘佛法正統，不肯思惟眞解經中佛意，反而排斥弘傳眞正第一義諦法者。此諸歪象隨處可見，末法學人幾無知者，可悲可嘆！乃至有諸學人於我法中得明心已，知中道義，便得少爲足，自謂具諸佛法，已成佛道，不肯受學種智奧義；於今佛以大慧此問爲緣，廣作分別，一切佛子皆當諦審諦察，詳細知解，善思惟後念持不忘，爲諸佛子再廣分別。如是之人不唯建立正知正見，亦能廣益大乘學人，令入正見；亦能以是功德成就自身之菩提資糧。此正知見亦能助益六住位之四加行，其功神速偉大，以能令人遠離邊見、速入中道故。

「云何相空？謂一切性自共相空，觀展轉積聚故，分別無性，自共相不生；自他俱性無性，故相不住，是故說一切性相空；是名相空。云何性自性空？謂自己性自性不生，是名一切法性自性空，是故說性自性空。云何行空？謂陰離我、我所，因所成所作業方便生，是名行空。大慧！即此如是行空，展轉緣起，自性無性，是名無行空。云何一切法離言說空？謂妄想自性無言說，故一切法離言說，是名一切法離言說空。云何一切法第一義聖智大空？謂得自覺聖智，一切見過習氣空，是名一切法第一義聖智大空。云何彼彼空？謂於彼無彼空，是名彼彼空；大慧！譬如鹿子母舍，無象馬牛羊等，非無比丘衆；而說彼空，非舍、舍性空，亦非比丘、比丘性空，非餘處無象馬；是名一切法自相—彼於彼無彼；是名彼彼空。是名七種空。彼彼空者，是空最麤，汝當遠離。」—

疏：《「如何是相空？此乃說一切法自相空、共相空，觀察一切法皆是展轉積聚、互相觀待增上而有故，如果詳細加以分別推求，並無眞實不壞之自在体性，以無常變異、依他而起故，一切法之自相共相悉皆不生—無眞實不壞之自性出生；一切法之自相及他相、俱相，其体性皆是無常性，故一切法之法相不能常住，生已不斷變異，終歸壞空，是故說一切法之自相空、他相空、俱（共）相空；這就是相空。如何是性自性空？此乃說自己法性之自性不生，名爲一切法性之自性空，所以說性自性空。如何是行空？此乃說五陰本無我與我所，而現有十二因緣之行支者，皆因所成之五陰及所作業等諸種方便和合而生，所以說行支空無自性。大慧！於此行支空，現觀行支依於蘊處界及業愛等法展轉緣起，了知行支自性無眞實性，本來涅槃，是名無行空。如何是一切法離言說空？此謂虛妄想像一切法之本際是空，不可言說，是故主張一切法離言說，此即名爲一切法離言說空。如何是一切法第一義聖智大空？謂有學人慕大乘第一義聖智，於証得藏識空性後，得自覺聖智，遠離外道凡夫邪見我見及諸過失，於此總相法智忍中而自滿足，是名一切法第一義聖智大空。如何是彼彼空？此乃說『於彼中無彼』之空，此即名爲彼彼空；大慧！譬如鹿野苑中，無象馬牛羊等，而說彼空，非無比丘眾；非鹿舍空及舍性空，亦非比丘空及比丘性空，亦非說餘處無象馬牛羊；此即名爲一切法自相—彼法於彼處無有彼法，是名彼彼空。以上所說即是七種空。其中彼彼空所說之空最爲粗糙，你應當遠離。」》

「云何相空？謂一切性自共相空，觀展轉積聚故，分別無性，自共相不生；自、他、俱，性無性，故相不住，是故說一切性相空；是名相空。」所謂相空，乃謂一切法之自相空；譬如受用食味，此受味之法自相空，以此法展轉積聚、互相觀待增上而有故；若無四大積聚所成色身，若無六根六識觸味相分，若無食物酸甜苦辣外相分，若無嚼爛之身口行，若無想陰之覺知及受陰之受相，則無食味法相；以食味法緣於展轉積聚，觀待於衆緣之增上方能有故；如是此法生已住，住時變異，終歸壞滅，故說食味之法自相是空。以此現量觀察食味之自相法空，比量他人之食味法相亦復如是空，是名他相空；自相他相俱空，是故此法性無有不壞之自性，故說食味之法自共相空。食味之法如是空，一切法亦復如是自共相俱空，皆是展轉積聚故；若細加分別，皆無眞實不壞之法性，其法生已，法相不斷變異漸歸壞滅，相不常住，故說一切法性其相是空。

此是一切法空之第一種，云何世尊說菩薩應離此空？此乃因爲此空是二乘法所說之無常空及緣起空，此空墮於無常斷滅見中，與法界實相第一義諦不相應，是故應離，不可執以爲實；以於法相執取故，而一切法之法相悉皆生住異滅，不能常住故，名爲一切法体性自共相空。若墮此空，即同世間凡夫外道感嘆人生無常、一切法空，於佛菩提智之修証終無助益，是故應離。

「云何性自性空？謂自己性自性不生，是名一切法性自性空，是故說性自性空。」一切法相空，乃依外相法而說，謂彼法依外相分而引生故；此句性自性空者謂內性法空，即是說了別識空也。云何名為了別識？謂眼等六識能了別六塵，故名了別識。一切法性自性空者，謂此六識法性之自性空，無常變異，依因及緣而起，無有「恒常不壞及不依他而自己本來存在」之自性，名為一切法性自性空。

佛門中未得三乘菩提之一切凡夫，以及一切外道，悉皆不解一切法性自性空，以見聞覺知心為恒不生滅者；禪宗內之錯悟師徒，及藏密四大派古今法王仁波切，以及應成派諸中觀師，則以定中之意識心為恒不生滅者。然究其實，彼諸師徒法王及諸應成中觀師徒所述之心，非唯意識，亦兼眼耳識等；此諸識心即是自己，自己即是我；錯認自己為恒不生滅之心，墮於「性自性有」，即是我見，尚不能知此「性自性空」，云何能遵佛語而離此空？顯見彼等密宗法王及應成派中觀師徒之「見修行果」，皆極膚淺，尚不能知蘊處界空，聲聞菩提猶未能知，大乘菩提何能夢見？

何故作是說？謂彼密宗至高無上之應成中觀師徒，入於定中之覺知心不滅，以覺知心觀察自己無形無色故空，能觀察分別故明，定中之覺知性無盡故非斷，以此顯境名言無盡，自謂已離六塵；「應成派說……一切諸法雖自性無，然于名言之中，建立一切方能符順。由緣起理，善斷二邊，這就是此派不共他宗之特法。」（《土觀宗派源流》頁二二）執此邪見故，認意識覺知心入於定中時，即不與六塵相到，認此意識即是涅槃心，故不許有第八識如來藏。

然此空明覺知之心，於種智中說為顯境名言；定中雖離表義名言，猶有顯境名言；顯境名言則是緣起之法，空明覺知心於每晨生已，顯境名言隨生；空明覺知心於每晚眠熟滅已，顯境名言隨滅—不復能了六塵，更不能了定境法塵。執此空明覺知心爲恒不生滅者，即墮「自己性自性不空」，應成派古今一切中觀師以此爲不墮於斷滅見中，悉墮我相及常斷邊見中，「自己性自性不空」即是聲聞上座部所說之我見，此心是識陰故。今者台灣印順導師服膺應成中觀思想，則墮「我」之自性見中；其追隨者因此亦皆墮於自性見中，而以爲意識心不起人我自性分別即是遠離自性見，反而責斥親証如來藏者爲自性見者；如此師徒尚不能知「原始佛法」上座部所極力破斥之識陰自己，而執識陰自己爲恒不生滅之無我空性，其心顚倒乃至於斯。

「原始佛法」上座部諸《阿含經》中，處處破斥空明覺知心爲識陰，說諸常見外道以及凡夫不了此心幻有，是故輪轉生死、無有止息；大乘法中說此識心依藏識因及業愛種、父精母血及有根身，方能有時現行；然而每夜熟眠即斷；凡夫外道不知其依他起性，執有眞實不壞之自性，故名彼等諸人爲自性見者；藏密四大派古今法王及應成派一切中觀師皆墮此中。而聲聞初果即能遠離此見，我見已斷，不認自己爲不生滅者，故証人無我智；唯餘我執不斷，不成四果，故說聲聞聖者悉皆已証一切法性自性空。

証得性自性空者，後必出離三界生死輪轉，云何佛於此處指示吾人應離？緣以此乃聲聞上座部南傳佛法聖人所應証者，菩薩雖亦應証，然証此已，唯分証或滿証解脫果，而不能起般若慧，捨壽時必將趣寂取滅，不復能自度度他直至成佛，無益廣大有情，故說菩薩應離。世尊於三轉法輪時期，亦處處勸喩聲聞羅漢應離空執，空執即是「一切法性自性空」之執著；若能於佛果起增上意樂，則能令諸俱解脫阿羅漢迴心大乘，不懼隔陰之迷，世世精勤修菩薩道，乃能廣益人天，直至成佛，是故一切大乘佛子皆應遠離一切法性自性空。

「云何行空？謂陰離我、我所，因所成所作業方便生，是名行空。」行謂十二有支之行。非謂一切身口意行皆名行支，譬如睡眠及與定中安住之意識心行，以及吃喝拉撒等行爲本身，皆離善惡性，名爲無記行；無記之身口意行即非十二因緣之行支，無有生死業報故。

行支謂依善惡心行所起之五陰業行，而五陰並非不壞之我，亦非不壞之我所；因有能造善惡業行之五陰，方有行支；故說行支是由衆緣所成之五陰及所作諸業方便產生，此行支非有不壞滅之自性，故說行空。

若謂行空之行即是五陰之行陰者，其理亦然。謂色陰未壞，識陰依其顯境名言故起想陰（覺知）及受陰，四陰俱故行陰現前，行陰即是四陰之現行故。此謂行陰乃由四陰所成，依四陰所作業方便出生；而此五陰悉無恒不壞滅之自性，是故行陰空，是名行空。

云何行空應當遠離？謂行空乃是蘊處界之有法觀行所得，不論行空之觀行如何深細，皆非法界實相之空性，與第一義無關，不能令人發起般若慧，一切法空所攝，是故佛說應當遠離。

「大慧！即此如是行空，展轉緣起，自性無性，是名無行空。」謂有一分學人，思惟觀察行支行陰空無自性，依陰界入展轉緣起，恐墮斷見而起邪見，謂此行空無有眞實之行，本來空寂，即此空寂即是涅槃；一切諸行皆空，若離諸行則成無行，無行之法本來不生，名爲無行空。

如此學人則是錯將兔無角法認定實有：兔無角，本非實法，觀待牛角所生之妄想故；若人愚痴，建立兔無角法爲眞實有自性法，執之不捨，即名妄想。無行空亦復如是，依於行空起無行空想，此無行空本非實有自性之法，觀待行空而生無行空妄想；若人將此空想執以爲實有，錯認爲本來空寂之無行自性法，即墮無行空之妄想中，永遠沈沒愚迷。

「云何一切法離言說空？謂妄想自性無言說，故一切法離言說，是名一切法離言說空。」如何是一切法離言說空？謂有一類學人，不知不解不証藏識自性，虛妄想像藏識空性不能言說，墮於想像不可言說之空，故主張一切法之本際——空性之自性——不能言說；若復有人言語開示，廣說藏識空性接引學人，彼便訶責開示弘揚藏識空性法之人爲戲論，止人開示；如是之人即名「墮一切法離言說空者」。

一切法之本際非不能以言語明說；未悟之人但聞悟者說之，隨即能証，非不能明說；第以學人善根深淺有別，慧力互異，恐有不信之人聞之誹謗、成地獄業，為慈愍故，世尊告誡不許明說，非無法以言語明說之。雖然証悟者所說敘述空性之言語仍非即是空性本体，然聞者依言解義，隨即能証自身之藏識空性—一切法之本際。

祖師大德及諸經中，悉說一切法本際離於言說；此謂藏識空性不與言語相應—顯境名言及表義名言悉不相應—非如意識空明覺知心能與此二名言相應，故說一切法離言說。二乘愚人及諸凡夫外道，迷於此義，便道空性不可言說，若有所說皆是戲論；便令徒眾打坐修定，欲令意識空明覺知心，入於定中不起言說妄想，謂此即是証得「一切法不可言說之空性」，以此為悟，悉名以定為禪，藏密四大派古今法王及應成中觀師為此法之代表人物；此諸人等若見有人証悟之後接引學人，開示法性滔滔不絕，究竟精妙，心中隨起不悅煩惱，瞋責人曰：「法性離言說，說者即非空性，經中具言；汝此言說無非戲論爾。」此人墮於一切法離言說空中，不解佛意而生見慢，不可救治。

如是之人，於今末法益見其多，皆是見取見者，因見生慢，無可救藥；以於古時已有如斯類人故，佛於此經開示佛子，應知一切法離言說空，知已即離。

「云何一切法第一義聖智大空？謂得自覺聖智，一切見過習氣空，是名一切法第一義聖智大空。」此謂有一類學人乃聲聞種性凡夫，往昔世迴心大乘未久，仍有聲聞行者趣寂取滅餘習；此世逢遇善知識，以善知識因，故能証得第一義聖智──能親領受藏識空性而起第一義聖智。然此迴心之凡夫聲聞，以餘習仍存故，專在藏識之涅槃空性用心，不樂兼修藏識之有性──三種能變；以此緣故不信種智增上慧學，唯信般若空之總相，認爲二轉法輪之般若空，即是第一義聖智之究竟境界，不肯受學三轉法輪所說唯識種智增上慧學，此人所墮即是一切法第一義聖智大空。如斯類人，余多年來往往遇之，其數非寡，性障不輕，不易於大乘道中廣修福慧，尚且難入性種性中，何況能入道種性及聖種性？未來多世仍將處於習種性位，熏習增上慧學無量世後，方能捨離習種性位，是故佛說應離第一義聖智大空。

復以何故而言應離？謂此輩人雖已証入七住，成位不退，而自謂已足，私謂人曰：「若能以此第一義聖智大空之智慧，遠離外道凡夫邪見及三行過失以及習氣，即成究竟佛果，圓成第一義聖智大空。」雖得自覺聖智，而得少爲足；凡有開示，即成狂禪，誤導學人墮於此空，其過不小，是故佛說應離。

「云何彼彼空？謂『於彼無彼』空，是名彼彼空。大慧！譬如鹿子母舍，無象馬牛羊等，非無比丘衆，而說彼空；非舍、舍性空，亦非比丘、比丘性空，非餘處無象馬；是名一切法自相——彼於彼無彼；是名彼彼空。」如何是彼彼空？此謂於彼處無彼法，故名爲空，即名彼彼空。譬如鹿野苑之鹿母鹿子所住舍中，無象馬牛羊等，然其中仍有比丘衆人住於其內；而說彼鹿子母舍空，並非沒有鹿子母舍，非說鹿子母舍之舍性不存在，亦非沒有比丘衆住於其中，非說比丘衆之體性不存在，非說鹿子母舍之外無有象馬等；這就是一切法之自相——彼法於彼處無彼法；如此所說之空，名爲彼彼空。

換言之，彼彼空者，謂彼法於彼處無，非於餘處無，亦非彼處無他法；不知此理，而言彼法無，即墮彼彼空。譬如佛說陰界入空，非謂陰界入所在之處無有實相不壞法性如來藏識；如鹿子母舍無象馬牛羊，非無比丘衆，實相亦爾，陰界入無不壞之法，而陰界入處非無法性如來藏識；若人不知此理，錯解佛說二乘法義，錯解般若空義，以爲佛說陰界入空者即是一切法空——悉皆緣起性空，無有眞實法性如來藏；是則斯人墮於彼彼空中。印順法師及密宗黃敎應成派一切中觀師皆此類人也。

學人當知：佛說陰界入空時，未曾說一切法空，唯說陰界入所起萬法空；並謂陰界入滅已，中陰不生而入無餘涅槃時，有其本際，非同斷滅。若如應成派諸中觀師破斥常見外道見已，又復破斥空性藏識，謂陰界入悉空，其處唯有無常空，無有藏識空性，則墮彼彼空——謂彼執陰界入空處，所起萬法皆無，而不知有藏識空性，如人執著鹿子母舍無象馬牛羊，而無見於比丘衆之存在。此人則墮彼彼空中。

「是名七種空。彼彼空者，是空最麤，汝當遠離。」以上所說，即是一切法空之七種空；此七種空中，彼彼空之邪見最爲粗糙，是故世尊吩咐大慧菩薩等人應當遠離。謂學人修習佛法時，不可擅以己意而引申解釋，亦不可擅以己意而作反面之解釋，否則必墮此處所說一切法空之七種空中，成就邪見，去佛法遠矣！

「大慧！不自生，非不生，除住三昧，是名無生。離自性，即是無生；離自性剎那相續流注，及異性現，一切性離自性；是故一切性離自性。」

疏：《「大慧！一切法之自体不生；非一切法不生，唯除住於三昧，是名無生。若有佛子能遠離三自性之執著，即是証得無生。一切法離自性者，以一切法生已，剎那剎那相續流注，而非常住不動；諸法生已，又復不斷變異其体性顯現，這就是一切法離自性—無有眞實常住之自体性；以此緣故，說一切法離自性。」》

「大慧！不自生，非不生，除住三昧，是名無生。」一切法之自体—空性藏識—本來不生，無始劫來未曾滅故，故無有生；一切法不生者，乃謂法之本体空性本來不生，非謂空性所生之一切法不生。空性藏識生一切法，非不生，唯除住於三昧中。譬如無想定中、滅盡定中，一切法皆滅不生；然於餘時一切法生時，法之自性空性藏識依然不生；何以故？此謂藏識若有生者則必有滅，藏識若滅則永不復有任何一法能生，一切法滅已，無法不能自起故；以一切法之自体藏識不滅不生，故有一切法得依藏識而起，故說「不自生，非不生」。

二無心定中，一切法不生，餘時皆有法生故。譬如初禪等至位中，雖離語言名相，然仍有覺有觀，能知色聲觸等法；有此三法生，非不生。二禪等至位中，無覺無觀，不觸欲界六塵，然有定境法塵，不離覺知想陰，復有息脈二法，仍有法生，非不生。乃至非想非非想定等至位中，息脈俱無，而仍有想陰境界法—微細之知，仍有法生，非不生。於此諸境中，仍有法生，非不生；何況有情於欲界六塵中熙來攘往，有無量法此起彼滅，流注變異生滅不斷，焉得昧於事實而說一切法不生？是故一切法不生者，亦謂不自生—不能自己出生—依一切法本際之空性藏識而生；亦謂藏識自体不生，無量劫來不曾滅故；非謂一切法相之生住異滅現象爲無也，是名一切法無生。

「除住三昧」：此謂二無心定—無想定及滅盡定。無想定中，已離想陰之想—捨棄覺知心之自己，色身之呼吸及脈搏亦滅不起，無有一法生起，得名一切法不生。滅盡定中亦爾，覺知心已滅，息脈皆息，故無一法生起，亦得名一切法不生；此二定中若忽生起一法，則離此定等至，出於定外；或無想定離已，入四禪等持位或等至位等，皆有法生，非不生也。是故唯有二無心定中，無法生起，故云「除住三昧」。

「離自性，即是無生；」自性有三：遍計執、依他起、圓成實。依他起性者，謂陰界入及其展轉所生一切法，皆非本來自在，必須依藏識因，及或多或少之衆緣方能生起，依衆因緣方得起故，名依他起。衆生不了一切法皆依他而起，橫計爲實，於中貪著，處處作主而生取捨，即名遍計執性；以遍計執性作用故，覆障眞如正理，不能相應，故說應捨。依他起性者，二乘應捨，菩薩不捨；二乘無學取解脫果，必捨五陰六入十八界已，方能入無餘依涅槃故。菩薩見道乃至無學位，悉不取証解脫果，永不入無餘依涅槃，自度度他直至成佛，皆須依他起性之陰界入法故，依他起性是菩薩之無漏有爲法故。

菩薩於依他起性之陰界入法中，如實觀見陰界入及其所生一切法，悉依本來不生之藏識空性而起，幻有非眞，無自在体性；以此現觀故，証得遍計執及依他起性中之圓成實性——二空所顯藏識眞如，是故於依他起性中遠離遍計執性。証圓成實性已，即起法智忍；以法智忍而作觀行，隨起法智；法智起已，便知應離所証圓成實性之劣無漏法，是則三性俱離；若執所証圓成實性，是則已墮遍計執中，是故証已即知遠離；以遠離故，說名無生忍。以此密意，說三自性爲三無性，非無三自性法常住一切凡夫有情界中。

「離自性剎那相續流注，及異性現，一切性離自性；是故一切性離自性。」一切法離自性者，謂一切法之本際——藏識——不住於三自性之中，離二種名言故；而其所生一切法悉無自性，以剎那剎那相續流注，非常住不動故；而一切法現行以後亦不斷變異——異性現故，是故說一切法之体性皆無自性。（二種名言謂表義名言及顯境名言）

佛子若証三自性已，皆悉離之；若執有圓成實之藏識体性，則亦成執；是故《解深密經》中，佛說實証心意識祕密善巧菩薩，仍非於心意識祕密得善巧菩薩；而說証心意識祕密善巧之菩薩，証已遠離此法執著，方得名爲已証心意識祕密善巧之菩薩。離三種自性者亦復如是，必須實証三自性已，方能遠離；若人尚未証得圓成實性，而空言遠離圓成實性，空言三無性者，皆非能遠離三性者；寂天「菩薩」等應成派諸中觀師，皆此流類，尚不知圓成實性爲何物，焉能離之？而奢言三性三無性，愚痴人也。

「云何無二？謂一切法，如陰熱、如長短、如黑白；大慧！一切法無二，非於涅槃、彼生死，非於生死、彼涅槃；異相因，有性故；是故名無二。如涅槃生死，一切法亦如是。是故空、無生、無二、離自性相，應當修學。」爾時世尊欲重宣此義而說偈言：

我常說空法，遠離於斷常；生死如幻夢，而彼業不壞；
虛空及涅槃，滅二亦如是，愚夫作妄想，諸聖離有無。

疏：《「如何是無二呢？也就是說一切法都是相待而有，不可分離爲二；譬如陰涼與炎熱、譬如長與短、譬如黑與白；大慧！一切法無二，並非於此涅槃而說彼生死，亦非於此生死而說彼涅槃，二法法相雖異，而其因是同一有性故；以此緣故，說生死與涅槃無二。猶如涅槃與生死無二，一切法亦復如是無二。以此緣故，一切法空之七種空相、一切法無生、一切法無二、一切法離自性相，此四法應當修學了知。」爾時世尊欲重宣此眞實法義而說偈言：

我常常演說空與空性法門，
遠離斷常生滅來去增減一異等二邊；
生死輪迴雖然猶如幻夢，
而生死輪迴中所造之業果卻不會壞失；
虛空法及涅槃法之建立，
滅除此二法亦復如是，
皆是無慧愚人所作之虛妄想，
一切聖人皆遠離此有無二邊。》

「云何無二？謂一切法，如陰熱、如長短、如黑白；」如何是一切法不二呢？也就是說：一切法都是像陰涼與炎熱、長與短、黑與白一樣，互相對待而有，是一体之兩面，非能獨自存在。

陰涼相待於炎熱而有，炎熱亦相待於陰涼而有；長相觀待於短相而有，短相觀待於長相而有；黑色相待於白色而有，白色相待於黑色而有；一切法莫不如是，互相觀待，無有出此原則之外者，是故陰涼與炎熱二法無二，長與短無二，黑與白無二，皆無絕對之陰與熱、長與短、黑與白；是一法之兩面故，本是一法故，故云無二。

如人以大善長者觀待俗人，便謂俗人暴烈、長者慈悲；若以菩薩觀待長者，便謂菩薩慈悲，長者無慈；若復以佛之無緣大慈、同体大悲而觀待於菩薩，便謂菩薩不夠慈悲。是故慈悲與暴烈乃是一体二面、互相觀待之法，相待而有，非有各別獨立之法。

一切法無二者，此謂一切法皆因心之覺想而有；若無覺想，則不分別一切法；不分別故，則歸寂滅，妄心七識寂止，不緣諸法，則証解脫。

「大慧！一切法無二，非於涅槃、彼生死，非於生死、彼涅槃；異相因，有性故；是故名無二。」「異相因、有性」者，謂生死法相與涅槃法相互異；此二種法相之因，名為異相因；此異相因有其眞實不壞之体性，名為有性。異相因之有性者，謂八識心王之根本—空性藏識。爲對治—常建立—執著覺知心之有者，名之爲空性；若爲對治—誹謗見—執著一切法皆空之人，則名之爲有性；空性與有性之法相亦是相待法，依同一藏識心体立名，故名無二之法；無二之法即是眞如阿賴耶識。此識恒具能生萬法而自本体不滅之法性，此性常恒而能現異相諸法，故名爲異相因；此異相因性常恒不壞，有其眞實体性，非如頑空之無，是故佛說「異相因有性」。

生死與涅槃二法雖然異相，要由「異相因」方能有此二法，此二法由異相因—如來藏—而有故，是異相因之一体兩面故。

一般學人每謂聖人死已，不復入生死中，方名涅槃；每執生死與涅槃對立，二法永無交集之處。二乘聖人亦復如是認知，因此畏懼生死，欲取無餘涅槃；而不知涅槃與生死無二，是故不知實相，說彼二乘乃至無學雖非凡夫，而名爲愚。

生死與涅槃二法皆因心有，若無如來藏心，則生死法不能世世現行，則一切有情皆離生死，死已即成斷滅故，七識及前六識不能無因而自起故，斷滅無

法不能自起故。若無如來藏心，則涅槃法亦不能建立，捨壽入涅槃已，七識俱

滅，身亦爛壞，一切法空，即成斷滅；然因無餘涅槃中，有如來藏心無形無色、無見聞覺知、離一切境而不作主，故非斷滅；三界煩惱種子斷盡故，七識種子自然不現行，是故永不復受生死，故名涅槃。

生死與涅槃，二法異相，然皆依於同一心体而有，故說生死與涅槃無二。依未見道者而言，為彼闡釋二法相待而有：以有聖人所証涅槃，故說凡夫有生死輪迴；以有凡夫之生死輪迴，故說有聖人之取証涅槃；故說生死與涅槃二法相待而有。然依大乘証道者而言，則知生死與涅槃皆依一心而立二法：非於此涅槃外而有生死，亦非於此生死外而有涅槃，若人於生死現象外欲覓涅槃，則不可知、不可証；須於生死中証知涅槃，然後捨壽方能取涅槃。

涅槃離生死，是無境界法，無有入涅槃者，涅槃中無有覺知心及作主心故，七識心我不現行故，涅槃中無我故，是故無有入涅槃者。涅槃無有境界可入，涅槃之中無境界可住，相分（內外六塵相）及見分七識俱不現故。是故聖者捨壽取涅槃時，實無所取，唯是棄捨自己（色我及覺想之我），七轉識不復

現前，唯餘藏識空性無形無色無見聞覺知，不自知我，亦不作主，不再受生，名爲涅槃，是故涅槃實依藏識之空性而有，涅槃即是藏識空性故。

生死即是藏識之有性—藏識能藉往世所熏業愛種子，於捨壽後現起中陰，受生爲人等六道；受生已，色我及覺知之我現起，是名爲生；生已長大衰老死亡，生死具足；於生死之一期之中，萬法具足，是名藏識之有性。然藏識依業愛種而現起生死之際，藏識仍依其空性安住—離見聞覺知、不作主、不自知我、不欣厭六塵一切法，自住於涅槃「境」中—名爲本來自性清淨涅槃。

此藏識空性之本來自性清淨涅槃，本已有之，非因修得，大乘菩薩以見道故，即能現觀；以現觀故，說名証得；非謂空性本無今有、修而後得。凡夫外道及二乘愚人不能現觀，雖本來有而不能証。然一切學人欲實証者，必須於捨壽前依五蘊之生死有，方能証之；若離生死有，即無能証者。

菩薩以証藏識之空性已，隨知自我虛妄，斷除我見，轉捨自我，依於藏識之無我空性而修除我執；我執盡已，捨壽後，藏識之有性永不現前，唯餘藏識空性獨存，是名無餘涅槃。而此無餘涅槃非因修得，唯是修除我執業愛，令本來自性清淨涅槃不受藏識有性牽轉輪迴，施設其名爲無餘涅槃。

而藏識之涅槃性中，無覺知、無境界、無所有、無可顯示，依五蘊之生死有，說名爲涅槃；生死性亦復如是，依涅槃性，說有生死；相待而有，故說無二。又此二法，「異相因，有性故」，是藏識之一体兩面故，故說無二，非謂一切法空無而可名爲空性也。菩薩善知生死與涅槃無二故，遠離一切法空之妄想，証知一切法無生及離自性相，永離有無斷常邊見。

「如涅槃生死，一切法亦如是。是故空、無生、無二、離自性相，應當修學。」譬如涅槃與生死無二，依藏識而立二名；三界一切有爲法莫不如是，悉皆互相觀待而起，孤法不生；唯有藏識体性常恒，永不壞滅，方得名爲無二之法。如是，菩薩見道之後，應當修學一切法「空、無生、無二、離自性」相；若能善知一切法「空、無生、無二、離自性」相者，即能遠離有無斷常生滅……等虛妄想，此世速入初地二地，未來世中迅速証得無上正等正覺。

「爾時世尊欲重宣此義而說偈言：我常說空法，遠離於斷常；生死如幻夢，而彼業不壞；虛空及涅槃，滅二亦如是；愚夫作妄想，諸聖離有無。」世尊唯恐佛子聞已隨忘，復以重頌簡單複述一遍：

我常常演說空性之法，說空性遠離斷常生滅一異邊見；

雖然生死猶如幻夢，而生死中所造之業果卻不壞滅；

建立虛空及涅槃爲實有法，以及滅除此二種法相，

悉是愚痴凡夫所作之妄想分別，

諸地聖人則遠離虛空涅槃有，亦遠離虛空涅槃無。

爾時世尊復告大慧菩薩摩訶薩言：「大慧！空、無生、無二、離自性相，普入諸佛一切修多羅；凡所有經，悉說此義。諸修多羅，悉隨衆生希望心故，爲分別說，顯示其義，而非眞實在於言說。如鹿渴想，誑惑群鹿，鹿於彼相計著水性，而彼水無；如是！一切修多羅所說諸法，爲令愚夫發歡喜故，非實聖智在於言說；是故當依於義，莫著言說。」

疏：《爾時世尊復又告訴大慧菩薩摩訶薩說：「大慧！一切法「空、無生、無二、離自性」等四種相，普遍攝入十方過現諸佛所說之一切經典之中；

舉凡所有佛經，悉皆演說此義理。各種經典，皆是隨順衆生心中之希望故，爲衆生分別演說，顯示其中之眞實道理，而非言說自身即是眞實之義理。譬如群鹿由於渴之覺想，迷於陽焰，於彼陽焰之相妄計，執著空氣之晃動爲水性，然而牠們所執著的水性其實非有。就像是這個道理一般，一切經典所說諸法，都是爲了使愚痴凡夫，於佛道發起歡喜心的緣故而說，並非眞實聖智在於言說自身；以此緣故，應當依於我所說諸言說所顯示之正義，莫執著我所言說法相即是正義。」》

一切法「空、無生、無二、離自性相」，乃係依於衆生心性差別不同，而作種種辨疑析理。一切法空所說七種空相，乃爲大乘中依語不依義者而說；彼諸人等依語不依義，而否認自身依語不依義，反指他人依語不依義；藏密應成派諸中觀師是其代表者，隨人闡釋佛法言語，立予破斥，執著一切法空，以意識覺知心不取不捨諸法爲中道觀，斯人名爲依語不依義者。

何故作是說？謂彼諸人隨佛言語而不能取義，不知不解佛說般若空及中道觀者乃是藏識空性，於自心中妄想言語所說空法爲中道觀；否定中道般若所說之藏識空性，於藏識心外建立否定再否定之空相，以此爲中道：認定一切法空，無有一法莫非緣起性空，如來藏心非眞實有，唯有經中言語所說空法爲中道，以此爲般若正觀。

如是之人即是依語不依義者，佛爲對治此等人之錯會般若，乃說一切法空之七種主要流類，令諸佛子遠離，不墮有無之中。復說一切法無生之理，令知藏識本不生，令知一切法非不生。復說一切法離自性之理，令諸佛子實証解脫。証解脫已，復說一切法無二之理，令知生死涅槃不二，則能不住涅槃不住生死，發勇猛心，勤修佛道，漸漸具諸佛法；以此緣故，說一切佛所說經皆說此四法之正義。

然恐衆生不解佛意，執取般若諸經之言語表象；亦已預見衆生將於藏識心外，建立「否定一切法」之空已，復將否定之法遣除，以一切法空爲般若，故又重新咐囑：應依經中佛語所說實義，莫依言語表象之意。

依義不依語者，應依佛說藏識空性實義爲中道，依此能起般若慧故；依語不依義者，遮一切法有，不許一切法中有恒常不壞之藏識空性，復遣除遮法，以一切法空爲中道，是名依語不依義者，永遠不能實証中道正理；大乘學人於此必須明辨，若不爾者，大乘見道遙遙無期。

爾時大慧菩薩摩訶薩白佛言：「世尊！世尊修多羅說：『如來藏自性清淨，轉三十二相，入於一切衆生身中，如大價寶，垢衣所纏；如來之藏常住不變亦復如是，而陰界入垢衣所纏，貪欲恚痴不實妄想塵勞所污；一切諸佛之所演說。』云何世尊同外道說『我』，言有如來藏耶？世尊！外道亦說有常作者，離於求那，周遍不滅。世尊！彼說有我。」

疏：《爾時大慧菩薩摩訶薩向佛稟白說：「世尊！世尊於經中說：『如來藏心自性清淨，運作三十二妙相，入住於一切衆生身中，猶如無價之寶物，爲污垢弊衣所纏裹，衆生不知不見垢衣中之寶物；如來清淨藏寶物常住不變，也是一樣的道理，而此如來藏寶，被五陰十八界六入垢衣所纏裹，被貪欲、瞋恚、愚痴等不眞實之虛妄想及六塵勞累所污染；這道理乃是一切諸佛之所演說，非唯我釋迦牟尼之所說也。』爲什麼世尊隨同外道等人說有『我』，說有如來藏呢？世尊！外道諸人中，也說有一常不壞滅而住於身中能作諸業之我，不同於勝論外道所說，是周遍不滅之『我』。世尊！他們也說有『我』。」》

「求那」者，謂勝論外道也；彼以六句成其論議，謂實、德、業、大有、同異、和合。實謂色身物質。德謂德性，梵語求那。業謂業用，梵語羯磨。大有謂衆生共有之本体。同異謂衆生悉從同一本体出，亦一亦異。和合則述本体與一切法和合。

此處所說之外道，彼所說我，與德句所說德性有異，故言「離於求那」。此外道所說者爲大我，周遍者言其遍滿十方虛空，此大我永不壞滅；衆生死已復當依於善業而回歸此大我。

外道所說之「我」不生滅，種類雖多，要皆不出六十二見，由六十二種不如理作意而生。世尊於初轉法輪時，建立五蘊十二處十八界，廣破常見外道，一切常見外道所說之「我」，悉被破盡。然世尊破盡外道已，云何復於二轉法輪中廣說不生不滅不斷不常不來不去不一不異之中道空性心？豈非同於諸外道所說之不生滅「我」？今於三轉法輪中亦說本性清淨常住不壞而處於衆生身中之如來藏，豈非同於彼諸外道所說「常我不滅」？未入見道位之佛法學者悉有此疑，大慧菩薩有見於此，故作此問，以釋衆生之疑。

佛告大慧：「我說如來藏，不同外道所說之我。大慧！有時說空、無相、無願、如、實際、法性、法身、涅槃、離自性、不生不滅、本來寂靜、自性涅槃；如是等句說如來藏已，如來應供等正覺，爲斷愚夫畏無我句故，說離妄想無所有境界如來藏門，大慧！未來現在菩薩摩訶薩，不應作我見計著。譬如陶家於一泥聚，以人工水木輪繩方便，作種種器；如來亦復如是，於法無我離一切妄想相，以種種智慧善巧方便，或說如來藏，或說無我。以是因緣故，說如來藏不同外道所說之我，是名說如來藏。開引計我諸外道故，說如來藏，令離不實我見妄想，入三解脫門境界，希望疾得阿耨多羅三藐三菩提，是故如來應供等正覺，作如是說如來之藏；若不如是，則同外道所說之我。是故大慧！爲離外道見故，當依無我如來之藏。」爾時世尊欲重宣此義而說偈言：

人相續陰，緣與微塵，勝自在作，心量妄想。

疏：《佛告訴大慧菩薩：「我所說之如來藏，不同於外道所說之我。大慧！我有時說空、無相、無願，有時說眞如、實際、法性，有時說法身、涅槃、離自性，有時說不生不滅、本來寂靜、自性涅槃；以如是等言句說明如來藏之後，我又爲了斷除無智慧人畏懼無我之語句故，而爲他們說遠離虛妄想像無所有境界之如來藏法門，大慧！未來及現在之大菩薩們，不應將如來藏法門當作『我』的見解一樣而起錯誤認知與執著。譬如製造陶器之家，他們對於一堆泥土，以人工、水、木棍、轉輪與繩索等各種方便，製作種種陶器；如來也是像這樣，對於法無我離一切虛妄想之法相，運用種種智慧及善巧方便，有時爲恐懼墮於斷滅者說如來藏法門，有時爲恐懼輪迴生死者說無我空；由於這個原因，說如來藏不同於外道所說之我，這就是我所說的如來藏。開示引導誤計有我的那些外道的緣故，爲他們說如來藏，使他們遠離不眞實的我見虛妄想，進入空、無相、無願三解脫門境界，希望他們迅速証得無上正等正覺，以此緣故，如來應供等正覺這樣開示如來藏；如果不是這樣，則如來藏便同於外道所說之我。以此緣故，大慧！爲了遠離外道見的緣故，應當依從我所說之無我性如來藏。」爾時世尊欲重新宣示此一正義而說重頌曰：

有情相續不斷之五陰我，衆緣所成之我與微塵所成之我，

勝論外道所說恒不生滅之勝性大我，

及能生一切有情之大自在天與能創造萬物之造物主等等，都是對於自心本体之實際現量不明白而產生的虛妄想像。》

佛告大慧：「我說如來藏，不同外道所說之我。」緣起空法甚深極甚深，一切外道凡夫不知不解不証；然此法若比之於如來藏法，則爲甚淺，猶小巫比之於大巫，是故一切定性聲聞、定性辟支佛，於此法懵無所知；若聞七住十住菩薩說此法門，茫然不解；若聞初地菩薩說此無生法忍，如聾如啞，不知所趣。

定性二乘無學尚不能知如來藏法意趣，何況末法愚痴凡夫意識情解而能知之？五十餘年來，有印順導師者，是學問僧，不思參禪，唯以佛學研究爲務，依意識思惟之邪知邪解，而廣作諸書，評論眞常唯心論，將如來藏之微妙奧義，比類爲外道常見神我及梵我，誣指大乘唯識種智如來藏法門爲外道「常、我論」，乃云：「佛教普及大衆而大乘興，在家佛學者輩出，而常我論起，亦自然之勢也。」以其意識思惟、佛法研究而不能証得如來藏故，遂假藉佛教史之考証而否定之，誣大乘眞常唯心如來藏法同於常見外道神我論。

殊不知世尊於四部阿含經中，已具足說八識，非未說也；若初轉法輪時未說七識八識，則二乘法即墮斷滅見中，與斷見外道無異。然我世尊於四阿含中，已曾多處說無餘涅槃非同斷滅，有其本際；亦多處說有阿賴耶識，今諸南傳佛法經典之中仍可查証，何得誣此如來藏法為後起之說？四阿含中不唯說有第八識，更處處說有第七識意根，云何印順導師誣指早期佛法中無第七識？

所以者何？若無第七識者，則應十八界減一，成十七界；第七識即是意根故，意根非是有色根故。是故印順導師如是說者皆非實語：「眞常心之淵源極早，而是否吻合佛意，實有可研究者。眞常心之初意，即於六識之心心相續中，想見其內在之不變常淨。後分為七心，或以意界為常而六識生滅；或立根本識而六識從之生，則眞常淨心，自應為意界及根本識矣。此眞常心即輪迴之主体，縛脫之連繫，乃漸與眞我論合。」

然實印順導師嚴重誤解原始佛法，彼無僧袍著身之資格。所以者何？謂聲聞法乃三乘中最粗淺之佛法，今者印順導師竟然錯會最粗淺佛法中之五蘊十八界粗法，何有資格披僧伽梨？

佛於長阿含經中，處處說五蘊者即是十二處十八界——六根六塵六識；餘三阿含亦復如是說。既於初轉法輪時期處處說有六根六識，則六識合意根（末那）已有七識，云何印順導師誣爲無第七識？彼作是說即成不解五蘊十八界者，彼如是說：「眞常心之初意，即於六識之心心相續中，想見其內在之不變常淨（第七識或第八識）。」而實六識非是心心相續不斷者，夜夜斷滅不現故。而第七識是十八界之意根，又名意界，長阿含中處處佛語皆說其有，云何印順法師誣此第七識爲後來大乘佛法發展後方有？云何誣爲「想見其有」？

又阿羅漢入無餘涅槃已，十八界俱滅，五蘊十二處悉皆斷滅，豈眞如印順法師所說「性空者之一切皆空，不自無爲常住來」？若非自無爲常住之如來藏來，豈眞如彼誤引經典「勝義諦中一切皆空」？若一切皆空，無有涅槃之本際，則涅槃即成斷滅；十八界俱滅已，彼復不許有涅槃之本際故；是，則佛法同於斷見外道論議；不是，則彼說猶如盲人摸象，不解聲聞法之佛旨。

佛既於最早期之四阿含經中，處處說有涅槃本際，今諸南傳上座部經典復仍可稽，云何印順師徒否認涅槃本際之第八根本識？誣指爲大乘佛法中後來始有之說？彼諸師徒既於原始佛法中十八界及涅槃本際之理懵然無知，顯見彼等仍然未知原始佛法之基本教義；於基本教義不知不解之人，云何能弘揚原始佛教？云何能率眾回歸佛陀本懷？

所以者何？謂二乘無學聖人尚不能知佛陀本懷，今者彼等師徒三乘見道俱無，云何能知？謂聲聞初果向人，已能具知十八界空，具知十八界內容，亦能為人宣說；今者印順導師竟然不知不解十八界中之意根界即是第七識，知見嚴重不足，尚未能入聲聞初果向中，云何能得知聲聞初果所証十八界空而斷我見？如此「修持」尚不能知聲聞初果境界，云何能知二乘無學所不知之七住菩薩如來藏境界？是故彼所著作之《妙雲集，華雨集》等，破綻百出，邪知邪見隨處可拾。如此嚴重誤解聲聞原始佛法，不解佛意，則其所作印度佛教之歷史考証，可信受乎？則彼考証《眞常唯心論思想之淵源及成立》等文，可信受乎？

此諸過失，皆由誤解十八界法，不知意根即是第七識，及不知涅槃本際即是第八識如來藏，故不能辨別如來藏與外道神我之差異，便誣指大乘根本法之如來藏與外道眞我論相同，誣指如來藏思想富有外道神我色采。此種邪見充斥於密教應成派中觀思想中，亦充斥於日本佛學學術界中。三武毀法之嚴重性，遠不如彼印順導師之嚴重，彼著作中處處破壞三乘佛法根本之如來藏法故，否認十八界之意根故，否定佛說涅槃之本際故，而其著作仍將繼續流傳、繼續發生破法之作用故。後若有暇，當就其著作，一一辨正，令諸已經誤信之人翻邪歸正，冀能速令入見道位；唯除彼師已經自行修正。

如彼導師文中云：「眞常心之初意，即於六識之心心相續中，想見其內在之不變常淨。後分爲七心，或以意界爲常而六識生滅，則眞常淨心自應爲意界及根本識矣。」此則意指七八二識皆是依於六識之心心相續中，依於情想見解建立，非眞實有此二識。試問：意識覺知心爲心心相續不壞之法耶？豈眞同彼應成中觀師認意識爲不生滅心耶？次問：意界末那識是由意識生耶？若如是，云何佛云意界爲意識之根？云何汝說顚倒？云何意識夜夜斷滅之法能生恒不斷滅之意根界？三問：意根在十八界內，佛說爲妄心，入無餘涅槃時尚須棄捨；棄捨已，若無根本識，涅槃即成一切法空之斷滅空，導師認同此種涅槃耶？此涅槃與外道斷見有何不同？四問：若涅槃中非斷滅空，其中唯有無覺知之根本識，無形無色本然自在，斯有何過？而汝誹謗根本識如來藏爲外道常我眞我論，是何居心？五問：外道眞我常我論與佛說如來藏根本識之差異，導師知之否？若不知而說法，即名以盲引盲；若知之而故作此說，則居心叵測，成奸佞人；請問導師知之否？

彼師誤會佛所說之如來藏識同於外道神我眞我，造作破壞佛法根本重業諸書，即成一闡提人；然而此事非獨現今，古已有之，是故大慧菩薩有此一問，佛亦有此一解，說如來藏不同於外道神我眞我大我梵我等。

「大慧！有時說空、無相、無願，如、實際、法性，法身、涅槃、離自性，不生不滅、本來寂靜、自性涅槃；」空、無相、無願者，解脫三昧也；此有二法，謂蘊處界之空無相無願三昧，及如來藏之空無相無願三昧。前者謂聲聞法所說陰界入空—五陰無常空，十八界無常空，六入無常空；空故無相，無相則無願求，心得止息；心止息故，捨壽已不復起心，則無有我；無我故，無復有我受生，是名解脫。後者則謂大乘菩薩法所說藏識空性無有形体故空，空故無相；意識証知此空性故，確認意識自己之無常空及緣起性空，亦確認藏識空性之本無所得，故其意根心無願求，得証解脫。然而聲聞法之三三昧，實唯表象，其本際仍是大乘如來藏法之三三昧，依本際如來藏之空性及有性而生此三三昧故。

如、實際、法性者，謂眞如第八識也。眞如乃是一切法之實際，世出世間一切法，皆依眞如立名，展轉從眞如生故，無有一法不以眞如爲最後所依故，是故眞如即是一切法之實際，是一切法之本源故。眞如即是一切法之法性；世出世間一切法，相有生滅，而其本際從來不滅，亦無有生；是故一切法滅已又復能生，此能生一切法之眞如即是法性。

法身、涅槃、離自性者，亦謂眞如也。第八識即是法身，是一切法之根本故，大圓鏡智之所從生故，戒、定、慧、解脫、解脫知見等五分法身，皆從之而生，故名法身。涅槃即是法身眞如之別名，涅槃乃依眞如不受生之現象而立名，非離如來藏而有涅槃可証，是故涅槃非是死已斷滅。離自性者，謂如來藏不墮三自性相中，是名離自性。

不生不滅、本來寂靜、自性涅槃者，此謂如來藏之体性也。藏識空性体恒自在，非從他有，永不壞滅；以不滅故，從來不生，故不生不滅即是藏識異名。本來寂靜者，謂藏識空性心，從無始劫來，一向離見聞覺知，離表義名言及顯境名言，無諸妄想，故云本來寂靜。自性涅槃者，謂藏識自性体無生滅，又復恒住寂滅境界，離見聞覺知，故云自性涅槃。

「如是等句說如來藏已，如來應供等正覺，爲斷愚夫畏無我句故，說離妄想無所有境界如來藏門，大慧！未來現在菩薩摩訶薩，不應作我見計著。」如是以空、無相、無願……乃至自性涅槃等十二句解說如來藏体性之後，如來應供等正覺，爲斷除愚痴凡夫畏懼無我法句之義理故，復爲諸愚痴人不解密意者，演說此十二句涅槃寂靜之法，即是遠離妄想無所有境界之如來藏法門，現在及未來之諸大菩薩們，不應錯認佛說如來藏即是常見外道所說之我。

「譬如陶家於一泥聚，以人工水木輪繩方便，作種種器；如來亦復如是，於法無我離一切妄想相，以種種智慧善巧方便，或說如來藏，或說無我。以是因緣故，說如來藏不同外道所說之我，是名說如來藏。」有黃居士者言：「在修行見法上，眞常唯心思想過於重視理想的描述，常有眼高手低之弊。」此語誠然，以大乘眞常唯心之法甚深微妙，二乘無學尚不能知，何況淺學凡夫？莫謂大乘法難証難見，乃至二乘原始佛法之基本法義—陰界入空—印順導師尚不能知，不知五陰之意界即是第七識，眼高手低而妄評大乘眞常唯心思想，今者居士亦復如是步其後塵。

所以者何？謂居士著作《從無常無我到眞常唯心》一文，處處錯解二乘，尚不能見聲聞道，云何能見大乘之道？乃竟著文批判大乘眞常唯心思想之過失。邪見處處，姑置不論；且以君所誤解誤引本段經文而作辨正，此辨正者不離此段經文意旨故。

彼黃居士文：《『楞伽經』說：「開引計我諸外道故，說如來藏。」又說：「我說如來藏，不同外道所說之我。大慧！有時說空、無相、無願、如、實際、法身、涅槃、離自性、不生不滅、本來寂靜、自性涅槃，如是等句說如來藏已，如來應供等正覺爲斷愚夫畏無我句故，說離妄想無境界如來藏。……譬如陶家於一泥聚，以人工水木輪繩方便作種種器；如來亦復如是，於法無我離一切妄想相，以種種智慧善巧方便，或說如來藏，或說無我。」所以眞常唯心思想，只是在表達上更新穎的形象包裝而已，什麼是眞常？無常無我就是最眞實常恒的，就在虛妄、無常的當下，看見無我、無自性、緣起如幻的普遍眞實。任何時空皆如是的眞相，就是眞常，或稱爲法性、法住、實際、眞如。不明白這點，背棄了三法印和緣起性空，而想像有一個實在的常住實体，即可能落入外道「眞我、大我、神我」的窠臼。這一點，導師在其著作『如來藏之研究』一書中，或『以佛法研究佛法』之「如來藏研究」一文，還有『成佛之道』大乘不共法章，般若波羅蜜中均有詳細的說明。』》（摘自正覺之音一九九八、九、第二十期第八頁）

佛爲畏懼墮於斷滅見之愚夫，說涅槃寂滅之法無我性如來藏，是其方便善巧；若謂此段經文佛意所說如來藏法即是一切法空之無我無常、涅槃實際非是如來藏，則有大過，涅槃成斷滅空故。若謂佛說如來藏即是外道「眞我、大我、神我」，亦有大過，謂世尊已於四阿含中，依陰界入空而廣破外道諸種「常不壞我」故；於此復說如來藏不同外道所說之我故，此前復以四種非有

『有』之建立見破斥，破諸外道我，亦破誹謗見外道故，不意印順導師及其徒衆，二千年後仍墮其中。若謂佛說此語爲方便說，則佛非實語者；尚有方便妄語故，則非是佛。

汝謂如來藏眞常唯心思想，只是在表達上更新穎的形象包裝而已，認爲無常無我即是眞常，即是眞如；是，則眞如佛性法性即是無常空無之法，無常無法則是斷滅，則汝死已，十八界壞已，不復能去至來世；則汝立論成斷滅見；亦應汝無往世，往世之十八界無常壞滅，死已一切法空，無常即是本際眞如故；故汝此世乃無因而生，仍將無因而滅，成無因論。不是，則汝說自壞，不能立宗；而汝以無常無我、緣起如幻觀，作爲「普遍眞實」之常，則不能自外於斷滅見外道論議，即成戲論。

如來藏若無，即無因果，一切修行及善惡業行俱無果報，唐捐其功；以十八界皆是生滅無常之法故，意根亦非能自在者故，四阿含中處處廣說此理故，則汝此世勤苦修行弘法悉皆無義，死已與諸阿羅漢同歸斷滅空故；汝否定如來藏已，原始佛法之無常空及緣起性空悉成戲論，無益衆生，造惡享樂之凡夫及勤苦清淨修行之阿羅漢，於死後悉同斷滅空，不能持其此世業種去至來世及入涅槃故；如此而謂不墮斷滅，其誰能信？唯有愚痴無聞凡夫能信之耳，聲聞四向四果聖人悉皆不信汝說也，何況大乘種性之菩薩？

而如來藏有眞實体性，雙具有性及與空性；非如汝所想像之無常無我空也。汝等師徒建立意根意識爲不滅之法，則墮初轉法輪四阿含廣破之常見外道神我論中，未離十八界有爲凡夫邪見；若認定意根意識無常無我，復無第八識，則墮斷滅見外道論中；進退失據，自宗不成。若認無常無我、一切緣起性空爲眞常不壞之法，以此名爲眞如者，則墮兔無角法中，依牛有角而有之法—依陰界入有法而有無常無我之法故，則成戲論。

如來藏則不如是，以離見聞覺知，不自知我故不作主，是故無我；能持往世一切善惡業種來至今世，故非無常；於三界中有其德用，故非無法；一切証悟之人皆可觸証領受其体性，故非虛妄想像之兔無角法；本具能生十八界法之体性，故非空無；十八界滅已，能住涅槃，故非斷滅；三乘諸經正義，依如來藏皆能貫通，能令三乘法義不墮斷常，故名圓滿；一切凡夫外道及與二乘無學乃至三世諸佛皆不能破，故名究竟；如來藏法是眞正成佛之道，故名無上。

無常之理，用於蘊處界等現象法中，允爲正理；二乘解脫道悉依現象界之五陰十二處十八界而說故；佛以陰入界法之建立，廣破外道眞我、常我、神我，彼諸外道不能置一詞，彼等眞我、常我悉皆墮於十八界中故；而神我梵我乃是虛妄想像，是建立之法，不能証驗，故佛於此經中破之，謂爲「見始非分」之虛妄想。然如來藏識不墮十八界中，而能生十八界；本自涅槃、不自作主而處輪迴之中，爲意根及業愛種子所牽，輪轉生死，**我同修會中一切大乘見道菩薩能親觸証領受其体性及存在，非是妄想建立之法**；汝等師徒尚不能解聲聞五陰十八界法，何能了知二乘無學所不知之如來藏法？不知不証最淺之法，而妄評最深奧究竟之如來藏法，猶如幼稚園學童之妄評大學教授，殊無二致。

如來無量方便善巧，以陰界入法廣破常見外道之眞我常我神我已，復恐一切未証二乘解脫之聲聞法凡夫（如印順導師等人）墮於無常無我之一切法空邪見，乃說如來藏之空性中道；不意印順導師等人仍爲應成中觀邪見所迷，執一切法無常無我之斷滅空，復恐他人譏為斷見，轉取意識之細心為不生滅者，復墮十八界之無常空，同諸常見外道之神我見，無二無別，不離常斷二邊而自謂中道；以不知不解不証如來藏故，遂否定之，豈唯不解三轉法輪妙義，亦乃不解二轉法輪奧義，復不能知初轉法輪五陰十八界空之根本義，誠可憐憫；而諸學者迷其名聲，盲目跟隨，不知終將伊於胡底；令人不禁唏噓不已。

有智之人見彼印順導師及其徒眾墮於斷見之一切法空，當速遠離；然此遠離之有智人於佛法中仍名愚夫，未斷我見而畏無我故。佛「為斷愚夫畏無我句故，說離妄想無所有境界如來藏門」，如來藏法門乃是本來即無妄想、本來即處於無所有境界，而又不墮斷滅空之法門，復是真正之無我解脫法門，是故如來開示云：「大慧！未來現在菩薩摩訶薩，不應作我見計著。」不意印順導師及其門徒，見人說有如來藏，便將無我如來藏作為外道我見而生計著。

如來藏之總相智是人無我門，觸証之人能親現觀五陰十八界之空相——無常無我，假緣而成；非如印順導師等人執著意識細心為不生滅心，墮於我見之中，翻誣証得藏識者同於婆羅門之梵我神我，其心顛倒乃至於斯。然如來藏法門尙有別相智，別相智中尙有種智，名爲法無我；此如來藏法門之法無我智，及從本以來即離一切妄想之法相，甚深極甚深，無比深奧，二乘無學所不能知，聞之往往錯解爲常見外道神我，是故初轉法輪不可即說如來藏法，是故佛於三轉法輪時，「以種種智慧善巧方便，或說如來藏，或說無我。以是因緣故，說如來藏不同外道所說之我，是名說如來藏。」

「開引計我諸外道故，說如來藏，令離不實我見妄想，入三解脫門境界，希望疾得阿耨多羅三藐三菩提，是故如來應供等正覺，作如是說如來之藏；若不如是，則同外道所說之我。是故大慧！爲離外道見故，當依無我如來之藏。」佛初轉法輪後，一切親証聲聞空法之有學無學，悉知涅槃非斷滅空，佛說涅槃有本際故；說十八界之意識意根滅已，尙有阿賴耶識不壞故。

然諸未見聲聞道之凡夫及外道（如今之印順導師及其門徒），即因畏懼墮於斷滅空中，返執意界（能作主之心）爲不生滅者；或執意識（覺知性之細心）爲不生滅者，同於應成中觀之月稱、寂天、阿底峽……宗喀巴、土觀、及今達賴喇嘛等人；凡此古今應成中觀師徒，悉墮外道我見之中，而以中觀法門名相莊嚴自法，謂爲究竟。佛爲度此類人，故說無我性之如來藏法門，欲令此諸人等，遠離虛妄不實之意根意識我見妄想，令入空、無相、無願三解脫門之境界，希望這些人迅速証得無上正等正覺；以此緣故，而說此《楞伽經》如來藏法門。如果不是這樣說明八識心王之五法三自性、七種性自性、七種第一義及二種無我，則諸愚人必定以爲如來藏法門同於外道所說之我；以如是說如來藏故，令諸佛子眞解義者，不墮外道常見我中。以此緣故，勸彼印順導師及其門徒：「爲離外道見故，當依無我如來之藏。」

此謂彼諸師徒墮於外道常見有及斷見空中，而以佛法名相橫說豎說以自莊嚴，不離常見斷見而自謂已知已解中觀，以諸情解思惟而廣造諸論，破壞眞正之中道，而自謂已知中道弘揚中道；渾然不知藏識空性方是佛說之眞正中道，廣造諸論否定佛說之藏識中道，別立想像之一切法空爲中道，此則同於兔無角法之建立爲實有不壞之法，乃是虛妄之想爾；故彼所造諸書言句，悉名妄想，墮於外道常斷見中，而自謂已知已解中觀，所作中觀古論、中觀今論，悉名戲論，言不及義，離如來藏實相心眞實義而說中觀故，執一切法無常空、緣起性空之兔無角法爲實有法，撥無一切法故。是故今以佛語相勸：「爲離外道見故，當依無我如來之藏。」

「爾時世尊欲重宣此義而說偈言：人相續陰，緣與微塵，勝自在作，心量妄想。」人，謂士夫也；士農工商走獸魚鳥一切有情，皆名「人我」；人我者謂色陰及七識覺知作主之我，及受想行陰之覺想，衆生以此爲我；應成派古今一切中觀師皆墮於此「人」中，以爲覺知心無盡，而不知不証如來藏，此即是對於自心—如來藏—之現量無知，虛妄建立之想，名爲「心量妄想」。

相續陰者，謂諸錯悟祖師及現在錯悟諸師，以覺知心住於一念不生之寂照狀態中，謂爲唯一眞心；而不知此心即是識陰，念念生滅代謝，前後相續不斷，不離五陰遮覆，名爲識陰，是名「相續陰」；藏密自續派中觀師亦墮此中，承認有如來藏，而錯將相續陰—識陰—認作如來藏。不明識陰之相續相，不知藏識之現量，而對藏識起虛妄想，亦是「心量妄想」。

緣者謂修學聲聞法之凡夫，每執一切法空—無常無眞、緣起性空——切皆是衆緣所成，不知不解四阿含中所說意界及意識空；執此一切法空之法爲眞，一切皆假—無非衆緣所成；更不能知佛於四阿含中所說涅槃之本際—第八識，故而否定之；印順導師及其徒衆爲代表。此亦名爲「心量妄想」，對自心之現量無知故。

微塵者，謂有外道錯執一切有情之我悉皆無常無我，緣起緣滅；其精神体乃因有色身而有，以此現觀故，觀察五陰非眞，而不承認別有離見聞覺知之心，認定精神体以色身爲因—身壞即滅，故色法方是本際。然色法形處變異，無常不定，分析再分析後，至極微時，其微塵圓相恒不壞滅，執其微塵相即是生命之本源，而不知不証第八識如來藏，此亦是自心現量之妄想。

勝者謂勝性外道論，執有恒不壞滅之勝性本体常住不壞，是一切萬法之能作者；此一勝性遍滿十方虛空，一切有情共有此一本体，皆由彼出，是名勝性外道，已故月溪法師即此流類，是故歿時狂言：「遍滿虛空大自在」，然實不知不解自在之心，故而否定第八識，誣爲生滅之識；其末代信徒自在居士（法禪法師）即此流類。亦是不知不証自心如來藏之現量，因此而生心量妄想。

自在者謂大自在天外道，或崇奉梵天者；妄想彼天生諸有情，一切有情悉以彼天爲主，自身爲其奴僕；彼天有生殺大權，一切有情若不奉之爲主，不行善者，死後即由彼天罰入永恒之地獄，永不超生；若有奉之爲主，亦肯行善者，死後即由彼天攝歸天堂，永爲奴僕。有情起此自在天見者，皆因不知自心現量而生妄想，一神教徒是也。

「勝自在作」，即說勝性外道及自在天外道，悉不知曉自心現量，執著心外有能作者，將藏識体性執爲神蹟或勝性之能力，以此起虛妄想。人、相續陰、緣、微塵、勝性作、自在作，皆是心量之妄想，佛子若能知之，漸能遠離心量妄想，趨向正見，乃至証得自心現量。

爾時大慧菩薩摩訶薩觀未來衆生，復請世尊：「惟願爲說修行無間，如諸菩薩摩訶薩修行者大方便。」佛告大慧：「菩薩摩訶薩成就四法，得修行者大方便。云何爲四？謂善分別自心現、觀外性非性、離生住滅見、得自覺聖智善樂；是名菩薩摩訶薩成就四法，得修行者大方便。」

疏：《爾時大慧菩薩摩訶薩觀察未來末法衆生，又請求世尊：「至誠懇求世尊為後末世佛子，演說修行精進無間法門，如諸菩薩摩訶薩於修道位中所修行之大方便法。」佛告大慧：「菩薩摩訶薩由於成就四種法門，能成就修行者之大方便—成就極大之善巧方便。如何是四法？亦即善分別諸法皆是自心所現、觀察心外之法非有眞實体性、遠離生住異滅法之謬見、証得自覺聖智善樂；是名菩薩摩訶薩成就四法，得修行者大方便。」》

大慧菩薩摩訶薩以觀見未來末法之際，佛子多屬得少為足之徒故，為免來世佛子得少為足，心生狂慢，耽誤道業，乃至於佛生輕賤想，違犯重戒；故以此問，請佛開示，令諸未來佛門弟子不生狂慢，如法修道。

余弘法以來，每遇狂慢之徒，因余而悟之後，隨即於余起慢，謂余智慧同彼一般；彼等不知不解唯識相性，不信地上菩薩所修十唯識行，不信眞有諸佛所証之唯識果，不信悟後尚須修道，認為《六祖壇經》所說「一悟即至佛地」是如實語，不唯於余生慢，乃至敢作謗佛謗法謗菩薩僧之大惡業；是故大慧菩薩此問實屬必要。佛隨此緣而作開示，能令末法見道佛子得大饒益。四法如下：

「云何菩薩摩訶薩善分別自心現？謂如是觀：『三界唯心分齊，離我、我所，無動搖、離去來；無始虛偽習氣所熏，三界種種色行繫縛身財建立，妄想隨入現。』是名菩薩摩訶薩善分別自心現。」

疏：《「如何是菩薩摩訶薩善於分別觀察一切諸法皆是自心所現呢？這是說菩薩應當如是觀察：『欲界色界無色界萬法，皆唯是自心所現；三界萬法之中無有眞實之我與我所，而自心藏識無有行動作爲，遠離去來；由有無始劫來之虛僞習氣熏習，以及三界中種種色法行陰繫縛之色身資財建立，虛妄之分別想隨之顯現』。菩薩能如是善於觀察分別三界萬法皆是自心所現者，是名『善分別自心現。』」》

「三界唯心分齊」：三界萬法雖有，要因共業有情之如來藏所藏業種現行，方能有之。此可分爲二門，其一謂器世間自地獄上至色究竟天宮，莫不依心而有，尤以四禪四天下至地獄，皆是衆生共業種子感生，非某神某天所能創造，非有作者。

其二謂一切有情受生三界六道之中，其覺知心所觸所覺之法，悉皆唯是自心所現內相分，不曾接觸外五塵相；法塵相分則依見分七轉識觸知內相分五塵相時方有；非有外法塵，亦非有外五塵能爲覺知心所覺所觸（詳拙著《眞實如來藏》及本書第一、二輯之敘述）。於欲界中如是，於色無色界一切境中莫非如是。故名三界唯心分齊—無有一法能出於自心藏識之分際者。

「離我、我所」：謂三界一切境界中之相分，譬如無色界四空定境界中之法塵相，悉皆無有眞實不壞之我與我所；此謂非想非非想定中之極微細覺知心—我—並非恒不壞滅之常住心，乃是極細意識，依意界爲根而有；其所依定境法塵相分，亦依自心如來藏而有；故無眞實不壞之我與我所。非想非非想定中如是，人間乃至地獄中一切法莫非如是，不離自心所現之七轉識見分，及自心所現之萬法相分，是故無我我所。

「無動搖、離去來」：一切有情於三界中行來去止，動作頻繁，造諸善惡業行；而藏識自心無有來去、動作、造業，無爲無作故，是無記性故；故於六塵萬境之中，心無動搖，不修善行，不造惡業；五蘊十八界於三界法中有去來相，然自心藏識一向離六塵境，故無去來。

「無始虛僞習氣所熏，三界種種色行繫縛身財建立，妄想隨入現」：自心藏識雖離我與我所，無動搖，離去來，但因無始劫來未曾悟道，此自心藏識世世出生六轉識，依於意根末那，於三界虛僞諸法中熏習，增長有漏法種，遂有三界六道中之種種身色及行陰繫縛，令自心藏識於捨壽後生起後世色身、感應資財果報；色身資財果報悉皆依之建立。

既有三界身及行陰等，覺想隨之現前，五陰十八界具足；以有覺想故，妄想分別隨之顯現，又復貪執有爲善惡業行，流浪生死。菩薩悟後成摩訶薩，然唯知自心總相，雖能現觀七轉識我乃自心藏識所現，然尚未能如實現觀相分爲自心所現；此須依於眞善知識之開示，熏習種智，而後親自歷緣對境，於欲界乃至四空定中一一証驗；若無四禪八定者，亦須於欲界一切所知境中証驗領受之。若能如實証驗相見二分皆唯自心所現，則能証實「三界唯心分齊」，証入初地無生法忍，通達三乘佛法，心大歡喜，是名菩薩摩訶薩善分別自心現。

「云何菩薩摩訶薩善觀外性非性？謂燄夢等一切性，無始虛偽妄想習因，觀一切性自性；菩薩摩訶薩作如是善觀外性非性，是名菩薩摩訶薩善觀外性非性。」

疏：《「如何是菩薩摩訶薩善於觀察外法無眞實不壞之体性？此謂幻化、陽焰、如夢、鏡像、光影、谷響、水月、變化所成、非有似有——三界六道一切凡夫境界，二乘有學無學於有餘涅槃界，乃至菩薩見道直至五地滿心所住境界，所觸外五塵等一切法，皆依無始以來之虛僞妄想熏習爲因所起，菩薩善於觀察此等諸法之自性，能如是善觀者，名爲菩薩摩訶薩善於觀察外法無眞實不壞之体性。」》

「焰夢等一切性」：焰者陽焰，夢者如夢，等者即是幻化、鏡像、光影、谷響、水月、變化所成、非有似有。前已敘述此等三賢位乃至六地之無生法忍法無我之現觀，此不贅述。

初地菩薩以能現觀欲界世間一切凡夫相應諸法皆心幻化、七轉識及其心所法之現行猶如陽焰、菩薩六度萬行猶如昨夢；並已親自現觀一切法相六塵猶如鏡像，皆是自心所現，得歡喜地，於般若慧得大方便。然猶須觀自心所現相分雖如鏡像，而自心所現見分七轉識則如光影，於鏡像中遊移，顯現其境、照了其境，若無見分七識光影，鏡像則不能顯了於心；若能如實現觀則離初地，成二地心；二地中須嚴持戒法，令心益趨清淨；心清淨已，七識自然無所攀緣，則成二地滿心；此時當觀度衆說法，及與下地菩薩說法，皆如谷響，猶如戲論，唯是自心取自心；衆生計有外法為己所聞，不知皆是自心所現音聲及法相；善知識說法唯是外緣，引生自心聲相及法相，非有外法可得；如實現觀，猶如谷響，戲論斷盡，則成三地心。

三地心位修諸禪定三昧五通，具足已，成滿地心，當觀三地所修四禪八定、四無量心、五神通等，皆是自心所現見分意識定力，牽引末那多分與定相應，減少剎那剎那向外攀緣；又復定境法塵及等持位所現五通境等，皆是自心所現相分，以自心所現見分住於自心所現相分中，猶如水中月由空中眞月顯現；若能依此如實現觀，則離三地滿心位，成四地心。

於四地心中，尚須如實依安立諦現觀苦集滅道聲聞法共十六心—苦聖諦法智忍、法智、類智忍、類智，集滅道諦亦復如是。依無生法忍如實現觀四諦十六心已經究竟，成滿地心。此時復觀三地所成等至等持五通境等，及與四地輪寶莊嚴報身等，悉皆自心藏識變化所成，非眞實有；如實現觀已，成五地心。入五地已，復依無生法忍現觀十二因緣，依十品如實現觀十二因緣；於十品十二因緣之法無我已如實現觀，成五地滿心菩薩。此時當觀自心所現見分相分如是莊嚴，威德如是廣大，爲諸佛子外道天主所敬，然此地菩薩爲度有情，現變化身，實無外法可得，皆是自心所現，似有非有，如實現觀則成六地心。

於六地中深觀第一義諦般若空性；以於前五地中，已曾依藏識無生法忍現觀有性—能生一切法，今者應於六地中深觀藏識之空性，依法無我如實現觀空性，專取寂滅涅槃体性，並實証之，遂証有餘依涅槃，得滅盡定。外法無性之如實現觀，已經具足，成一切智—大乘無學，是名菩薩摩訶薩善觀外性非性。

「云何菩薩摩訶薩善離生住滅見？謂如幻夢一切性，自他俱性不生；隨入自心分齊故，見外性非性，見識不生，及緣不積聚；見妄想緣生，於三界、內外一切法不可得；見離自性，生見悉滅。知如幻等諸法自性，得無生法忍。得無生法忍已，離生住滅見，是名菩薩摩訶薩善分別離生住滅見。」

《「如何是菩薩善於遠離生住滅之邪見？此是說一切法幻化、陽焰、如夢，一切法皆如是緣起緣滅，自性不生，他性亦不生，故無共性生；由此菩薩隨其現觀諸法由自心現，而入自心本際安住其七轉識妄心故，現見外法皆無自性，現見諸識不能自生，及見衆緣不能積聚不散；以如是現觀故，見虛妄想皆依六塵衆緣而生，於三界九地觀一切法、於五陰內外觀一切法皆不可得；現見一切法皆離自性，一切法自生常住不壞之邪見全部滅除。了知如幻、陽焰、如夢三位中所有一切法自性皆是生住異滅，無自体性，依於本來無生之自心而有，菩薩爾時如實現觀已，名爲証得初地無生法忍──生如來家。証得初地無生法忍以後，眞實遠離自心生住滅邪見；如是名爲菩薩摩訶薩善於分別遠離生住滅見。」》

「云何菩薩摩訶薩善離生住滅見？謂如幻夢一切性，自他俱性不生；」菩薩摩訶薩欲由眞見道位（破參明心而不退失）進修至六地証滅盡定者，須以初地無生法忍爲首要之修証目標，非如二乘唯修俱解脫果，不修無生法忍；初地至佛地皆是無生法忍故，十二地是成佛必修之進階故。然一切菩薩眞見道後欲入初地者，復須以幻化、陽焰、如夢三種現觀而作觀行，方得滿足三賢位之勝解而入通達位，完成第一阿僧祇劫修行。

而此眞見道位菩薩成阿毘跋致（不退轉住）已，須作世界如幻之觀行，觀世界悉皆幻化，從無而有，無常消磨，漸漸變壞，以之對照藏識之本來無生、体永不壞，則世界如幻之觀行漸得成就—現觀世界山河大地草木風水悉皆如幻，心外器界無有一法是恒常不壞者；時世既依器界之運轉而施設，則世亦虛幻，非實有法；界與世悉皆虛幻，則世界如幻觀成就。

世界如幻之觀行如實現見後，復須於十行位中現觀：見自心所生七識妄心，以親所緣緣諸心所法，於如幻世界一切法中追逐不捨；譬如渴鹿於熱沙地所現陽焰作水性想，衆生亦復如是，於世界諸法有爲之中，起眞實想，妄心七識於中追逐，如諸渴鹿追逐陽焰；菩薩摩訶薩如是眞實現觀已，不復外求世界中一切五欲諸法；心不顚倒，正知捨壽，正知入胎，乃至遠離瞋恨、痴亂，心無所著，尊重三寶，修諸善法，行眞實菩薩行；如是說此菩薩摩訶薩成就陽焰現觀，滿足十行位修行。

陽焰觀行滿足已，復依自心現量所見，修十種迴向；於十迴向位修習中，仍依自心現量所見如幻、陽焰觀，觀見菩薩廣修六度萬行，悉皆如夢—於幻起幻滅之世界萬法中，行諸自利利他之善淨法；對照三世之菩薩六度萬行，猶如昨夢，無一非眞—世人現見其有，菩薩見其非有非無—雖有而非常恒，六度所行萬法皆悉如夢，無有常住不壞者；返觀自心藏識空性從來不滅，後永不生，則離生住滅見，現見一切有情自他本心藏識，俱是不生体性；菩薩如是現觀已，謂彼已如實知「如幻夢一切法」，了知「自他俱性不生」。

「隨入自心分齊故，見外性非性，見識不生，及緣不積聚；」菩薩依「自心現行一切法」之証量，修習如幻、陽焰、如夢現觀，其七轉識隨入自心藏識本際安住，如實觀見心外一切法皆無常住不壞体性；現見諸識悉由藏識而生，不能自生；亦見藏識空性於三界中之現行，須依衆緣方能成就，而此衆緣不能永遠積聚不散，終歸散滅。

「見妄想緣生，於三界、內外一切法不可得；見離自性，生見悉滅。知如幻等諸法自性，得無生法忍。」親見一切虛妄想皆依六塵衆緣而生，便能觀見三界九地萬法及五陰內外一切法悉非實有、緣起緣滅；現見三界及五陰內外一切法皆無自性，「一切法自生、常住不壞」之邪見，即得全部滅除。

「一切法自生、常住不壞」，此是邪見，於佛門內外隨處可見：譬如現今長江南北及台灣本島諸多弘法大師，密宗一切法王仁波切，藏密古今一切應成自續中觀師，悉墮「一切法自生、常住不壞」邪見中；謂此諸人同以空明覺知心、寂而常照之能覺能觀心爲本有常住之心，然實此心即是意識。此心不因修除妄想而轉成第八識，乃至佛地仍是意識，仍有此識與眞如並存。此心夜夜斷滅不現，轉入夢中時方又現起；隨又眠熟不現，醒時方又現起；旣是夜夜斷滅不現，滅已即是無法，無法不能於翌晨復行自起，必是依於他法方能生起。除自心藏識之外，一切法皆不自生，非常住不壞心故。今者末法佛門之中，廣有師徒同諸常見外道，墮於「一切法自生、常住不壞」邪見中，執意識爲「不生滅、能自生」之法，是故不入大乘見道位中，亦不能入二乘見道位中；二乘初果見道者，悉見此意識意根之不自生，亦見意識之易斷易滅及易依他而生故。

菩薩由於親見自心之外一切法悉無自性，遂離一切法有自性之邪見，名爲「見離自性」，見地已離一切法有自性故；由「見」離自性故，一切法自生之邪見悉滅。由此了知一切法如幻、陽焰、如夢等自性—依本來不生之藏識所持業愛種子而生，現見諸法中有本來無生之藏識空性，是名菩薩初得無生法忍，入歡喜地；心大歡喜，心常調柔；離異生性，發起聖性，名爲佛之眞子—生如來家。

「得無生法忍已，離生住滅見，是名菩薩摩訶薩善分別離生住滅見。」菩薩欲實証無生法忍者，必須親見萬法中有本來無生之空性心，而能安忍此一見地，方得名爲無生法忍。欲如是見、如是安忍者，必須先於四威儀中証知意識心外別有本來無生之藏識空性，証已心不生疑，而能認定空性心是眞、心得安住者，名爲阿毘跋致（不退轉住），即名証得大乘無生忍；是故，覓得藏識眞心，入眞見道位，乃是一切大乘學人當務之急。

依七住眞見道之大乘無生忍—人無我智—能進修三賢位之如幻、陽焰、如夢三觀；如實現觀已，發起聖性，智慧通利，能於三界九地一切有情所觸萬法之中，具足了知悉有本來無生之法—藏識空性，斯人名爲証得初地相見道之無生法忍—法無我智；是人永不住於生住滅見，親見不滅不生之藏識空性，遍一切法中永不壞故，是名菩薩摩訶薩善分別離生住滅見。

「云何菩薩摩訶薩得自覺聖智善樂？謂得無生法忍，住第八菩薩地，得離心、意、意識、五法、自性、二無我相，得意生身。」—

疏：《「如何是菩薩摩訶薩獲得自覺聖智善樂？此謂菩薩証得無生法忍以後，次第進修而住於第八地中，能遠離心、意、意識、五法、三自性、二種無我等等法相，証得意生身。」》

第四種修行無間之法，乃謂菩薩証得無生法忍，入初地已，了知空性心、意根、意識、五法、三自性及二種無我已，起道種智而生大慧；然不因此得少爲足，復依佛教，次第上進，依初地猶如鏡像現觀，歷觀光影、谷響、水月、變化所成、非有似有，乃入六地証滅盡定，成無生法忍俱解脫無學。

復入七地起諸方便善巧，於初地至六地所修諸種境界及與觀行，重新起觀，成就極細相觀，具足方便波羅蜜，能於念念間入滅盡定，於相於土無有不能變現者，唯仍須起作意而後能變。此菩薩由念念入滅盡定故，心極寂靜，若非初地所發極重十無盡願所持，捨壽往往取無餘涅槃，是故世尊必予加持，授予「引發如來無量妙智三昧」，令發受生願─永不取無餘涅槃，世世受生自度度他乃至成佛。菩薩依佛加持及所傳三昧，捨七地心，入第八地。於第八地中，由七地滿証方便波羅蜜多，及八地「引發如來無量妙智三昧」及佛神力加持，於六地前所修「心、意、意識、五法、三自性、二種無我」等等法相，即能遠離。由此法執離故，証得八地如幻三昧意生身。

以上所述即是菩薩摩訶薩四種修行無間，知此方便者，方得成就此四法，成就此四法者，方得名為大修行者；某密宗在家大德，原為高官；以官威故，於惟覺法師處習禪，一時朝野側目；後改習密，以於拙著《平實書箋》曾評密教故，心生不悅，來電責余，謂余不應於書中提及密宗，更不應評論密勒日巴、宗喀巴等祖師；復訓令余應外出行腳參訪密宗大師，謂今台灣島內有許多密宗大修行者來此駐錫。余以機緣不具，未能謁拜密宗在台諸大修行者，乃請彼代爲安排；而彼大德允諾之後，甫一小時尋即翻悔，謂彼不能代爲安排，令余自行求覓；美事依舊不諧。余以彼大德所擁護之密宗大修行者非寡，而竟一一吝於賜見，必有緣故，乃蒐購彼大德出版社所印諸大修行者開示諸書；閱已大失所望，現見彼諸大修行者，於三乘見道之一悉皆未得（詳見拙著《宗門道眼》），皆墮常見外道法中；彼等諸人於六住菩薩四加行所証之「雙印能所取空」尚且未得，何況七住眞見道之見地？何況初地通達位之道種智？上來所說四種修行無間，更無論矣！云何可以狂言爲大修行者？何以故？大修行者得此四種修行無間大方便，能入第八地起意生身故。

「世尊！意生身者，何因緣？」佛告大慧：「意生身者：譬如意去，迅疾無礙，故名意生。譬如意去，石壁無礙；於彼異方無量由延，因先所見，憶念不忘，自心流注不絕，於身無障礙生。」

疏：《「世尊！八地菩薩所得意生身，以何因緣而得成就？」佛告大慧：

「所謂意生身者：譬如意識遠去他處，迅疾而無障礙，由意所引生，故名意生身。譬如意識離身遠行，石壁不能障礙；於彼遠處無數里外，因於先前所見，憶念不忘，欲見彼處，自心藏識流注識種而不斷絕，色身不能障礙彼之流注，隨意而去。」》

「大慧！如是意生身，得一時俱：菩薩摩訶薩意生身，如幻三昧力自在神通，妙相莊嚴聖種類身，一時俱生；猶如意生，無有障礙。隨所憶念本願境界，爲成就衆生，得自覺聖智善樂。」

疏：詳續第四輯中疏解，半年後出版。

佛菩提二主要道次第概要表——二道並修，以外無別佛法

佛菩提道——大菩提道

十信位修集信心——一劫乃至一萬劫

資糧位

初住位修集布施功德（以財施爲主）。

二住位修集持戒功德。

三住位修集忍辱功德。

四住位修集精進功德。

五住位修集禪定功德。

六住位修集般若功德（熏習般若中觀及斷我見，加行位也）。

外門廣修六度萬行

遠波羅蜜多

七住位明心般若正觀現前，親證本來自性清淨涅槃。

八住位起於一切法現觀般若中道。漸除性障。

十住位眼見佛性，世界如幻觀成就。

見道位

一至十行位，於廣行六度萬行中，依般若中道慧，現觀陰處界猶如陽焰，至第十行滿心位，陽焰觀成就。

一至十迴向位熏習一切種智；修除性障，唯留最後一分思惑不斷。第十迴向滿心位成就菩薩道如夢觀。

內門廣修六度萬行

初地：第十迴向位滿心時，成就道種智一分（八識心王一一親證後，領受五法、三自性、七種第一義、七種性自性、二種無我法）復由勇發十無盡願，成通達位菩薩。復又永伏性障而不具斷，能證慧解脫而不取證，由大願故留惑潤生。此地主修法施波羅蜜多及百法明門。證「猶如鏡像」現觀，故滿初地心。

二地：初地功德滿足以後，再成就道種智一分而入二地；主修戒波羅蜜多及一切種智。滿心位成就「猶如光影」現觀，戒行自然清淨。

解脫道：二乘菩提

斷三縛結，成初果解脫

薄貪瞋癡，成二果解脫

斷五下分結，成三果解脫

入地前的四加行令煩惱障現行悉斷，成四果解脫，留惑潤生。分段生死已斷，煩惱障習氣種子開始斷除，兼斷無始無明上煩惱。

近波羅蜜多

修道位

三地：二地滿心再證道種智一分，故入三地。此地主修忍波羅蜜多及四禪八定、四無量心、五神通。能成就俱解脫果而不取證，留惑潤生。滿心位成就「猶如谷響」現觀及無漏妙定意生身。

四地：由三地再證道種智一分故入四地。主修精進波羅蜜多，於此土及他方世界廣度有緣，無有疲倦。進修一切種智，滿心位成就「如水中月」現觀。

五地：由四地再證道種智一分故入五地。主修禪定波羅蜜多及一切種智，斷除下乘涅槃貪。滿心位成就「變化所成」現觀。

六地：由五地再證道種智一分故入六地。此地主修般若波羅蜜多——依道種智現觀十二因緣一一有支及意生身化身，皆自心眞如變化所現，「非有似有」，成就細相觀，不由加行而自然證得滅盡定，成俱解脫大乘無學。

七地：由六地「非有似有」現觀，再證道種智一分故入七地。此地主修一切種智及方便波羅蜜多，由重觀十二有支一一支中之流轉門及還滅門一切細相，成就方便善巧，念念隨入滅盡定。滿心位證得「如犍闥婆城」現觀。

七地滿心斷除故意保留之最後一分思惑時，煩惱障所攝色、受、想三陰有漏習氣種子全部斷盡。

大波羅蜜多

八地：由七地極細相觀成就故再證道種智一分而入八地。此地主修一切種智及願波羅蜜多。至滿心位純無相觀任運恆起，故於相土自在，滿心位復證「如實覺知諸法相意生身」故。

九地：由八地再證道種智一分故入九地。主修力波羅蜜多及一切種智，成就四無礙，滿心位證得「種類俱生無行作意生身」。

十地：由九地再證道種智一分故入此地。此地主修一切種智——智波羅蜜多。滿心位起大法智雲，及現起大法智雲所含藏種種功德，成受職菩薩。

等覺：由十地道種智成就故入此地。此地應修一切種智，圓滿等覺地無生法忍；於百劫中修集極廣大福德，以之圓滿三十二大人相及無量隨形好。

煩惱障所攝行、識二陰無漏習氣種子任運漸斷，所知障所攝上煩惱任運漸斷。

圓滿波羅蜜多

究竟位

妙覺：示現受生人間已斷盡煩惱障一切習氣種子，並斷盡所知障一切隨眠，永斷變易生死無明，成就大般涅槃，四智圓明。人間捨壽後，報身常住色究竟天利樂十方地上菩薩；以諸化身利樂有情，永無盡期，成就究竟佛道。

斷盡變易生死
成就大般涅槃

圓滿成就究竟佛果

佛子蕭平實 謹製
（二〇〇九、〇二 修訂）
（二〇一二、〇二 增補）

佛教正覺同修會〈修學佛道次第表〉

第一階段

* 以憶佛及拜佛方式修習動中定力。
* 學第一義佛法及禪法知見。
* 無相拜佛功夫成就。
* 具備一念相續功夫—動靜中皆能看話頭。
* 努力培植福德資糧，勤修三福淨業。

第二階段

* 參話頭，參公案。
* 開悟明心，一片悟境。
* 鍛鍊功夫求見佛性。
* 眼見佛性〈餘五根亦如是〉親見世界如幻，成就如幻觀。
* 學習禪門差別智。
* 深入第一義經典。
* 修除性障及隨分修學禪定。
* 修證十行位陽焰觀。

第三階段

* 學一切種智真實正理—楞伽經、解深密經、成唯識論…。
* 參究末後句。
* 解悟末後句。
* 透牢關—親自體驗所悟末後句境界，親見實相，無得無失。
* 救護一切眾生迴向正道。護持了義正法，修證十迴向位如夢觀。
* 發十無盡願，修習百法明門，親證猶如鏡像現觀。
* 修除五蓋，發起禪定。持一切善法戒。親證猶如光影現觀。
* 進修四禪八定、四無量心、五神通。進修大乘種智，求證猶如谷響現觀。

佛教正覺同修會 共修現況 及 招生公告 2016/1/16

一、共修現況：（請在共修時間來電，以免無人接聽。）

台北正覺講堂 103 台北市承德路三段 277 號九樓 捷運淡水線圓山站旁

Tel..**總機** 02-25957295（晚上）（**分機：九樓**辦公室 10、11；知客櫃檯 12、13。 **十樓**知客櫃檯 15、16；書局櫃檯 14。 **五樓**辦公室 18；知客櫃檯 19。**二樓**辦公室 20；知客櫃檯 21。）

Fax..25954493

第一講堂 台北市承德路三段 277 號九樓

禪淨班：週一晚上班、週三晚上班、週四晚上班、週五晚上班、週六下午班、週六上午班（皆須報名建立學籍後始可參加共修，欲報名者詳見本公告末頁）

增上班：瑜伽師地論詳解：每月第一、三、五週之週末 17.50～20.50 平實導師講解（僅限已明心之會員參加）

禪門差別智：每月第一週日全天 平實導師主講（事冗暫停）。

佛藏經詳解 平實導師主講。已於 2013/12/17 開講，歡迎已發成佛大願的菩薩種性學人，攜眷共同參與此殊勝法會聽講。詳解 釋迦世尊於《佛藏經》中所開示的眞實義理，更爲今時後世佛子四眾，闡述佛陀演說此經的本懷。眞實尋求佛菩提道的有緣佛子，親承聽聞如是勝妙開示，當能如實理解經中義理，亦能了知於大乘法中：如何是諸法實相？善知識、惡知識要如何簡擇？如何才是清淨持戒？如何才能清淨說法？於此末法之世，眾生五濁益重，不知佛、不解法、不識僧，唯見表相，不信眞實，貪著五欲，諸方大師不淨說法，各各將導大量徒眾趣入三塗，如是師徒俱堪憐憫。是故，平實導師以大慈悲心，用淺白易懂之語句，佐以實例、譬喻而爲演說，普令聞者易解佛意，皆得契入佛法正道，如實了知佛法大藏。

此經中，對於實相念佛多所著墨，亦指出念佛要點：以實相爲依，念佛者應依止淨戒、依止清淨僧寶，捨離違犯重戒之師僧，應受學清淨之法，遠離邪見。本經是現代佛門大法師所厭惡之經典：一者由於大法師們已全都落入意識境界而無法親證實相，故於此經中所說實相全無所知，都不樂有人聞此經名，以免讀後提出問疑時無法回答；二者現代大乘佛法地區，已經普被藏密喇嘛教滲透，許多有名之大法師們大多已曾或繼續在修練雙身法，都已失去聲聞戒體及菩薩戒體，成爲地獄種姓人，已非眞正出家之人，本質只是身著僧衣而住在寺院中的世俗人。這些人對於此經都是讀不懂的，也是極爲厭惡的；他們尚不樂見此經之印行，何況流通與講解？今爲救護廣大學佛人，兼欲護持佛教血脈永續常傳，特選此經宣講之。每逢週二 18.50~20.50 開示，不限制聽講資格。會外人士需憑身分證件換證入內聽講（此是大樓管理處之安全規定，敬請見諒）。桃園、台中、台南、高雄等地講堂，亦於每週二晚上播放平實導師所講本經之 DVD，不必出示身分證件即可入內聽講，歡迎各地善信同霑法益。

第二講堂　台北市承德路三段 267 號十樓。

禪淨班：週一晚上班、週六下午班。

進階班：週三晚上班、週四晚上班、週五晚上班（禪淨班結業後轉入共修）。

佛藏經詳解：平實導師講解。每週二 18.50~20.50（影像音聲即時傳輸）。本會學員憑上課證進入聽講，會外學人請以身分證件換證進入聽講（此爲大樓管理處安全管理規定之要求，敬請諒解）。

第三講堂　台北市承德路三段 277 號五樓。

進階班：週一晚上班、週三晚上班、週四晚上班、週五晚上班。

佛藏經詳解：平實導師講解。每週二 18.50~20.50（影像音聲即時傳輸）。本會學員憑上課證進入聽講，會外學人請以身分證件換證進入聽講（此爲大樓管理處安全管理規定之要求，敬請諒解）。

第四講堂　台北市承德路三段 267 號二樓。

進階班：週一晚上班、週三晚上班、週四晚上班、週五晚上班（禪淨班結業後轉入共修）。

佛藏經詳解：平實導師講解。每週二 18.50~20.50（影像音聲即時傳輸）。本會學員憑上課證進入聽講，會外學人請以身分證件換證進入聽講（此爲大樓管理處安全管理規定之要求，敬請諒解）。

第五、第六講堂　爲**開放式講堂**，不需以身分證件換證即可進入聽講，台北市承德路三段 267 號地下一樓、地下二樓。已規劃整修完成，每逢週二晚上講經時段開放給會外人士自由聽經，請由大樓側面梯階逕行進入聽講。**聽講者請尊重講者的著作權及肖像權，請勿錄音錄影，以免違法；若有錄音錄影被查獲者，將依法處理。**

正覺祖師堂　大溪鎮美華里信義路 650 巷坑底 5 之 6 號（台 3 號省道 34 公里處 妙法寺對面斜坡道進入）電話 03-3886110　傳真 03-3881692 本堂供奉 克勤圓悟大師，專供會員每年四月、十月各二次精進禪三共修，兼作本會出家菩薩掛單常住之用。除禪三時間以外，每逢單月第一週之週日 9:00~17:00 開放會內、外人士參訪，當天並提供午齋結緣。教內共修團體或道場，得另申請其餘時間作團體參訪，務請事先與常住確定日期，以便安排常住菩薩接引導覽，亦免妨礙常住菩薩之日常作息及修行。

桃園正覺講堂（第一、第二講堂）：桃園市介壽路 286、288 號 10 樓（陽明運動公園對面）電話：03-3749363（請於共修時聯繫，或與台北聯繫）

禪淨班：週一晚上班、週三晚上班、週四晚上班、週五晚上班。

進階班：週六上午班、週五晚上班。

佛藏經詳解：平實導師講解。每週二晚上，以台北正覺講堂所錄 DVD 放映；歡迎會外學人共同聽講，不需出示身分證件。

新竹正覺講堂 新竹市東光路 55 號二樓之一　電話 03-5724297（晚上）

第一講堂：

禪淨班：週一晚上班、週五晚上班、週六上午班。

進階班：週三晚上班、週四晚上班（由禪淨班結業後轉入共修）。

佛藏經詳解：平實導師講解。每週二晚上，以台北正覺講堂所錄 DVD 放映。歡迎會外學人共同聽講，不需出示身分證件。

第二講堂：

禪淨班：週三晚上班、週四晚上班。

佛藏經詳解：每週二晚上與第一講堂同時播放佛藏經詳解 DVD。

台中正覺講堂 04-23816090（晚上）

第一講堂 台中市南屯區五權西路二段 666 號 13 樓之四（國泰世華銀行樓上。鄰近縣市經第一高速公路前來者，由五權西路交流道可以快速到達，大樓旁有停車場，對面有素食館）。

禪淨班：週三晚上班、週四晚上班。

進階班：週一晚上班、週六上午班（由禪淨班結業後轉入共修）。

增上班：單週週末以台北增上班課程錄成 DVD 放映之，限已明心之會員參加。

佛藏經詳解：平實導師講解。每週二晚上，以台北正覺講堂所錄 DVD 放映。歡迎會外學人共同聽講，不需出示身分證件。

第二講堂 台中市南屯區五權西路二段 666 號 4 樓

禪淨班：週一晚上班、週三晚上班、週六上午班。

進階班：週五晚上班（由禪淨班結業後轉入共修）。

佛藏經詳解：每週二晚上與第一講堂同時播放佛藏經詳解 DVD。

第三講堂、第四講堂：台中市南屯區五權西路二段 666 號 4 樓。

嘉義正覺講堂 嘉義市友愛路 288 號八樓之一　電話：05-2318228

第一講堂：

禪淨班：週一晚上班、週四晚上班、週五晚上班。

進階班：週三晚上班（由禪淨班結業後轉入共修）。

佛藏經詳解：平實導師講解。每週二晚上，以台北正覺講堂所錄 DVD 放映。歡迎會外學人共同聽講，不需出示身分證件。

第二講堂 嘉義市友愛路 288 號八樓之二。

台南正覺講堂

第一講堂 台南市西門路四段 15 號 4 樓。06-2820541（晚上）

禪淨班：週一晚上班、週三晚上班、週四晚上班、週五晚上班、週六下午班。

增上班：單週週末下午，以台北增上班課程錄成 DVD 放映之，限已明心之會員參加。

佛藏經詳解：平實導師講解。每週二晚上，以台北正覺講堂所錄 DVD 放映。歡迎會外學人共同聽講，不需出示身分證件。

第二講堂　台南市西門路四段 15 號 3 樓。

佛藏經詳解：每週二晚上與第一講堂同時播放佛藏經詳解 DVD。

第三講堂　台南市西門路四段 15 號 3 樓。

進階班：週三晚上班、週四晚上班、週六上午班（由禪淨班結業後轉入共修）。

佛藏經詳解：每週二晚上與第一講堂同時播放佛藏經詳解 DVD。

高雄正覺講堂　高雄市新興區中正三路 45 號五樓 07-2234248（晚上）

第一講堂（五樓）：

禪淨班：週一晚上班、週三晚上班、週四晚上班、週五晚上班、週六上午班。

增上班：單週週末下午，以台北增上班課程錄成 DVD 放映之，限已明心之會員參加。

佛藏經詳解：平實導師講解。每週二晚上，以台北正覺講堂所錄 DVD 放映。歡迎會外學人共同聽講，不需出示身分證件。

第二講堂（四樓）：

進階班：週三晚上班、週四晚上班、週六上午班（由禪淨班結業後轉入共修）。

佛藏經詳解：每週二晚上與第一講堂同時播放佛藏經詳解 DVD。

第三講堂（三樓）：

進階班：週四晚上班（由禪淨班結業後轉入共修）。

香港正覺講堂　**☆已遷移新址☆**

九龍觀塘，成業街 10 號，電訊一代廣場 27 樓 E 室。

（觀塘地鐵站 B1 出口，步行約 4 分鐘）。電話：(852) 23262231

英文地址：Unit E, 27th Floor, TG Place, 10 Shing Yip Street, Kwun Tong, Kowloon

禪淨班：雙週六下午班 14:30-17:30，已經額滿。
雙週日下午班 14:30-17:30，2016 年 4 月底前尚可報名。

進階班：雙週五晚上班（由禪淨班結業後轉入共修）。

增上班：單週週末上午，以台北增上班課程錄成 DVD 放映之，限已明心之會員參加。

妙法蓮華經詳解：平實導師講解。雙週六 19:00-21:00，以台北正覺講堂所錄 DVD 放映；歡迎會外學人共同聽講，不需出示身分證件。

美國洛杉磯正覺講堂　☆已遷移新址☆

825 S. Lemon Ave Diamond Bar, CA 91798 U.S.A.
Tel. (909) 595-5222（請於週六 9:00~18:00 之間聯繫）
Cell. (626) 454-0607

禪淨班：每逢週末 15：30~17：30 上課。

進階班：每逢週末上午 10：00~12：00 上課。

佛藏經詳解：平實導師講解。每週六下午 13：00~15：00，以台北正覺講堂所錄 DVD 放映。歡迎各界人士共享第一義諦無上法益，不需報名。

二、招生公告　**本會台北講堂及全省各講堂，每逢四月、十月下旬開新班，每週共修一次**（每次二小時。開課日起三個月內仍可插班）；**但美國洛杉磯共修處之禪淨班得隨時插班共修。各班共修期間皆為二年半，欲參加者請向本會函索報名表**（各共修處皆於共修時間方有人執事，非共修時間請勿電詢或前來洽詢、請書），**或直接從本會官方網站**(http://www.enlighten.org.tw/newsflash/class)**或成佛之道網站下載報名表**。共修期滿時，若經報名禪三審核通過者，可參加四天三夜之禪三精進共修，有機會明心、取證如來藏，發起般若實相智慧，成為實義菩薩，脫離凡夫菩薩位。

三、新春禮佛祈福 農曆**年假**期間停止共修：自農曆新年前七天起停止共修與弘法，正月 8 日起回復共修、弘法事務。新春期間正月初一～初七 9.00～17.00 開放台北講堂、正月初一~初三開放新竹講堂、台中講堂、台南講堂、高雄講堂，以及大溪禪三道場（正覺祖師堂），方便會員供佛、祈福及會外人士請書。美國洛杉磯共修處之休假時間，請逕詢該共修處。

密宗四大派修雙身法，是外道性力派的邪法；又以生滅的識陰作為常住法，是常見外道，是假的藏傳佛教。

西藏覺囊巴以他空見弘揚第八識如來藏勝法，才是真藏傳佛教

佛教正覺同修會　弘法行事表

2017/03/31

1、**禪淨班**　以無相念佛及拜佛方式修習動中定力，實證一心不亂功夫。傳授解脫道正理及第一義諦佛法，以及參禪知見。共修期間：二年六個月。每逢四月、十月開新班，詳見招生公告表。

2、**《佛藏經》**詳解　平實導師主講。已於 2013/12/17 開講，歡迎已發成佛大願的菩薩種性學人，攜眷共同參與此殊勝法會聽講。詳解 釋迦世尊於《佛藏經》中所開示的眞實義理，更爲今時後世佛子四眾，闡述 佛陀演說此經的本懷。眞實尋求佛菩提道的有緣佛子，親承聽聞如是勝妙開示，當能如實理解經中義理，亦能了知於大乘法中：如何是諸法實相？善知識、惡知識要如何簡擇？如何才是清淨持戒？如何才能清淨說法？於此末法之世，眾生五濁益重，不知佛、不解法、不識僧，唯見表相，不信眞實，貪著五欲，諸方大師不淨說法，各各將導大量徒眾趣入三塗，如是師徒俱堪憐憫。是故，平實導師以大慈悲心，用淺白易懂之語句，佐以實例、譬喻而爲演說，普令聞者易解佛意，皆得契入佛法正道，如實了知佛法大藏。每逢週二 18.50~20.50 開示，不限制聽講資格。會外人士需憑身分證件換證入內聽講（此是大樓管理處之安全規定，敬請見諒）。桃園、新竹、台中、台南、高雄等地講堂，亦於每週二晚上播放平實導師講經之 DVD，不必出示身分證件即可入內聽講，歡迎各地善信同霑法益。

有某道場專弘淨土法門數十年，於教導信徒研讀《佛藏經》時，往往告誡信徒曰：「後半部不許閱讀。」由此緣故坐令信徒失去提升念佛層次之機緣，師徒只能低品位往生淨土，令人深覺愚癡無智。由有多人建議故，平實導師開始宣講《佛藏經》，藉以轉易如是邪見，並提升念佛人之知見與往生品位。此經中，對於實相念佛多所著墨，亦指出念佛要點：以實相爲依，念佛者應依止淨戒、依止清淨僧寶，捨離違犯重戒之師僧，應受學清淨之法，遠離邪見。本經是現代佛門大法師所厭惡之經典：一者由於大法師們已全都落入意識境界而無法親證實相，故於此經中所說實相全無所知，都不樂有人聞此經名，以免讀後提出問疑時無法回答；二者現代大乘佛法地區，已經普被藏密喇嘛教滲透，許多有名之大法師們大多已曾或繼續在修練雙身法，都已失去聲聞戒體及菩薩戒體，成爲地獄種姓人，已非眞正出家之人，本質上只是身著僧衣而住在寺院中的世俗人。這些人對於此經都是讀不懂的，也是極爲厭惡的；他們尚不樂見此經之印行，何況流通與講解？今爲救護廣大學佛人，兼欲護持佛教血脈永續常傳，特選此經宣講之，主講者平實導師。

3、**瑜伽師地論**詳解　詳解論中所言凡夫地至佛地等 17 師之修證境界與理論，從凡夫地、聲聞地……宣演到諸地所證一切種智之眞實正理。由平實導師開講，每逢一、三、五週之週末晚上開示，僅限已明心之會員參加。

4、**精進禪三**　主三和尚：平實導師。於四天三夜中，以克勤圓悟大師及大慧宗杲之禪風，施設機鋒與小參、公案密意之開示，幫助會員剋期取證，親證不生不滅之眞實心——人人本有之如來藏。每年四月、十月各舉辦二個梯次；平實導師主持。僅限本會會員參加禪淨班共修期滿，報名審核通過者，方可參加。並選擇會中定力、慧力、福德三條件皆已具足之已明心會員，給以指引，令得眼見自己無形無相之佛性遍佈山河大地，眞實而無障礙，得以肉眼現觀世界身心悉皆如幻，具足成就如幻觀，圓滿十住菩薩之證境。

5、**大法鼓經**詳解　詳解末法時代大乘佛法修行之道。佛教正法消毒妙藥塗於大鼓而以擊之，凡有眾生聞之者，一切邪見鉅毒悉皆消殞；此經即是大法鼓之正義，凡聞之者，所有邪見之毒悉皆滅除，見道不難；亦能發起菩薩無量功德，是故諸大菩薩遠從諸方佛土來此娑婆聞修此經。

本經破「有」而顯涅槃，以此名爲眞法；若墮在「有」中，皆名「非法」；若人如是宣揚佛法，名爲擊大法鼓；如是依「法」而捨「非法」，據以建立山門而爲眾說法，方可名爲法鼓山。此經中說，以「此經」爲菩薩道之本，以證得「此經」之正知見及法門作爲度人之「法」，方名眞實佛法，否則盡名「非法」。本經中對法與非法、有與涅槃，有深入之闡釋，歡迎教界一切善信（不論初機或久學菩薩），一同親沐 如來聖教，共沾法喜。由平實導師詳解。不限制聽講資格。

6、**不退轉法輪經**詳解　本經所說妙法極爲甚深難解，時至末法，已然無有知者；而其甚深絕妙之法，流傳至今依舊多人可證，顯示佛學眞是義學而非玄談，其中甚深極妙令人拍案稱絕之第一義諦妙義，平實導師將會加以解說。待《大法鼓經》宣講完畢時繼續宣講此經。

7、**阿含經**詳解　選擇重要之阿含部經典，依無餘涅槃之實際而加以詳解，令大眾得以現觀諸法緣起性空，亦復不墮斷滅見中，顯示經中所隱說之涅槃實際—如來藏—確實已於四阿含中隱說；令大眾得以聞後觀行，確實斷除我見乃至我執，證得**見到**眞現觀，乃至**身證**……等眞現觀；已得大乘或二乘見道者，亦可由此聞熏及聞後之觀行，除斷我所之貪著，成就慧解脫果。由平實導師詳解。不限制聽講資格。

8、**解深密經**詳解　重講本經之目的，在於令諸已悟之人明解大乘法道之成佛次第，以及悟後進修一切種智之內涵，確實證知三種自性性，並得據此證解七眞如、十眞如等正理。每逢週二 18.50~20.50 開示，由平實導師詳解。將於《大法鼓經》講畢後開講。不限制聽講資格。

9、**成唯識論**詳解　詳解一切種智眞實正理，詳細剖析一切種智之微細深妙廣大正理；並加以舉例說明，使已悟之會員深入體驗所證如來藏之微密行相；及證驗見分相分與所生一切法，皆由如來藏—阿賴耶識—直接或展轉而生，因此證知一切法無我，證知無餘涅槃之本際。將於增上班《瑜伽師地論》講畢後，由平實導師重講。僅限已明心之會員參加。

10、**精選如來藏系經典**詳解　精選如來藏系經典一部，詳細解說，以此完全印證會員所悟如來藏之眞實，得入不退轉住。另行擇期詳細解說之，由平實導師講解。僅限已明心之會員參加。

11、**禪門差別智**　藉禪宗公案之微細淆訛難知難解之處，加以宣說及剖析，以增進明心、見性之功德，啓發差別智，建立擇法眼。每月第一週日全天，由平實導師開示，僅限破參明心後，復又眼見佛性者參加（事冗暫停）。

12、**枯木禪**　先講智者大師的《小止觀》，後說《釋禪波羅蜜》，詳解四禪八定之修證理論與實修方法，細述一般學人修定之邪見與岔路，及對禪定證境之誤會，消除枉用功夫、浪費生命之現象。已悟般若者，可以藉此而實修初禪，進入大乘通教及聲聞教的三果心解脫境界，配合應有的大福德及後得無分別智、十無盡願，即可進入初地心中。親教師：平實導師。未來緣熟時將於大溪正覺寺開講。不限制聽講資格。

註：本會例行年假，自 2004 年起，改爲每年農曆新年前七天開始停息弘法事務及共修課程，農曆正月 8 日回復所有共修及弘法事務。新春期間（每日 9.00~17.00）開放台北講堂，方便會員禮佛祈福及會外人士請書。大溪區的正覺祖師堂，開放參訪時間，詳見〈正覺電子報〉或成佛之道網站。本表得因時節因緣需要而隨時修改之，不另作通知。

佛教正覺同修會　贈閱書籍 目錄　2015/09/29

1.**無相念佛**　平實導師著　回郵 10 元
2.**念佛三昧修學次第**　平實導師述著　回郵 25 元
3.**正法眼藏—護法集**　平實導師述著　回郵 35 元
4.**真假開悟簡易辨正法&佛子之省思**　平實導師著　回郵 3.5 元
5.**生命實相之辨正**　平實導師著　回郵 10 元
6.**如何契入念佛法門**（附：印順法師否定極樂世界）平實導師著　回郵 3.5 元
7.**平實書箋**—答元覽居士書　平實導師著　回郵 35 元
8.**三乘唯識**—如來藏系經律彙編　平實導師編　回郵 80 元
（精裝本　長 27 cm　寬 21 cm　高 7.5 cm　重 2.8 公斤）
9.**三時繫念全集**—修正本　回郵掛號 40 元（長 26.5 cm×寬 19 cm）
10.**明心與初地**　平實導師述　回郵 3.5 元
11.**邪見與佛法**　平實導師述著　回郵 20 元
12.**菩薩正道**—回應義雲高、釋性圓…等外道之邪見　正燦居士著　回郵 20 元
13.**甘露法雨**　平實導師述　回郵 20 元
14.**我與無我**　平實導師述　回郵 20 元
15.**學佛之心態**—修正錯誤之學佛心態始能與正法相應　孫正德老師著　回郵35元
附錄：平實導師著**《略說八、九識並存…等之過失》**
16.**大乘無我觀**—《悟前與悟後》別說　平實導師述著　回郵 20 元
17.**佛教之危機**—中國台灣地區現代佛教之真相（附錄：公案拈提六則）
平實導師著　回郵 25 元
18.**燈　影**—燈下黑（覆「求教後學」來函等）　平實導師著　回郵 35 元
19.**護法與毀法**—覆上平居士與徐恒志居士網站毀法二文
張正圜老師著　回郵 35 元
20.**淨土聖道**—兼評**選擇本願念佛**　正德老師著　**由正覺同修會購贈**　回郵 25 元
21.**辨唯識性相**—對「紫蓮心海《辯唯識性相》書中否定阿賴耶識」之回應
正覺同修會 台南共修處法義組 著　回郵 25 元
22.**假如來藏**—對法蓮法師《如來藏與阿賴耶識》書中否定阿賴耶識之回應
正覺同修會 台南共修處法義組 著　回郵 35 元
23.**入不二門**—公案拈提集錦 第一輯（於平實導師公案拈提諸書中選錄約二十則，
合輯爲一冊流通之）平實導師著　回郵 20 元
24.**真假邪說**—西藏密宗索達吉喇嘛《破除邪說論》真是邪說
釋正安法師著　回郵 35 元
25.**真假開悟**—真如、如來藏、阿賴耶識間之關係　平實導師述著　回郵 35 元
26.**真假禪和**—辨正釋傳聖之謗法謬說　孫正德老師著　回郵 30 元

27.**眼見佛性**—駁慧廣法師眼見佛性的含義文中謬說

游正光老師著　回郵 25 元

28.**普門自在**—公案拈提集錦 第二輯（於平實導師公案拈提諸書中選錄約二十則，合輯爲一冊流通之）平實導師著　回郵 25 元

29.**印順法師的悲哀**—以現代禪的質疑為線索　恒毓博士著　回郵 25 元

30.**識蘊真義**—現觀識蘊內涵、取證初果、親斷三縛結之具體行門。

—依《成唯識論》及《惟識述記》正義，略顯安慧《大乘廣五蘊論》之邪謬

平實導師著　回郵 35 元

31.**正覺電子報** 各期紙版本　免附回郵　每次最多函索三期或三本。

（已無存書之較早各期，不另增印贈閱）

32.**現代人應有的宗教觀**　蔡正禮老師 著　回郵 3.5 元

33.**遠惑趣道**—正覺電子報般若信箱問答錄　第一輯　回郵 20 元

34.**遠惑趣道**—正覺電子報般若信箱問答錄　第二輯　回郵 20 元

35.**確保您的權益**—器官捐贈應注意自我保護　游正光老師 著　回郵 10 元

36.**正覺教團電視弘法三乘菩提 DVD 光碟（一）**

由正覺教團多位親教師共同講述錄製 DVD 8 片，MP3 一片，共 9 片。有二大講題：一爲「三乘菩提之意涵」，二爲「學佛的正知見」。內容精闢，深入淺出，精彩絕倫，幫助大眾快速建立三乘法道的正知見，免被外道邪見所誤導。有志修學三乘佛法之學人不可不看。（製作工本費 100 元，回郵 25 元）

37.**正覺教團電視弘法 DVD 專輯（二）**

總有二大講題：一爲「三乘菩提之念佛法門」，一爲「學佛正知見（第二篇）」，由正覺教團多位親教師輪番講述，內容詳細闡述如何修學念佛法門、實證念佛三昧，以及學佛應具有的正確知見，可以幫助發願往生西方極樂淨土之學人，得以把握往生，更可令學人快速建立三乘法道的正知見，免於被外道邪見所誤導。有志修學三乘佛法之學人不可不看。（一套 17 片，工本費 160 元。回郵 35 元）

38.**佛藏經** 燙金精裝本　每冊回郵 20 元。正修佛法之道場欲大量索取者，請正式發函並蓋用大印寄來索取（2008.04.30 起開始敬贈）

39.**喇嘛性世界**—揭開假藏傳佛教譚崔瑜伽的面紗　張善思 等人合著

由正覺同修會購贈　回郵 20 元

40.**假藏傳佛教的神話**—性、謊言、喇嘛教　張正玄教授編著　回郵 20 元

由正覺同修會購贈　回郵 20 元

41.**隨 緣**—理隨緣與事隨緣　平實導師述　回郵 20 元。

42.**學佛的覺醒**　正枝居士 著　回郵 25 元

43.**導師之真實義**　蔡正禮老師 著　回郵 10 元

44.**淺談達賴喇嘛之雙身法**—兼論解讀「密續」之達文西密碼

吳明芷居士 著　回郵 10 元

45.**魔界轉世**　張正玄居士 著　回郵 10 元

46.**一貫道與開悟**　蔡正禮老師 著　回郵 10 元

47.**博愛**—愛盡天下女人　正覺教育基金會 編印　回郵10元

48.**意識虛妄經教彙編**—實證解脫道的關鍵經文　正覺同修會編印　回郵25元

49.**邪箭囈語**—破斥藏密外道多識仁波切《破魔金剛箭雨論》之邪說

陸正元老師著　上、下冊回郵各30元

50.**真假沙門**—依 佛聖教闡釋佛教僧寶之定義

蔡正禮老師著　俟正覺電子報連載後結集出版

51.**真假禪宗**—藉評論釋性廣《印順導師對變質禪法之批判

及對禪宗之肯定》以顯示真假禪宗

附論一：凡夫知見 無助於佛法之信解行證

附論二：世間與出世間一切法皆從如來藏實際而生而顯

余正偉老師著　俟正覺電子報連載後結集出版　回郵未定

52.**假鋒虛焰金剛乘**—揭示顯密正理，兼破索達吉師徒《般若鋒兮金剛焰》。

釋正安 法師著　俟正覺電子報連載後結集出版

★ 上列贈書之郵資，係台灣本島地區郵資，大陸、港、澳地區及外國地區，請另計酌增（大陸、港、澳、國外地區之郵票不許通用）。尚未出版之書，請勿先寄來郵資，以免增加作業煩擾。

★ 本目錄若有變動，唯於後印之書籍及「成佛之道」網站上修正公佈之，不另行個別通知。

函索書籍請寄：佛教正覺同修會　103台北市承德路3段277號9樓

台灣地區函索書籍者請附寄郵票，無時間購買郵票者可以等值現金抵用，但不接受郵政劃撥、支票、匯票。大陸地區得以人民幣計算，國外地區請以美元計算（請勿寄來當地郵票，在台灣地區不能使用）。欲以掛號寄遞者，請另附掛號郵資。

親自索閱：正覺同修會各共修處。　★請於共修時間前往取書，餘時無人在道場，請勿前往索取；共修時間與地點，詳見書末正覺同修會共修現況表（以近期之共修現況表為準）。

註：正智出版社發售之局版書，請向各大書局購閱。若書局之書架上已經售出而無陳列者，請向書局櫃台指定洽購；若書局不便代購者，請於正覺同修會共修時間前往各共修處請購，正智出版社已派人於共修時間送書前往各共修處流通。 郵政劃撥購書及 大陸地區 購書，請詳別頁正智出版社發售書籍目錄最後頁之說明。

成佛之道 網站：http://www.a202.idv.tw　正覺同修會已出版之結緣書籍，多已登載於 成佛之道 網站，若住外國、或住處遙遠，不便取得正覺同修會贈閱書籍者，可以從本網站閱讀及下載。　書局版之《宗通與說通》亦已上網，台灣讀者可向書局洽購，售價300元。《狂密與眞密》第一輯~第四輯，亦於 2003.5.1.全部於本網站登載完畢；台灣地區讀者請向書局洽購，每輯約400頁，售價300元（網站下載紙張費用較貴，容易散失，難以保存，亦較不精美）。

＊＊假藏傳佛教修雙身法，非佛教＊＊

正智出版社 籌募弘法基金發售書籍目錄 2017/09/17

1.**宗門正眼**—公案拈提 第一輯 重拈 平實導師著 500 元
因重寫內容大幅度增加故，字體必須改小，並增為 576 頁 主文 546 頁。比初版更精彩、更有內容。初版《禪門摩尼寶聚》之讀者，可寄回本公司免費調換新版書。免附回郵，亦無截止期限。（2007 年起，每冊附贈本公司精製公案拈提〈超意境〉CD 一片。市售價格 280 元，多購多贈。）

2.**禪淨圓融** 平實導師著 200 元（第一版舊書可換新版書。）

3.**真實如來藏** 平實導師著 400 元

4.**禪—悟前與悟後** 平實導師著 上、下冊，每冊 250 元

5.**宗門法眼**—公案拈提 第二輯 平實導師著 500 元
（2007 年起，每冊附贈本公司精製公案拈提〈超意境〉CD 一片）

6.**楞伽經詳解** 平實導師著 全套共 10 輯 每輯 250 元

7.**宗門道眼**—公案拈提 第三輯 平實導師著 500 元
（2007 年起，每冊附贈本公司精製公案拈提〈超意境〉CD 一片）

8.**宗門血脈**—公案拈提 第四輯 平實導師著 500 元
（2007 年起，每冊附贈本公司精製公案拈提〈超意境〉CD 一片）

9.**宗通與說通**—成佛之道 平實導師著 主文 381 頁 全書 400 頁售價 300 元

10.**宗門正道**—公案拈提 第五輯 平實導師著 500 元
（2007 年起，每冊附贈本公司精製公案拈提〈超意境〉CD 一片）

11.**狂密與真密 一～四輯** 平實導師著 西藏密宗是人間最邪淫的宗教，本質不是佛教，只是披著佛教外衣的印度教性力派流毒的喇嘛教。此書中將西藏密宗密傳之男女雙身合修樂空雙運所有祕密與修法，毫無保留完全公開，並將全部喇嘛們所不知道的部分也一併公開。內容比大辣出版社喧騰一時的《西藏慾經》更詳細。並且函蓋藏密的所有祕密及其錯誤的中觀見、如來藏見……等，藏密的所有法義都在書中詳述、分析、辨正。每輯主文三百餘頁 每輯全書約 400 頁 售價每輯 300 元

12.**宗門正義**—公案拈提 第六輯 平實導師著 500 元
（2007 年起，每冊附贈本公司精製公案拈提〈超意境〉CD 一片）

13.**心經密意**—心經與解脫道、佛菩提道、祖師公案之關係與密意 平實導師述 300 元

14.**宗門密意**—公案拈提 第七輯 平實導師著 500 元
（2007 年起，每冊附贈本公司精製公案拈提〈超意境〉CD 一片）

15.**淨土聖道**—兼評「選擇本願念佛」 正德老師著 200 元

16.**起信論講記** 平實導師述著 共六輯 每輯三百餘頁 售價各 250 元

17.**優婆塞戒經講記** 平實導師述著 共八輯 每輯三百餘頁 售價各 250 元

18.**真假活佛**—略論附佛外道盧勝彥之邪說（對前岳靈犀網站主張「盧勝彥是證悟者」之修正） 正犀居士（岳靈犀）著 流通價 140 元

19.**阿含正義**—唯識學探源 平實導師著 共七輯 每輯 300 元

20.**超意境** CD 以平實導師公案拈提書中超越意境之頌詞，加上曲風優美的旋律，錄成令人嚮往的超意境歌曲，其中包括正覺發願文及平實導師親自譜成的黃梅調歌曲一首。詞曲雋永，殊堪翫味，可供學禪者吟詠，有助於見道。內附設計精美的彩色小冊，解說每一首詞的背景本事。每片 280 元。【每購買公案拈提書籍一冊，即贈送一片。】

21.**菩薩底憂鬱** CD 將菩薩情懷及禪宗公案寫成新詞，並製作成超越意境的優美歌曲。 1.主題曲〈菩薩底憂鬱〉，描述地後菩薩能離三界生死而迴向繼續生在人間，但因尚未斷盡習氣種子而有極深沈之憂鬱，非三賢位菩薩及二乘聖者所知，此憂鬱在七地滿心位方才斷盡；本曲之詞中所說義理極深，昔來所未曾見；此曲係以優美的情歌風格寫詞及作曲，聞者得以激發嚮往諸地菩薩境界之大心，詞、曲都非常優美，難得一見；其中勝妙義理之解說，已印在附贈之彩色小冊中。 2.以各輯公案拈提中直示禪門入處之頌文，作成各種不同曲風之超意境歌曲，值得玩味、參究；聆聽公案拈提之優美歌曲時，請同時閱讀內附之印刷精美說明小冊，可以領會超越三界的證悟境界；未悟者可以因此引發求悟之意向及疑情，眞發菩提心而邁向求悟之途，乃至因此眞實悟入般若，成眞菩薩。 3.正覺總持咒新曲，總持佛法大意；總持咒之義理，已加以解說並印在隨附之小冊中。本 CD 共有十首歌曲，長達 63 分鐘。每盒各附贈二張購書優惠券。每片 280 元。

22.**禪意無限** CD 平實導師以公案拈提書中偈頌寫成不同風格曲子，與他人所寫不同風格曲子共同錄製出版，幫助參禪人進入禪門超越意識之境界。盒中附贈彩色印製的精美解說小冊，以供聆聽時閱讀，令參禪人得以發起參禪之疑情，即有機會證悟本來面目而發起實相智慧，實證大乘菩提般若，能如實證知般若經中的眞實意。本 CD 共有十首歌曲，長達 69 分鐘，每盒各附贈二張購書優惠券。每片 280 元。

23.**我的菩提路**第一輯　釋悟圓、釋善藏等人合著　售價 300 元

24.**我的菩提路**第二輯　郭正益、張志成等人合著　售價 300 元

25.**我的菩提路**第三輯　王美伶等人合著　售價 300 元

26.**鈍鳥與靈龜**—考證後代凡夫對大慧宗杲禪師的無根誹謗。

平實導師著 共 458 頁 售價 350 元

27.**維摩詰經講記** 平實導師述 共六輯 每輯三百餘頁 售價各 250 元

28.**真假外道**—破劉東亮、杜大威、釋證嚴常見外道見 正光老師著 200 元

29.**勝鬘經講記**—兼論印順《勝鬘經講記》對於《勝鬘經》之誤解。

平實導師述　共六輯　每輯三百餘頁　售價 250 元

30.**楞嚴經講記** 平實導師述 共 **15** 輯，每輯三百餘頁 售價 300 元

31.**明心與眼見佛性**—駁慧廣〈蕭氏「眼見佛性」與「明心」之非〉文中謬說

正光老師著　共 448 頁　售價 300 元

32.**見性與看話頭** 黃正倖老師 著，本書是禪宗參禪的方法論。

內文 375 頁，全書 416 頁，售價 300 元。

33.**達賴真面目**—玩盡天下女人 白正偉老師 等著 中英對照彩色精裝大本 800元
34.**喇嘛性世界**—揭開假藏傳佛教譚崔瑜伽的面紗　張善思 等人著　200元
35.**假藏傳佛教的神話**—性、謊言、喇嘛教　正玄教授編著　200元
36.**金剛經宗通**　平實導師述　共九輯　每輯售價250元。
37.**空行母**—性別、身分定位，以及藏傳佛教。
珍妮·坎貝爾著 呂艾倫 中譯 售價250元
38.**末代達賴**—性交教主的悲歌　張善思、呂艾倫、辛燕編著 售價250元
39.**霧峰無霧**—給哥哥的信　辨正釋印順對佛法的無量誤解
游宗明 老師著　售價250元
40.**第七意識與第八意識？**—穿越時空「超意識」
平實導師述　每冊300元
41.**黯淡的達賴**—失去光彩的諾貝爾和平獎
正覺教育基金會編著　每冊250元
42.**童女迦葉考**—論呂凱文〈佛教輪迴思想的論述分析〉之謬。
平實導師 著 定價180元
43.**人間佛教**—實證者必定不悖三乘菩提
平實導師 述，定價400元
44.**實相經宗通**　平實導師述　共八輯　每輯250元
45.**真心告訴您(一)**—達賴喇嘛在幹什麼？
正覺教育基金會編著　售價250元
46.**中觀金鑑**—詳述應成派中觀的起源與其破法本質
孫正德老師著　分為上、中、下三冊，每冊250元
47.**佛法入門**—迅速進入三乘佛法大門，消除久學佛法漫無方向之窘境。
○○居士著　將於正覺電子報連載後出版。售價250元
48.**藏傳佛教要義**—《狂密與真密》之簡體字版　平實導師 著 上、下冊
僅在大陸流通　每冊300元
49.**法華經講義**　平實導師述　共二十五輯　每輯300元
已於2015/05/31起開始出版，每二個月出版一輯
50.**西藏「活佛轉世」制度**—附佛、造神、世俗法
許正豐、張正玄老師合著　定價150元
51.**廣論三部曲**　郭正益老師著　定價150元
52.**真心告訴您(二)**—達賴喇嘛是佛教僧侶嗎？
—補祝達賴喇嘛八十大壽
正覺教育基金會編著　售價300元
53.**次法**—實證佛法前應有的條件
張善思居士著　分為上、下二冊，每冊250元
54.**廣論之平議**—宗喀巴《菩提道次第廣論》之平議　正雄居士著
約二或三輯　俟正覺電子報連載後結集出版　書價未定
55.**末法導護**—對印順法師中心思想之綜合判攝　正慶老師著　書價未定
56.**菩薩學處**—菩薩四攝六度之要義　陸正元老師著　出版日期未定。

57.**八識規矩頌**詳解　○○居士 註解　出版日期另訂　書價未定。
58.**印度佛教史**—法義與考證。依法義史實評論印順《印度佛教思想史、佛教史地考論》之謬說　正偉老師著　出版日期未定　書價未定
59.**中國佛教史**—依中國佛教正法史實而論。○○老師 著　書價未定。
60.**中論正義**—釋龍樹菩薩《中論》頌正理。
孫正德老師著　出版日期未定　書價未定
61.**中觀正義**—註解平實導師《中論正義頌》。
○○法師（居士）著　出版日期未定　書價未定
62.**佛藏經講記**　平實導師述　出版日期未定　書價未定
63.**阿含經講記**—將選錄四阿含中數部重要經典全經講解之，講後整理出版。
平實導師述　約二輯　每輯300元　出版日期未定
64.**實積經講記**　平實導師述　每輯三百餘頁 優惠價300元 出版日期未定
65.**解深密經講記**　平實導師述 約四輯　將於重講後整理出版
66.**成唯識論略解**　平實導師著　五～六輯　每輯300元　出版日期未定
67.**修習止觀坐禪法要講記**　平實導師述　每輯三百餘頁
將於正覺寺建成後重講、以講記逐輯出版　出版日期未定
68.**無門關**—《無門關》公案拈提　平實導師著　出版日期未定
69.**中觀再論**—兼述印順《中觀今論》謬誤之平議。正光老師著 出版日期未定
70.**輪迴與超度**—佛教超度法會之真義。
○○法師（居士）著　出版日期未定　書價未定
71.**《釋摩訶衍論》平議**—對偽稱龍樹所造《釋摩訶衍論》之平議
○○法師（居士）著　出版日期未定　書價未定
72.**正覺發願文**註解—以真實大願為因 得證菩提
正德老師著　出版日期未定　書價未定
73.**正覺總持咒**—佛法之總持　正圜老師著　出版日期未定　書價未定
74.**涅槃**—論四種涅槃　平實導師著　出版日期未定　書價未定
75.**三自性**—依四食、五蘊、十二因緣、十八界法，說三性三無性。
作者未定　出版日期未定
76.**道品**—從三自性說大小乘三十七道品　作者未定　出版日期未定
77.**大乘緣起觀**—依四聖諦七真如現觀十二緣起 作者未定　出版日期未定
78.**三德**—論解脫德、法身德、般若德。　作者未定　出版日期未定
79.**真假如來藏**—對印順《如來藏之研究》謬說之平議　作者未定 出版日期未定
80.**大乘道次第**　作者未定　出版日期未定　書價未定
81.**四緣**—依如來藏故有四緣。　作者未定　出版日期未定
82.**空之探究**—印順《空之探究》謬誤之平議　作者未定 出版日期未定
83.**十法義**—論阿含經中十法之正義　作者未定　出版日期未定
84.**外道見**—論述外道六十二見　作者未定　出版日期未定

正智出版社有限公司 書籍介紹

禪淨圓融：言淨土諸祖所未曾言，示諸宗祖師所未曾示；禪淨圓融，另闢成佛捷徑，兼顧自力他力，闡釋淨土門之速行易行道，亦同時揭櫫聖教門之速行易行道；令廣大淨土行者得免緩行難證之苦，亦令聖道門行者得以藉著淨土速行道而加快成佛之時劫。乃前無古人之超勝見地，非一般弘揚禪淨法門典籍也，先讀為快。平實導師著 200元。

宗門正眼—公案拈提第一輯：繼承克勤圜悟大師碧巖錄宗旨之禪門鉅作。先則舉示當代大法師之邪說，消弭當代禪門大師鄉愿之心態，摧破當今禪門「世俗禪」之妄談；次則旁通教法，表顯宗門正理；繼以道之次第，消弭古今狂禪；後藉言語及文字機鋒，直示宗門入處。悲智雙運，禪味十足，數百年來難得一睹之禪門鉅著也。平實導師著 500元（原初版書《禪門摩尼寶聚》，改版後補充為五百餘頁新書，總計多達二十四萬字，內容更精彩，並改名為《宗門正眼》，讀者原購初版《禪門摩尼寶聚》皆可寄回本公司免費換新，免附回郵，亦無截止期限）（2007年起，凡購買公案拈提第一輯至第七輯，每購一輯皆贈送本公司精製公案拈提〈超意境〉CD一片，市售價格280元，多購多贈）。

禪—悟前與悟後：本書能建立學人悟道之信心與正確知見，圓滿具足而有次第地詳述禪悟之功夫與禪悟之內容，指陳參禪中細微淆訛之處，能使學人明自眞心、見自本性。若未能悟入，亦能以正確知見辨別古今中外一切大師究係眞悟？或屬錯悟？便有能力揀擇，捨名師而選明師，後時必有悟道之緣。一旦悟道，遲者七次人天往返，便出三界，速者一生取辦。學人欲求開悟者，不可不讀。平實導師著。上、下冊共500元，單冊250元。

真實如來藏：如來藏眞實存在，乃宇宙萬有之本體，並非印順法師、達賴喇嘛等人所說之「唯有名相、無此心體」。如來藏是涅槃之本際，是一切有智之人竭盡心智、不斷探索而不能得之生命實相；是古今中外許多大師自以爲悟而當面錯過之生命實相。如來藏即是阿賴耶識，乃是一切有情本自具足、不生不滅之眞實心。當代中外大師於此書出版之前所未能言者，作者於本書中盡情流露、詳細闡釋。眞悟者讀之，必能增益悟境、智慧增上；錯悟者讀之，必能檢討自己之錯誤，免犯大妄語業；未悟者讀之，能知參禪之理路，亦能以之檢查一切名師是否眞悟。此書是一切哲學家、宗教家、學佛者及欲昇華心智之人必讀之鉅著。　平實導師著　售價400元。

宗門法眼—公案拈提第二輯：列舉實例，闡釋土城廣欽老和尚之悟處；並直示這位不識字的老和尚妙智橫生之根由，繼而剖析禪宗歷代大德之開悟公案，解析當代密宗高僧卡盧仁波切之錯悟證據，並例舉當代顯宗高僧、大居士之錯悟證據（凡健在者，爲免影響其名聞利養，皆隱其名）。藉辨正當代名師之邪見，向廣大佛子指陳禪悟之正道，彰顯宗門法眼。悲勇兼出，強捋虎鬚；慈智雙運，巧探驪龍；摩尼寶珠在手，直示宗門入處，禪味十足；若非大悟徹底，不能爲之。禪門精奇人物，允宜人手一冊，供作參究及悟後印證之圭臬。本書於2008年4月改版，增寫爲大約500頁篇幅，以利學人研讀參究時更易悟入宗門正法，以前所購初版首刷及初版二刷舊書，皆可免費換取新書。平實導師著　500元（2007年起，凡購買公案拈提第一輯至第七輯，每購一輯皆贈送本公司精製公案拈提〈超意境〉CD一片，市售價格280元，多購多贈）。

宗門道眼—公案拈提第三輯：繼宗門法眼之後，再以金剛之作略、慈悲之胸懷、犀利之筆觸，舉示寒山、拾得、布袋三大士之悟處，消弭當代錯悟者對於寒山大士……等之誤會及誹謗。　亦舉出民初以來與虛雲和尚齊名之蜀郡鹽亭袁煥仙夫子——南懷瑾老師之師，其「悟處」何在？並蒐羅許多眞悟祖師之證悟公案，顯示禪宗歷代祖師之睿智，指陳部分祖師、奧修及當代顯密大師之謬悟，作爲殷鑑，幫助禪子建立及修正參禪之方向及知見。假使讀者閱此書已，一時尚未能悟，亦可一面加功用行，一面以此宗門道眼辨別眞假善知識，避開錯誤之印證及歧路，可免大妄語業之長劫慘痛果報。欲修禪宗之禪者，務請細讀。平實導師著　售價500元（2007年起，凡購買公案拈提第一輯至第七輯，每購一輯皆贈送本公司精製公案拈提〈超意境〉CD一片，市售價格280元，多購多贈）。

楞伽經詳解：本經是禪宗見道者印證所悟眞僞之根本經典，亦是禪宗見道者悟後起修之依據經典；故達摩祖師於印證二祖慧可大師之後，將此經典連同佛鉢祖衣一併交付二祖，令其依此經典佛示金言、進入修道位，修學一切種智。由此可知此經對於眞悟之人修學佛道，是非常重要之一部經典。此經能破外道邪說，亦破佛門中錯悟名師之謬說，亦破禪宗部分祖師之狂禪：不讀經典、一向主張「一悟即成究竟佛」之謬執。並開示愚夫所行禪、觀察義禪、攀緣如禪、如來禪等差別，令行者對於三乘禪法差異有所分辨；亦糾正禪宗祖師古來對於如來禪之誤解，嗣後可免以訛傳訛之弊。此經亦是法相唯識宗之根本經典，禪者悟後欲修一切種智而入初地者，必須詳讀。　平實導師著，全套共十輯，已全部出版完畢，每輯主文約320頁，每冊約352頁，定價250元。

宗門血脈—公案拈提第四輯：末法怪象—許多修行人自以爲悟，每將無念靈知認作眞實；崇尙二乘法諸師及其徒衆，則將外於如來藏之緣起性空—無因論之無常空、斷滅空、一切法空—錯認爲 佛所說之般若空性。這兩種現象已於當今海峽兩岸及美加地區顯密大師之中普遍存在；人人自以爲悟，心高氣壯，便敢寫書解釋祖師證悟之公案，大多出於意識思惟所得，言不及義，錯誤百出，因此誤導廣大佛子同陷大妄語之地獄業中而不能自知。彼等書中所說之悟處，其實處處違背第一義經典之聖言量。彼等諸人不論是否身披袈裟，都非佛法宗門血脈，或雖有禪宗法脈之傳承，亦只徒具形式；猶如螟蛉，非眞血脈，未悟得根本眞實故。禪子欲知 佛、祖之眞血脈者，請讀此書，便知分曉。平實導師著，主文452頁，全書464頁，定價500元（2007年起，凡購買公案拈提第一輯至第七輯，每購一輯皆贈送本公司精製公案拈提〈超意境〉CD一片，市售價格280元，多購多贈）。

宗通與說通：古今中外，錯誤之人如麻似粟，每以常見外道所說之靈知心，認作眞心；或妄想虛空之勝性能量爲眞如，或錯認物質四大元素藉冥性（靈知心本體）能成就吾人色身及知覺，或認初禪至四禪中之了知心爲不生不滅之涅槃心。此等皆非通宗者之見地。復有錯悟之人一向主張「宗門與教門不相干」，此即尙未通達宗門之人也。其實宗門與教門互通不二，宗門所證者乃是眞如與佛性，教門所說者乃說宗門證悟之眞如佛性，故教門與宗門不二。本書作者以宗教二門互通之見地，細說「宗通與說通」，從初見道至悟後起修之道、細說分明；並將諸宗諸派在整體佛教中之地位與次第，加以明確之教判，學人讀之即可了知佛法之梗概也。欲擇明師學法之前，允宜先讀。平實導師著，主文共381頁，全書392頁，只售成本價300元。

宗門正道—公案拈提第五輯：修學大乘佛法有二果須證—解脫果及大菩提果。二乘人不證大菩提果，唯證解脫果；此果之智慧，名為聲聞菩提、緣覺菩提。大乘佛子所證二果之菩提果為佛菩提，故名大菩提果，其慧名為一切種智—函蓋二乘解脫果。然此大乘二果修證，須經由禪宗之宗門證悟方能相應。而宗門證悟極難，自古已然；其所以難者，咎在古今佛教界普遍存在三種邪見：1.以修定認作佛法，2.以無因論之緣起性空—否定涅槃本際如來藏以後之一切法空作為佛法，3.以常見外道邪見（離語言妄念之靈知性）作為佛法。如是邪見，或因自身正見未立所致，或因邪師之邪教導所致，或因無始劫來虛妄熏習所致。若不破除此三種邪見，永劫不悟宗門真義、不入大乘正道，唯能外門廣修菩薩行。平實導師於此書中，有極為詳細之說明，有志佛子欲摧邪見、入於內門修菩薩行者，當閱此書。主文共496頁，全書512頁。售價500元（2007年起，凡購買公案拈提第一輯至第七輯，每購一輯皆贈送本公司精製公案拈提〈超意境〉CD一片，市售價格280元，多購多贈）。

狂密與真密：密教之修學，皆由有相之觀行法門而入，其最終目標仍不離顯教經典所說第一義諦之修證；若離顯教第一義經典、或違背顯教第一義經典，即非佛教。西藏密教之觀行法，如灌頂、觀想、遷識法、寶瓶氣、大聖歡喜雙身修法、喜金剛、無上瑜伽、大樂光明、樂空雙運等，皆是印度教兩性生生不息思想之轉化，自始至終皆以如何能運用交合淫樂之法達到全身受樂為其中心思想，純屬欲界五欲的貪愛，不能令人超出欲界輪迴，更不能令人斷除我見；何況大乘之明心與見性，更無論矣！故密宗之法絕非佛法也。而其明光大手印、大圓滿法教，又皆同以常見外道所說離語言妄念之無念靈知心錯認為佛地之真如，不能直指不生不滅之真如。西藏密宗所有法王與徒眾，都尚未開頂門眼，不能辨別真偽，以依人不依法、依密續不依經典故，不肯將其上師喇嘛所說對照第一義經典，純依密續之藏密祖師所說為準，因此而誇大其證德與證量，動輒謂彼祖師上師為究竟佛、為地上菩薩；如今台海兩岸亦有自謂其師證量高於 釋迦文佛者，然觀其師所述，猶未見道，仍在觀行即佛階段，尚未到禪宗相似即佛、分證即佛階位，竟敢標榜為究竟佛及地上法王，誑惑初機學人。凡此怪象皆是狂密，不同於真密之修行者。近年狂密盛行，密宗行者被誤導者極眾，動輒自謂已證佛地真如，自視為究竟佛，陷於大妄語業中而不知自省，反謗顯宗真修實證者之證量粗淺；或如義雲高與釋性圓…等人，於報紙上公然誹謗真實證道者為「騙子、無道人、人妖、癩蛤蟆…」等，造下誹謗大乘勝義僧之大惡業；或以外道法中有為有作之甘露、魔術……等法，誑騙初機學人，狂言彼外道法為真佛法。如是怪象，在西藏密宗及附藏密之外道中，不一而足，舉之不盡，學人宜應慎思明辨，以免上當後又犯毀破菩薩戒之重罪。密宗學人若欲遠離邪知邪見者，請閱此書，即能了知密宗之邪謬，從此遠離邪見與邪修，轉入真正之佛道。平實導師著 共四輯 每輯約400頁（主文約340頁）每輯售價300元。

宗門正義—公案拈提第六輯：佛教有六大危機，乃是藏密化、世俗化、膚淺化、學術化、宗門密意失傳、悟後進修諸地之次第混淆；其中尤以宗門密意之失傳，爲當代佛教最大之危機。由宗門密意失傳故，易令 世尊本懷普被錯解，易令 世尊正法被轉易爲外道法，以及加以淺化、世俗化，是故宗門密意之廣泛弘傳與具緣佛弟子，極爲重要。然而欲令宗門密意之廣泛弘傳予具緣之佛弟子者，必須同時配合錯誤知見之解析、普令佛弟子知之，然後輔以公案解析之直示入處，方能令具緣之佛弟子悟入。而此二者，皆須以公案拈提之方式爲之，方易成其功、竟其業，是故平實導師續作宗門正義一書，以利學人。 全書500餘頁，售價500元（2007年起，凡購買公案拈提第一輯至第七輯，每購一輯皆贈送本公司精製公案拈提〈超意境〉CD一片，市售價格280元，多購多贈）。

心經密意—心經與解脫道、佛菩提道、祖師公案之關係與密意。二乘菩提所證之解脫道，實依第八識心之斷除煩惱障現行而立解脫之名；大乘菩提所證之佛菩提道，實依親證第八識如來藏之涅槃性、清淨自性、及其中道性而立般若之名；禪宗祖師公案所證之眞心，即是此第八識如來藏；是故三乘佛法所修所證之三乘菩提，皆依此如來藏心而立名也。此第八識心，即是《心經》所說之心也。證得此如來藏已，即能漸入大乘佛菩提道，亦可因證知此心而了知二乘無學所不能知之無餘涅槃本際，是故《心經》之密意，與三乘佛菩提之關係極爲密切、不可分割，三乘佛法皆依此心而立名故。今者平實導師以其所證解脫道之無生智及佛菩提之般若種智，將《心經》與解脫道、佛菩提道、祖師公案之關係與密意，以演講之方式，用淺顯之語句和盤托出，發前人所未言，呈三乘菩提之眞義，令人藉此《心經密意》一舉而窺三乘菩提之堂奧，迥異諸方言不及義之說；欲求眞實佛智者、不可不讀！主文317頁，連同跋文及序文…等共384頁，售價300元。

宗門密意—公案拈提第七輯：佛教之世俗化，將導致學人以信仰作爲學佛，則將以感應及世間法之庇祐，作爲學佛之主要目標，不能了知學佛之主要目標爲親證三乘菩提。大乘菩提則以般若實相智慧爲主要修習目標，以二乘菩提解脫道爲附帶修習之標的；是故學習大乘法者，應以禪宗之證悟爲要務，能親入大乘菩提之實相般若智慧中故，般若實相智慧非二乘聖人所能知故。此書則以台灣世俗化佛教之三大法師，說法似是而非之實例，配合眞悟祖師之公案解析，提示證悟般若之關節，令學人易得悟入。平實導師著，全書五百餘頁，售價500元（2007年起，凡購買公案拈提第一輯至第七輯，每購一輯皆贈送本公司精製公案拈提〈超意境〉CD一片，市售價格280元，多購多贈）。

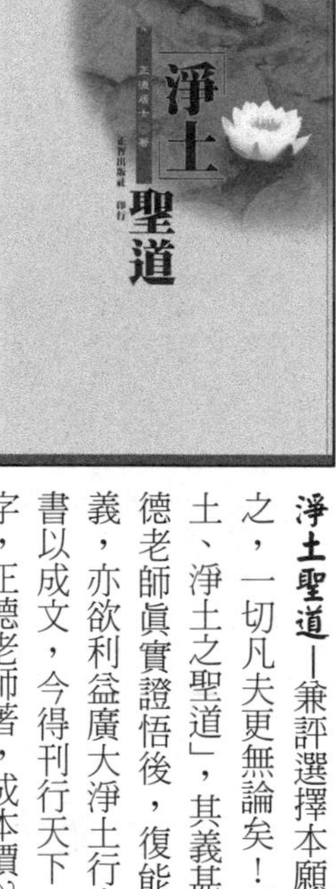

淨土聖道—兼評選擇本願念佛：佛法甚深極廣，般若玄微，非諸二乘聖僧所能知之，一切凡夫更無論矣！所謂一切證量皆歸淨土是也！是故大乘法中「聖道之淨土、淨土之聖道」，其義甚深，難可了知；乃至眞悟之人，初心亦難知也。今有正德老師眞實證悟後，復能深探淨土與聖道之緊密關係，憐憫衆生之誤會淨土實義，亦欲利益廣大淨土行人同入聖道，同獲淨土中之聖道門要義，乃振奮心神、書以成文，今得刊行天下。主文279頁，連同序文等共301頁，總有十一萬六千餘字，正德老師著，成本價200元。

起信論講記：詳解大乘起信論心生滅門與心眞如門之眞實意旨，消除以往大師與學人對起信論所說心生滅門之誤解，由是而得了知眞心如來藏之非常非斷中道正理；亦因此一講解，令此論以往隱晦而被誤解之眞實義，得以如實顯示，令大乘佛菩提道之正理得以顯揚光大；初機學者亦可藉此正論所顯示之法義，對大乘法理生起正信，從此得以眞發菩提心，眞入大乘法中修學，世世常修菩薩正行。平實導師演述，共六輯，都已出版，每輯三百餘頁，售價各250元。

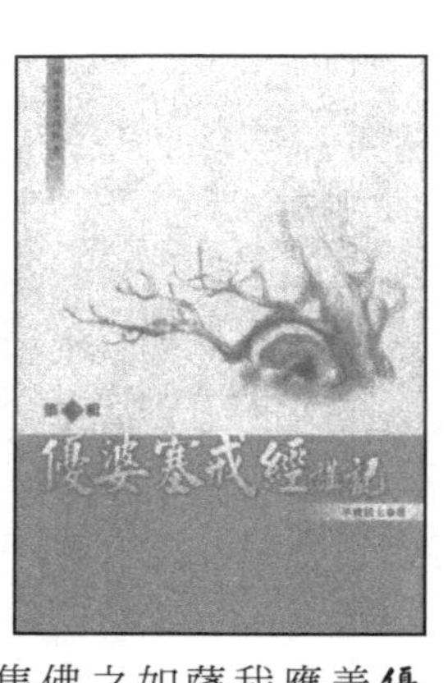

優婆塞戒經講記：本經詳述在家菩薩修學大乘佛法，應如何受持菩薩戒？對人間善行應如何看待？對三寶應如何護持？應如何正確地修集此世後世證法之福德？應如何修集後世「行菩薩道之資糧」？並詳述第一義諦之正義：五蘊非我非異我、自作自受、異作異受、不作不受……等深妙法義，乃是修學大乘佛法、行菩薩行之在家菩薩所應當了知者。出家菩薩今世或未來世登地已，捨報之後多數將如華嚴經中諸大菩薩，以在家菩薩身而修行菩薩行，故亦應以此經所述正理而修之，配合《楞伽經、解深密經、楞嚴經、華嚴經》等道次第正理，方得漸次成就佛道；故此經是一切大乘行者皆應證知之正法。平實導師講述，每輯三百餘頁，售價各250元；共八輯，已全部出版。

真假活佛—略論附佛外道盧勝彥之邪說：人人身中都有眞活佛，永生不滅而有大神用，但衆生都不了知，所以常被身外的西藏密宗假活佛籠罩欺瞞。本來就眞實存在的眞活佛，才是眞正的密宗無上密！諾那活佛因此而說禪宗是大密宗，但藏密的所有活佛都不知道、也不曾實證自身中的眞活佛。本書詳實宣示眞活佛的道理，舉證盧勝彥的「佛法」不是眞佛法，也顯示盧勝彥是假活佛，直接的闡釋第一義佛法見道的眞實正理。眞佛宗的所有上師與學人們，都應該詳細閱讀，包括盧勝彥個人在內。正犀居士著，優惠價140元。

阿含正義—唯識學探源：廣說四大部《阿含經》諸經中隱說之眞正義理，一一舉示佛陀本懷，令阿含時期初轉法輪根本經典之眞義，如實顯現於佛子眼前。並提示末法大師對於阿含眞義誤解之實例，一一比對之，證實唯識增上慧學確於原始佛法之阿含諸經中已隱覆密意而略說之，證實 世尊確於原始佛法中已曾密意而說第八識如來藏之總相；亦證實 世尊在四阿含中已說此藏識是名色十八界之因、之本—證明如來藏是能生萬法之根本心。佛子可據此修正以往受諸大師（譬如西藏密宗應成派中觀師：印順、昭慧、性廣、大願、達賴、宗喀巴、寂天、月稱、……等人）誤導之邪見，建立正見，轉入正道乃至親證初果而無困難；書中並詳說三果所證的心解脫，以及四果慧解脫的親證，都是如實可行的具體知見與行門。全書共七輯，已出版完畢。平實導師著，每輯三百餘頁，售價300元。

超意境CD：以平實導師公案拈提書中超越意境之頌詞，加上曲風優美的旋律，錄成令人嚮往的超意境歌曲，其中包括正覺發願文及平實導師親自譜成的黃梅調歌曲一首。詞曲雋永，殊堪翫味，可供學禪者吟詠，有助於見道。內附設計精美的彩色小冊，解說每一首詞的背景本事。每片280元。【每購買公案拈提書籍一冊，即贈送一片。】

我的菩提路第一輯：凡夫及二乘聖人不能實證的佛菩提證悟，末法時代的今天仍然有人能得實證，由正覺同修會釋悟圓、釋善藏法師等二十餘位實證如來藏者所寫的見道報告，已爲當代學人見證宗門正法之絲縷不絕，證明大乘義學的法脈仍然存在，爲末法時代求悟般若之學人照耀出光明的坦途。由二十餘位大乘見道者所繕，敘述各種不同的學法、見道因緣與過程，參禪求悟者必讀。全書三百餘頁，售價300元。

我的菩提路第二輯：由郭正益老師等人合著，書中詳述彼等諸人歷經各處道場學法，一一修學而加以檢擇之不同過程以後，因閱讀正覺同修會、正智出版社書籍而發起抉擇分，轉入正覺同修會中修學；乃至學法及見道之過程，都一一詳述之。其中張志成等人係由前現代禪轉進正覺同修會，張志成原爲現代禪副宗長，以前未閱本會書籍時，曾被人藉其名義著文評論 平實導師（詳見《宗通與說通》辨正及《眼見佛性》書末附錄…等）；後因偶然接觸正覺同修會書籍，深覺以前聽人評論平實導師之語不實，於是投入極多時間閱讀本會書籍、深入思辨，詳細探索中觀與唯識之關聯與異同，認爲正覺之法義方是正法，深覺相應；亦解開多年來對佛法的迷雲，確定應依八識論正理修學方是正法。乃不顧面子，毅然前往正覺同修會面見平實導師懺悔，並正式學法求悟。今已與其同修王美伶（亦爲前現代禪傳法老師），同樣證悟如來藏而證得法界實相，生起實相般若眞智。此書中尚有七年來本會第一位眼見佛性者之見性報告一篇，一同供養大乘佛弟子。全書四百頁，售價300元。

我的菩提路第三輯：由王美伶老師等人合著。自從正覺同修會成立以來，每年夏初、冬初都舉辦精進禪三共修，藉以助益會中同修們得以證悟明心發起般若實相智慧；凡已實證而被平實導師印證者，皆書具見道報告用以證明佛法之眞實可證而非玄學，證明佛法並非純屬思想、理論而無實質，是故每年都能有人證明正覺同修會的「實證佛教」主張並非虛語。特別是眼見佛性一法，自古以來中國禪宗祖師實證者極寡，較之明心開悟的證境更難令人信受；至2017年初，正覺同修會中的證悟明心者已近五百人，然而其中眼見佛性者至今唯十餘人爾，可謂難能可貴，是故明心後欲冀眼見佛性者實屬不易。黃正倖老師是懸絕七年無人見性後的第一人，她於2009年的見性報告刊於本書的第二輯中，爲大眾證明佛性確實可以眼見；其後七年之中求見性者都屬解悟佛性而無人眼見，幸而又經七年後的2016冬初，以及2017夏初的禪三，復有三人眼見佛性，希冀鼓舞四眾佛子求見佛性之大心，今則具載一則於書末，顯示求見佛性之事實經歷，供養現代佛教界欲得見性之四眾弟子。全書四百頁，售價300元。

鈍鳥與靈龜：鈍鳥及靈龜二物，被宗門證悟者說爲二種人：前者是精修禪定而無智慧者，也是以定爲禪的愚癡禪人；後者是或有禪定、或無禪定的宗門證悟者，凡已證悟者皆是靈龜。但後來被人虛造事實，用以嘲笑大慧宗杲禪師，說他雖是靈龜，卻不免被天童禪師預記「患背」痛苦而亡：「鈍鳥離巢易，靈龜脫殼難。」藉以貶低大慧宗杲的證量。同時將天童禪師實證如來藏的證量，曲解爲意識境界的離念靈知。自從大慧禪師入滅以後，錯悟凡夫對他的不實毀謗就一直存在著，不曾止息，並且捏造的假事實也隨著年月的增加而越來越多，終至編成「鈍鳥與靈龜」的假公案、假故事。本書是考證大慧與天童之間的不朽情誼，顯現這件假公案的虛妄不實；更見大慧宗杲面對惡勢力時的正直不阿，亦顯示大慧對天童禪師的至情深義，將使後人對大慧宗杲的誣謗至此而止，不再有人誤犯毀謗賢聖的惡業。書中亦舉證宗門的所悟確以第八識如來藏爲標的，詳讀之後必可改正以前被錯悟大師誤導的參禪知見，日後必定有助於實證禪宗的開悟境界，得階大乘眞見道位中，即是實證般若之賢聖。全書459頁，售價350元。

維摩詰經講記：本經係　世尊在世時，由等覺菩薩維摩詰居士藉疾病而演說之大乘菩提無上妙義，所說函蓋甚廣，然極簡略，是故今時諸方大師與學人讀之悉皆錯解，何況能知其中隱含之深妙正義，是故普遍無法爲人解說；若強爲人說，則成依文解義而有諸多過失。今由平實導師公開宣講之後，詳實解釋其中密意，令維摩詰菩薩所說大乘不可思議解脫之深妙正法得以正確宣流於人間，利益當代學人及與諸方大師。書中詳實演述大乘佛法深妙不共二乘之智慧境界，顯示諸法之中絕待之實相境界，建立大乘菩薩妙道於永遠不敗不壞之地，以此成就護法偉功，欲冀永利娑婆人天。已經宣講圓滿整理成書流通，以利諸方大師及諸學人。全書共六輯，每輯三百餘頁，售價各250元。

真假外道：本書具體舉證佛門中的常見外道知見實例，並加以教證及理證上的辨正，幫助讀者輕鬆而快速的了知常見外道的錯誤知見，進而遠離佛門內外的常見外道知見，因此即能改正修學方向而快速實證佛法。　游正光老師著　。成本價200元。

勝鬘經講記：如來藏爲三乘菩提之所依，若離如來藏心體及其含藏之一切種子，即無三界有情及一切世間法，亦無二乘菩提緣起性空之出世間法；本經詳說無始無明、一念無明皆依如來藏而有之正理，藉著詳解煩惱障與所知障間之關係，令學人深入了知二乘菩提與佛菩提相異之妙理；聞後即可了知佛菩提之特勝處及三乘修道之方向與原理，邁向攝受正法而速成佛道的境界中。平實導師講述，共六輯，每輯三百餘頁，售價各250元。

楞嚴經講記：楞嚴經係密教部之重要經典，亦是顯教中普受重視之經典；經中宣說明心與見性之內涵極爲詳細，將一切法都會歸如來藏及佛性—妙眞如性；亦闡釋佛菩提道修學過程中之種種魔境，以及外道誤會涅槃之狀況，旁及三界世間之起源。然因言句深澀難解，法義亦復深妙寬廣，學人讀之普難通達，是故讀者大多誤會，不能如實理解佛所說之明心與見性內涵，亦因是故多有悟錯之人引爲開悟之證言，成就大妄語罪。今由平實導師詳細講解之後，整理成文，以易讀易懂之語體文刊行天下，以利學人。全書十五輯，全部出版完畢。每輯三百餘頁，售價每輯300元。

明心與眼見佛性：本書細述明心與眼見佛性之異同，同時顯示了中國禪宗破初參明心與重關眼見佛性二關之間的關聯；書中又藉法義辨正而旁述其他許多勝妙法義，讀後必能遠離佛門長久以來積非成是的錯誤知見，令讀者在佛法的實證上有極大助益。也藉慧廣法師的謬論來教導佛門學人回歸正知正見，遠離古今禪門錯悟者所墮的意識境界，非唯有助於斷我見，也對未來的開悟明心實證第八識如來藏有所助益，是故學禪者都應細讀之。 游正光老師著　共448頁　售價300元。

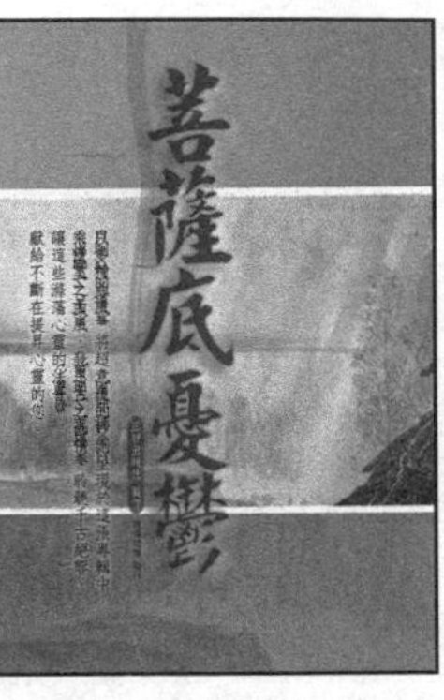

菩薩底憂鬱CD：將菩薩情懷及禪宗公案寫成新詞，並製作成超越意境的優美歌曲。1.主題曲〈菩薩底憂鬱〉，描述地後菩薩能離三界生死而迴向繼續生在人間，但因尚未斷盡習氣種子而有極深沈之憂鬱，非三賢位菩薩及二乘聖者所知，此憂鬱在七地滿心位方才斷盡；本曲之詞中所說義理極深，昔來所未曾見；此曲係以優美的情歌風格寫詞及作曲，聞者得以激發嚮往諸地菩薩境界之大心，詞、曲都非常優美，難得一見；其中勝妙義理之解說，已印在附贈之彩色小冊中。2.以各輯公案拈提中直示禪門入處之頌文，作成各種不同曲風之超意境歌曲，值得玩味、參究；聆聽公案拈提之優美歌曲時，請同時閱讀內附之印刷精美說明小冊，可以領會超越三界的證悟境界；未悟者可以因此引發求悟之意向及疑情，眞發菩提心而邁向求悟之途，乃至因此眞實悟入般若，成眞菩薩。3.正覺總持咒新曲，總持佛法大意；總持咒之義理，已加以解說並印在隨附之小冊中。本CD共有十首歌曲，長達63分鐘，附贈二張購書優惠券。每片280元。

禪意無限CD：平實導師以公案拈提書中偈頌寫成不同風格曲子，與他人所寫不同風格曲子共同錄製出版，幫助參禪人進入禪門超越意識之境界。盒中附贈彩色印製的精美解說小冊，以供聆聽時閱讀，令參禪人得以發起參禪之疑情，即有機會證悟本來面目，實證大乘菩提般若。本CD共有十首歌曲，長達69分鐘，每盒各附贈二張購書優惠券。每片280元。

金剛經宗通：三界唯心，萬法唯識，是成佛之修證內容，是諸地菩薩之所修；般若則是成佛之道（實證三界唯心、萬法唯識）的入門，若未證悟實相般若，即無成佛之可能，必將永在外門廣行菩薩六度，永在凡夫位中。然而實相般若的發起，全賴實證萬法的實相；若欲證知萬法的眞相，則必須探究萬法之所從來，則須實證自心如來—金剛心如來藏，然後現觀這個金剛心的金剛性、眞實性、如如性、清淨性、涅槃性、能生萬法的自性性、本住性，名爲證眞如；進而現觀三界六道唯是此金剛心所成，人間萬法須藉八識心王和合運作方能現起。如是實證

《華嚴經》的「三界唯心、萬法唯識」以後，由此等現觀而發起實相般若智慧，繼續進修第十住位的如幻觀、第十行位的陽焰觀、第十迴向位的如夢觀，再生起增上意樂而勇發十無盡願，方能滿足三賢位的實證，轉入初地；自知成佛之道而無偏倚，從此按部就班、次第進修乃至成佛。第八識自心如來是般若智慧之所依，般若智慧的修證則要從實證金剛心自心如來開始；《金剛經》則是解說自心如來之經典，是一切三賢位菩薩所應進修之實相般若經典。這一套書，是將平實導師宣講的《金剛經宗通》內容，整理成文字而流通之；書中所說義理，迴異古今諸家依文解義之說，指出大乘見道方向與理路，有益於禪宗學人求開悟見道，及轉入內門廣修六度萬行。講述完畢後結集出版，總共9輯，每輯約三百餘頁，售價各250元。

空行母—性別、身分定位，以及藏傳佛教：本書作者為蘇格蘭哲學家，因為嚮往佛教深妙的哲學內涵，於是進入當年盛行於歐美的假藏傳佛教密宗，擔任卡盧仁波切的翻譯工作多年以後，被邀請成為卡盧的空行母（又名佛母、明妃），開始了她在密宗裡的實修過程；後來發覺在密宗雙身法中的修行，其實無法使自己成佛，也發覺密宗對女性岐視而處處貶抑，並剝奪女性在雙身法中擔任一半角色時應有的身分定位。當她發覺自己只是雙身法中被喇嘛利用的工具，沒有獲得絲毫應有的尊重與基本定位時，發現了密宗的父權社會控制女性的本質；於是作者傷心地離開了卡盧仁波切與密宗，但是卻被恐嚇不許講出她在密宗裡的經歷，也不許她說出自己對密宗的教義與教制下對女性剝削的本質，否則將被咒殺死亡。後來她去加拿大定居，十餘年後方才擺脫這個恐嚇陰影，下定決心將親身經歷的實情及觀察到的事實寫下來並且出版，公諸於世。出版之後，她被流亡的達賴集團人士大力攻訐，誣指她為精神狀態失常、說謊……等。但有智之士並未被達賴集團的政治操作及各國政府政治運作吹捧達賴的表相所欺，使她的書銷售無阻而又再版。正智出版社鑑於作者此書是親身經歷的事實，所說具有針對「藏傳佛教」而作學術研究的價值，也有使人認清假藏傳佛教剝削佛母、明妃的男性本位實質，因此洽請作者同意中譯而出版於華人地區。珍妮·坎貝爾女士著，呂艾倫 中譯，每冊250元。

霧峰無霧—給哥哥的信　本書作者藉兄弟之間信件往來論義，略述佛法大義；並以多篇短文辨義，舉出釋印順對佛法的無量誤解證據，並一一給予簡單而清晰的辨正，令人一讀即知。久讀、多讀之後即能認清楚釋印順的六識論見解，與眞實佛法之牴觸是多麼嚴重；於是在久讀、多讀之後，於不知不覺之間提升了對佛法的極深入理解，正知正見就在不知不覺間建立起來了。當三乘佛法的正知見建立起來之後，對於三乘菩提的見道條件便將隨之具足，於是聲聞解脫道的見道也就水到渠成；接著大乘見道的因緣也將次第成熟，未來自然也會有親見大乘菩提之道的因緣，悟入大乘實相般若也將自然成功，自能通達般若系列諸經而成實義菩薩。作者居住於南投縣霧峰鄉，自喻見道之後不復再見霧峰之霧，故鄉原野美景一一明見，於是立此書名爲《霧峰無霧》；讀者若欲撥霧見月，可以此書爲緣。游宗明 老師著　售價250元。

假藏傳佛教的神話—性、謊言、喇嘛教：本書編著者是由一首名叫「阿姊鼓」的歌曲爲緣起，展開了序幕，揭開假藏傳佛教—喇嘛教—的神秘面紗。其重點是蒐集、摘錄網路上質疑「喇嘛教」的帖子，以揭穿「假藏傳佛教的神話」爲主題，串聯成書，並附加彩色插圖以及說明，讓讀者們瞭解西藏密宗及相關人事如何被操作爲「神話」的過程，以及神話背後的眞相。作者：張正玄教授。售價200元。

達賴真面目—玩盡天下女人：假使您不想戴綠帽子，請記得詳細閱讀此書；假使您不想讓好朋友戴綠帽子，請您將此書介紹給您的好朋友。假使您想保護家中的女性，也想要保護好朋友的女眷，請記得將此書送給家中的女性和好友的女眷都來閱讀。本書爲印刷精美的大本彩色中英對照精裝本，爲您揭開達賴喇嘛的眞面目，內容精彩不容錯過，爲利益社會大眾，特別以優惠價格嘉惠所有讀者。編著者：白志偉等。大開版雪銅紙彩色精裝本。售價800元。

童女迦葉考—論呂凱文〈佛教輪迴思想的論述分析〉之謬：童女迦葉是佛世率領五百大比丘遊行於人間的歷史事實，是以童貞行而依止菩薩戒弘化於人間的大菩薩，不依別解脫戒（聲聞戒）來弘化於人間。這是大乘佛教與聲聞佛教同時存在於佛世的歷史明證，證明大乘佛教不是從聲聞法中分裂出來的部派佛教的產物，卻是聲聞佛教分裂出來的部派佛教聲聞凡夫僧所不樂見的史實；於是古今聲聞法中的凡夫都欲加以扭曲而作詭說，更是末法時代高聲大呼「大乘非佛說」的六識論聲聞凡夫極力想要扭曲的佛教史實之一，於是想方設法扭曲迦葉菩薩為聲聞僧，以及扭曲迦葉童女為比丘僧等荒謬不實之論著便陸續出現，古時聲聞僧寫作的《分別功德論》是最具體之事例，現代之代表作則是呂凱文先生的〈佛教輪迴思想的論述分析〉論文。鑑於如是假藉學術考證以籠罩大眾之不實謬論，未來仍將繼續造作及流竄於佛教界，繼續扼殺大乘佛教學人法身慧命，必須舉證辨正之，遂成此書。平實導師 著，每冊180元。

末代達賴—性交教主的悲歌：簡介從藏傳偽佛教（喇嘛教）的修行核心—性力派男女雙修，探討達賴喇嘛及藏傳偽佛教的修行內涵。書中引用外國知名學者著作、世界各地新聞報導，包含：歷代達賴喇嘛的祕史、達賴六世修雙身法的事蹟，以及《時輪續》中的性交灌頂儀式……等；達賴喇嘛書中開示的雙修法、達賴喇嘛的黑暗政治手段；達賴喇嘛所領導的寺院爆發喇嘛性侵兒童；新聞報導《西藏生死書》作者索甲仁波切性侵女信徒、澳洲喇嘛秋達公開道歉、美國最大假藏傳佛教組織領導人邱陽創巴仁波切的性氾濫，等等事件背後真相的揭露。作者：張善思、呂艾倫、辛燕。售價250元。

黯淡的達賴—失去光彩的諾貝爾和平獎：本書舉出很多證據與論述，詳述達賴喇嘛不為世人所知的一面，顯示達賴喇嘛並不是真正的和平使者，而是假借諾貝爾和平獎的光環來欺騙世人；透過本書的說明與舉證，讀者可以更清楚的瞭解，達賴喇嘛是結合暴力、黑暗、淫欲於喇嘛教裡的集團首領，其政治行為與宗教主張，早已讓諾貝爾和平獎的光環染污了。 本書由財團法人正覺教育基金會寫作、編輯，由正覺出版社印行，每冊250元。

第七意識與第八意識？—穿越時空「超意識」：「三界唯心，萬法唯識」是佛教中應該實證的聖教，也是《華嚴經》中明載而可以實證的法界實相。唯心者，三界一切境界、一切諸法唯是一心所成就，即是每一個有情的第八識如來藏，不是意識心。唯識者，即是人類各各都具足的八識心王——眼識、耳鼻舌身意識、意根、阿賴耶識，第八阿賴耶識又名如來藏，人類五陰相應的萬法，莫不由八識心王共同運作而成就，故說萬法唯識。依聖教量及現量、比量，都可以證明意識是二法因緣生，是由第八識藉意根與法塵二法為因緣而出生，又是夜夜斷滅不存之生滅心，即無可能反過來出生第七識意根、第八識如來藏，當知不可能從生滅性的意識心中，細分出恆審思量的第七識意根，更無可能細分出恆而不審的第八識如來藏。本書是將演講內容整理成文字，細說如是內容，並已在〈正覺電子報〉連載完畢，今彙集成書以廣流通，欲幫助佛門有緣人斷除意識我見，跳脫於識陰之外而取證聲聞初果；嗣後修學禪宗時即得不墮外道神我之中，得以求證第八識金剛心而發起般若實智。平實導師 述，每冊300元。

中觀金鑑—詳述應成派中觀的起源與其破法本質：學佛人往往迷於中觀學派之不同學說，被應成派與自續派所迷惑；修學般若中觀二十年後自以為實證般若中觀了，卻仍不曾入門，甫聞實證般若中觀者之所說，則茫無所知，迷惑不解；隨後信心盡失，不知如何實證佛法；凡此，皆因惑於這二派中觀學說所致。自續派中觀所說同於常見，以意識境界立為第八識如來藏之境界，應成派所說則同於斷見，但又同立意識為常住法，故亦具足斷常二見。今者孫正德老師有鑑於此，乃將起源於密宗的應成派中觀學說，追本溯源，詳考其來源之外，亦一一舉證其立論內容，詳加辨正，令密宗雙身法祖師以識陰境界而造之應成派中觀學說本質，詳細呈現於學人眼前，令其維護雙身法之目的無所遁形。若欲遠離密宗此二大派中觀謬說，欲於三乘菩提有所進道者，允宜具足閱讀並細加思惟，反覆讀之以後將可捨棄邪道返歸正道，則於般若之實證即有可能，證後自能現觀如來藏之中道境界而成就中觀。本書分上、中、下三冊，每冊250元，全部出版完畢。

人間佛教—實證者必定不悖三乘菩提：「大乘非佛說」的講法似乎流傳已久，卻只是日本人企圖擺脫中國正統佛教的影響，而在明治維新時期才開始提出來的說法；台灣佛教、大陸佛教的淺學無智之人，由於未曾實證佛法而迷信日本人錯誤的學術考證，錯認爲這些別有用心的日本佛學考證的講法爲天竺佛教的眞實歷史；甚至還有更激進的反對佛教者提出「釋迦牟尼佛並非眞實存在，只是後人揑造的假歷史人物」，竟然也有少數人願意跟著「學術」的假光環而信受不疑，於是開始有一些佛教界人士造作了反對中國佛教而推崇南洋小乘佛教的行爲，使佛教的信仰者難以檢擇，導致一般大陸人士開始轉入基督教的盲目迷信中。在這些佛教及外教人士之中，也就有一分人根據此邪說而大聲主張「大乘非佛說」的謬論，這些人以「人間佛教」的名義來抵制中國正統佛教，公然宣稱中國的大乘佛教是由聲聞部派佛教的凡夫僧所創造出來的。這樣的說法流傳於台灣及大陸佛教界凡夫僧之中已久，卻非眞正的佛教歷史中曾經發生過的事，只是繼承六識論的聲聞法中凡夫僧依自己的意識境界立場，純憑臆想而編造出來的妄想說法，卻已經影響許多無智之凡夫僧俗信受不移。本書則是從佛教的經藏法義實質及實證的現量內涵本質立論，證明大乘佛法本是佛說，是從《阿含正義》尚未說過的不同面向來討論「人間佛教」的議題，證明「大乘眞佛說」。閱讀本書可以斷除六識論邪見，迴入三乘菩提正道發起實證的因緣；也能斷除禪宗學人學禪時普遍存在之錯誤知見，對於建立參禪時的正知見有很深的著墨。 平實導師 述，內文488頁，全書528頁，定價400元。

喇嘛性世界—揭開假藏傳佛教譚崔瑜伽的面紗：這個世界中的喇嘛，號稱來自世外桃源的香格里拉，穿著或紅或黃的喇嘛長袍，散布於我們的身邊傳教灌頂，吸引了無數的人嚮往學習；這些喇嘛虔誠地爲大眾祈福，手中拿著寶杵（金剛）與寶鈴（蓮花），口中唸著咒語：「唵．嘛呢．叭咪．吽……」，咒語的意思是說：「我至誠歸命金剛杵上的寶珠伸向蓮花寶穴之中」！「喇嘛性世界」是什麼樣的「世界」呢？本書將爲您呈現喇嘛世界的面貌。當您發現眞相以後，您將會唸：「噢！喇嘛．性．世界，譚崔性交嘛！」作者：張善思、呂艾倫。售價200元。

見性與看話頭：黃正倖老師的《見性與看話頭》於《正覺電子報》連載完畢，今結集出版。書中詳說禪宗看話頭的詳細方法，並細說看話頭與眼見佛性的關係，以及眼見佛性者求見佛性前必須具備的條件。本書是禪宗實修者追求明心開悟時參禪的方法書，也是求見佛性者作功夫時必讀的方法書，內容兼顧眼見佛性的理論與實修之方法，是依實修之體驗配合理論而詳述，條理分明而且極爲詳實、周全、深入。本書內文375頁，全書416頁，售價300元。

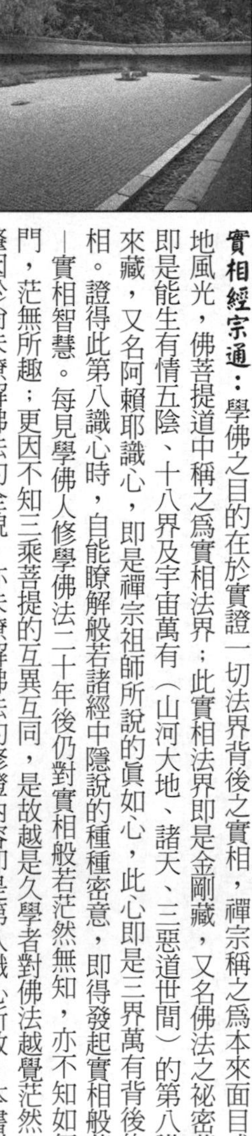

實相經宗通：學佛之目的在於實證一切法界背後之實相，禪宗稱之爲本來面目或本地風光，佛菩提道中稱之爲實相法界；此實相法界即是金剛藏，又名佛法之祕密藏，即是能生有情五陰、十八界及宇宙萬有（山河大地、諸天、三惡道世間）的第八識如來藏，又名阿賴耶識心，即是禪宗祖師所說的眞如心，此心即是三界萬有背後的實相。證得此第八識心時，自能瞭解般若諸經中隱說的種種密意，即得發起實相般若——實相智慧。每見學佛人修學佛法二十年後仍對實相般若茫然無知，亦不知如何入門，茫無所趣；更因不知三乘菩提的互異互同，是故越是久學者對佛法越覺茫然，都肇因於尙未瞭解佛法的全貌，亦未瞭解佛法的修證內容即是第八識心所致。本書對於修學佛法者所應實證的實相境界提出明確解析，並提示趣入佛菩提道的入手處，有心親證實相般若的佛法實修者，宜詳讀之，於佛菩提道之實證即有下手處。平實導師述著，共八輯，已全部出版完畢，每輯成本價250元。

真心告訴您（一）**——達賴喇嘛在幹什麼？**這是一本報導篇章的選集，更是「破邪顯正」的暮鼓晨鐘。「破邪」是戳破假象，說明達賴喇嘛及其所率領的密宗四大派法王、喇嘛們，弘傳的佛法是仿冒的佛法；他們是假藏傳佛教，是坦特羅（譚崔性交）外道法和藏地崇奉鬼神的苯教混合成的「喇嘛教」，推廣的是以所謂「無上瑜伽」的男女雙身法冒充佛法的假佛教，詐財騙色誤導衆生，常常造成信徒家庭破碎、家中兒少失怙的嚴重後果。「顯正」是揭櫫眞相，指出眞正的藏傳佛教只有一個，就是覺囊巴，傳的是 釋迦牟尼佛演繹的第八識如來藏妙法，稱爲他空見大中觀。正覺教育基金會即以此古今輝映的如來藏正法正知見，在眞心新聞網中逐次報導出來，將箇中原委「眞心告訴您」，如今結集成書，與想要知道密宗眞相的您分享。售價250元。

法華經講義：此書爲平實導師始從2009/7/21演述至2014/1/14之講經錄音整理所成。世尊一代時教，總分五時三教，即是華嚴時、聲聞緣覺教、般若教、種智唯識教、法華時；依此五時三教區分爲藏、通、別、圓四教。本經是最後一時的圓教經典，圓滿收攝一切法教於本經中，是故最後的圓教聖訓中，特地指出無有三乘菩提，其實唯有一佛乘；皆因眾生愚迷故，方便區分爲三乘菩提以助眾生證道。世尊於此經中特地說明如來示現於人間的唯一大事因緣，便是爲有緣眾生「開、示、悟、入」諸佛的所知所見——第八識如來藏妙眞如心，並於諸品中隱說「妙法蓮花」如來藏心的密意。然因此經所說甚深難解，眞義隱晦，古來難得有人能窺堂奧；平實導師以知如是密意故，特爲末法佛門四眾演述《妙法蓮華經》中各品蘊含之密意，使古來未曾被古德註解出來的「此經」密意，如實顯示於當代學人眼前。乃至〈藥王菩薩本事品〉、〈妙音菩薩品〉、〈觀世音菩薩普門品〉、〈普賢菩薩勸發品〉中的微細密意，亦皆一併詳述之，開前人所未曾言之密意，示前人所未見之妙法。最後乃至以〈法華大意〉而總其成，全經妙旨貫通始終，而依佛旨圓攝於一心如來藏妙心，厥爲曠古未有之大說也。平實導師述　已於2015/5/31起開始出版，每二個月出版一輯，共25輯。每輯300元。

西藏「活佛轉世」制度—附佛、造神、世俗法：歷來關於喇嘛教活佛轉世的研究，多針對歷史及文化兩部分，於其所以成立的理論基礎，較少系統化的探討。尤其是此制度是否依據「佛法」而施設？是否合乎佛法眞實義？現有的文獻大多含糊其詞，或人云亦云，不曾有明確的闡釋與如實的見解。因此本文先從活佛轉世的由來，探索此制度的起源、背景與功能，並進而從活佛的尋訪與認證之過程，發掘活佛轉世的特徵，以確認「活佛轉世」在佛法中應具足何種果德。定價150元。

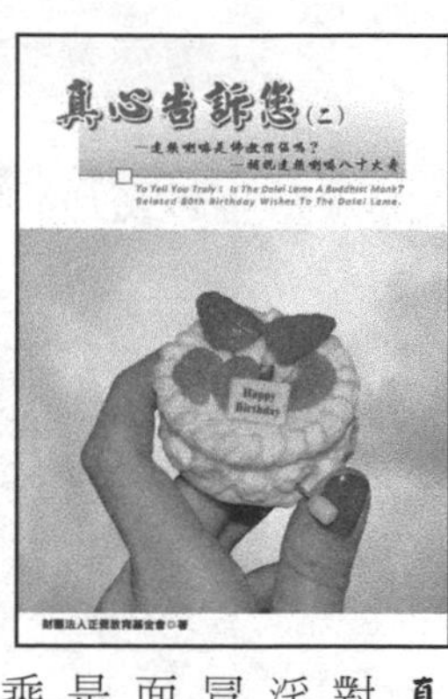

真心告訴您(二)—達賴喇嘛是佛教僧侶嗎？補祝達賴喇嘛八十大壽：這是一本針對當今達賴喇嘛所領導的喇嘛教，冒用佛教名相、於師徒間或師兄姊間，實修男女邪淫，而從佛法三乘菩提的現量與聖教量，揭發其謊言與邪術，證明達賴及其喇嘛教是仿冒佛教的外道，是「假藏傳佛教」。藏密四大派教義雖有「八識論」與「六識論」的表面差異，然其實修之內容，皆共許「無上瑜伽」四部灌頂爲究竟「成佛」之法門，也就是共以男女雙修之邪淫法爲「即身成佛」之密要，雖美其名曰「欲貪爲道」之「金剛乘」，並誇稱其成就超越於（應身佛）釋迦牟尼佛所傳之顯教般若乘之上；然詳考其理論，則或以意識離念時之粗細心爲第八識如來藏，或以中脈裡的明點爲第八識如來藏，或如宗喀巴與達賴堅決主張第六意識爲常恆不變之眞心者，分別墮於外道之常見與斷見中；全然違背 佛說能生五蘊之如來藏的實質。售價300元。

佛法入門：學佛人往往修學二十年後仍不知如何入門，茫無所入漫無方向，不知如何實證佛法；更因不知三乘菩提的互異互同之處，導致越是久學者越覺茫然，都是肇因於尚未瞭解佛法的全貌所致。本書對於佛法的全貌提出明確的輪廓，並說明三乘菩提的異同處，讀後即可輕易瞭解佛法全貌，數日內即可明瞭三乘菩提入門方向與下手處。○○菩薩著　出版日期未定。

修習止觀坐禪法要講記：修學四禪八定之人，往往錯會禪定之修學知見，欲以無止盡之坐禪而證禪定境界，卻不知修除性障之行門才是修證四禪八定不可或缺之要素，故智者大師云「性障初禪」；性障不除，初禪永不現前，云何修證二禪等？又：行者學定，若唯知數息，而不解六妙門之方便善巧者，欲求一心入定，未到地定極難可得，智者大師名之爲「事障未來」：障礙未到地定之修證。又禪定之修證，不可違背二乘菩提及第一義法，否則縱使具足四禪八定，亦不能實證涅槃而出三界。此諸知見，智者大師於《修習止觀坐禪法要》中皆有闡釋。作者平實導師以其第一義之見地及禪定之實證證量，曾加以詳細解析。將俟正覺寺竣工啓用後重講，不限制聽講者資格；講後將以語體文整理出版。欲修習世間定及增上定之學者，宜細讀之。平實導師述著。

解深密經講記：本經係　世尊晚年第三轉法輪，宣說地上菩薩所應熏修之唯識正義經典，經中所說義理乃是大乘一切種智增上慧學，以阿陀那識—如來藏—阿賴耶識爲主體。禪宗之證悟者，若欲修證初地無生法忍乃至八地無生法忍者，必須修學《楞伽經、解深密經》所說之八識心王一切種智；此二經所說正法，方是眞正成佛之道；印順法師否定第八識如來藏之後所說萬法緣起性空之法，是以誤會後之二乘解脫道取代大乘眞正成佛之道，尚且不符二乘解脫道正理，亦已墮於斷滅見中，不可謂爲成佛之道也。平實導師曾於本會郭故理事長往生時，於喪宅中從首七開始宣講，於每一七各宣講三小時，至第十七而快速略講圓滿，作爲郭老之往生佛事功德，迴向郭老早證八地、速返娑婆住持正法。茲爲今時後世學人故，將擇期重講《解深密經》，以淺顯之語句講畢後，將會整理成文，用供證悟者進道；亦令諸方未悟者，據此經中佛語正義，修正邪見，依之速能入道。平實導師述著，全書輯數未定，每輯三百餘頁，將於未來重講完畢後逐輯出版。

阿含經講記—小乘解脫道之修證：數百年來，南傳佛法所說證果之不實，所說解脫道之虛妄，所弘解脫道法義之世俗化，皆已少人知之；從南洋傳入台灣與大陸之後，所說法義虛謬之事，亦復少人知之；今時台灣全島印順系統之法師居士，多不知南傳佛法數百年來所說解脫道之義理已然偏斜、已然世俗化、已非眞正之二乘解脫正道，猶極力推崇與弘揚。彼等南傳佛法近代所謂之證果者多非眞實證果者，譬如阿迦曼、葛印卡、帕奧禪師、一行禪師……等人，悉皆未斷我見故。近年更有台灣南部大願法師，高抬南傳佛法之二乘修證行門爲「捷徑究竟解脫之道」者，然而南傳佛法縱使眞修實證，得成阿羅漢，至高唯是二乘菩提解脫之道，絕非究竟解脫，無餘涅槃中之實際尚未得證故，法界之實相尚未了知故，習氣種子待除故，一切種智未實證故，焉得謂爲「究竟解脫」？即使南傳佛法近代眞有實證之阿羅漢，尚且不及三賢位中之七住明心菩薩本來自性清淨涅槃智慧境界，則不能知此賢位菩薩所證之無餘涅槃實際，仍非大乘佛法中之見道者，何況普未實證聲聞果乃至未斷我見之人？謬充證果已屬逾越，更何況是誤會二乘菩提之後，以未斷我見之凡夫知見所說之二乘菩提解脫偏斜法道，焉可高抬為「究竟解脫」？而且自稱「捷徑之道」？又妄言解脫之道即是成佛之道，完全否定般若實智、否定三乘菩提所依之如來藏心體，此理大大不通也！平實導師為令修學二乘菩提欲證解脫果者，普得迴入二乘菩提正見、正道中，是故選錄四阿含諸經中，對於二乘解脫道法義有具足圓滿說明之經典，預定未來十年內將會加以詳細講解，令學佛人得以了知二乘解脫道之修證理路與行門，庶免被人誤導之後，未證言證，干犯道禁，成大妄語，欲升反墮。本書首重斷除我見，以助行者斷除我見而實證初果為著眼之目標，若能根據此書內容，配合平實導師所著《識蘊眞義》《阿含正義》內涵而作實地觀行，實證初果非為難事，行者可以藉此三書自行確認聲聞初果為實際可得現觀成就之事。此書中除依二乘經典所說加以宣示外，亦依斷除我見等之證量，及大乘法中道種智之證量，對於意識心之體性加以細述，令諸二乘學人必定得斷我見、常見，免除三縛結之繫縛。次則宣示斷除我執之理，欲令升進而得薄貪瞋痴，乃至斷五下分結…等。平實導師述，共二冊，每冊三百餘頁。每輯300元。

＊喇嘛教修外道雙身法，墮識陰境界，非佛教＊
＊弘揚如來藏他空見的覺囊派才是真正藏傳佛教＊

總經銷： 飛鴻 國際行銷股份有限公司

231 新北市新店市中正路 501 之 9 號 2 樓

Tel.02－82186688（五線代表號） Fax.02-82186458、82186459

零售：1.**全台連鎖經銷書局：**

三民書局、誠品書局、何嘉仁書店

敦煌書店、紀伊國屋、金石堂書局、建宏書局

諾貝爾圖書城、墊腳石圖書文化廣場

2.**台北市**：佛化人生 **大安區**羅斯福路 3 段 325 號 6 樓之 4 台電大樓對面

3.**新北市**：春大地書店 **蘆洲區**中正路 117 號

4.**桃園市**：御書堂 **龍潭區**中正路 123 號

5.**新竹市**：大學書局 **東區**建功路 10 號

6.**台中市**：瑞成書局 **東區**雙十路 1 段 4 之 33 號

佛教詠春書局 **南屯區**永春東路 884 號

文春書店 **霧峰區**中正路 1087 號

7.**彰化市**：心泉佛教文化中心 南瑤路 286 號

8.**高雄市**：政大書城 **苓雅區**光華路 148-83 號

明儀書局 **三民區**明福街 2 號\

青年書局 **苓雅區**青年一路 141 號

9.**宜蘭市**：金隆書局 中山路 3 段 43 號

10.**台東市**：東普佛教文物流通處 博愛路 282 號

11.**其餘鄉鎮市經銷書局**：請電詢總經銷**飛鴻**公司。

12.**大陸地區請洽：**

香港：樂文書店

旺角店 :香港九龍旺角西洋菜街 62 號 3 樓

電話 : (852) 2390 3723 email: luckwinbooks@gmail.com

銅鑼灣店 :香港銅鑼灣駱克道 506 號 2 樓

電話 : (852) 2881 1150 email: luckwinbs@gmail.com

廈門：廈門外圖臺灣書店有限公司

地址：廈門市思明區湖濱南路809 號 廈門外圖書城3 樓 郵編：361004

電話：0592-5061658（臺灣地區請撥打 86-592-5061658）

E-mail：JKB118＠188.COM

13.**美國：世界日報圖書部**：紐約圖書部 電話 7187468889#6262

洛杉磯圖書部 電話 3232616972#202

14.**國內外地區網路購書：**

正智出版社 書香園地 http://books.enlighten.org.tw/

（書籍簡介、經銷書局可直接聯結下列網路書局購書）

三民 網路書局 http://www.sanmin.com.tw

誠品 網路書局 http://www.eslitebooks.com

博客來 網路書局　http://www.books.com.tw
金石堂 網路書局　http://www.kingstone.com.tw
飛鴻 網路書局　http://fh6688.com.tw

附註：1.請儘量向各經銷書局購買：郵政劃撥需要十天才能寄到（本公司在您劃撥後第四天才能接到劃撥單，次日寄出後第四天您才能收到書籍，此八天中一定會遇到週休二日，是故共需十天才能收到書籍）若想要早日收到書籍者，請劃撥完畢後，將劃撥收據貼在紙上，旁邊寫上您的姓名、住址、郵區、電話、買書詳細內容，直接傳真到本公司 02-28344822，並來電 02-28316727、28327495 確認是否已收到您的傳真，即可提前收到書籍。 2.因台灣每月皆有五十餘種宗教類書籍上架，書局書架空間有限，故唯有新書方有機會上架，通常每次只能有一本新書上架；本公司出版新書，大多上架不久便已售出，若書局未再叫貨補充者，書架上即無新書陳列，則請直接向書局櫃台訂購。 3.若書局不便代購時，可於晚上共修時間向正覺同修會各共修處請購（共修時間及地點，詳閱**共修現況表**。每年例行年假期間請勿前往請書，年假期間請見共修現況表）。 4.郵購：郵政劃撥帳號 19068241。 5.正覺同修會會員購書都以八折計價（戶籍台北市者為一般會員，外縣市為護持會員）都可獲得優待，欲一次購買全部書籍者，可以考慮入會，節省書費。入會費一千元（第一年初加入時才需要繳），年費二千元。**6.尚未出版之書籍，請勿預先郵寄書款與本公司，謝謝您！** 7.若欲一次購齊本公司書籍，或同時取得正覺同修會贈閱之全部書籍者，請於正覺同修會共修時間，親到各共修處請購及索取；**台北市讀者**請洽：103 台北市承德路三段 267 號 10 樓（捷運淡水線 圓山站旁）請書時間：週一至週五為 18.00~21.00，第一、三、五週週六為 10.00~21.00，雙週之週六為 10.00~18.00 請購處專線電話：25957295-分機 14（於請書時間方有人接聽）。

敬告大陸讀者：

大陸讀者購書、索書捷徑（尚未在大陸出版的書籍，以下二個途徑都可以購得，電子書另包括結緣書籍）：

1.廈門外國圖書公司：廈門市思明區湖濱南路 809 號 廈門外圖書城 3F

郵編：361004 電話：0592-5061658 網址：http://www.xibc.com.cn/

2.電子書：正智出版社有限公司及正覺同修會在台灣印行的各種局版書、結緣書，已有『**正覺電子書**』陸續上線中，提供讀者於手機、平板電腦上購書、下載、閱讀正智出版社、正覺同修會及正覺教育基金會所出版之電子書，詳細訊息敬請參閱『正覺電子書』專頁：http://books.enlighten.org.tw/ebook

關於平實導師的書訊，請上網查閱：

成佛之道 http://www.a202.idv.tw

正智出版社 書香園地 http://books.enlighten.org.tw/

中國網採訪佛教正覺同修會、正覺教育基金會訊息：

http://big5.china.com.cn/gate/big5/fangtan.china.com.cn/2014-06/19/content_32714638.htm

http://pinpai.china.com.cn/

★ 正智出版社有限公司售書之稅後盈餘，全部捐助財團法人正覺寺籌備處、佛教正覺同修會、正覺教育基金會，供作弘法及購建道場之用；懇請諸方大德支持，功德無量。

★ 聲　明 ★

本社於 2015/01/01 開始調整本目錄中部分書籍之售價，以因應各項成本的持續增加。

＊ 喇嘛教修外道雙身法、墮識陰境界，非佛教 ＊

＊ 弘揚如來藏他空見的覺囊派才是真正藏傳佛教 ＊

售後服務—換書啓事(免附回郵)　　2017/12/05

《楞伽經詳解》第三輯初版免費調換新書啓事：茲因 平實導師弘法早期尚未回復往世全部證量，有些法義接受他人的說法，寫書當時並未察覺而有二處（同一種法義）跟著誤說，如今發現已將之修正。茲爲顧及讀者權益，已開始免費調換新書；敬請所有讀者將以前所購第三輯（不論第幾刷），攜回或寄回本公司免費換新；郵寄者之回郵由本公司負擔，不需寄來郵票。因此而造成讀者閱讀、以及換書的不便，在此向所有讀者致上萬分的歉意，祈請讀者大眾見諒！

《楞嚴經講記》第 14 輯初版首刷本免費調換新書啓事：本講記第 14 輯出版前因 平實導師諸事繁忙，未將之重新閱讀而只改正校對時發現的錯別字，故未能發覺十年前所說法義有部分錯誤，於第 15 輯付印前重閱時才發覺第 14 輯中有部分錯誤尚未改正。今已重新審閱修改並已重印完成，煩請所有讀者將以前所購第 14 輯初版首刷本，寄回本公司免費換新（初版二刷本無錯誤），本公司將於寄回新書時同時附上您寄書來換新時的郵資，並在此向所有讀者致上最誠懇的歉意。

《心經密意》初版書免費調換二版新書啓事：本書係演講錄音整理成書，講時因時間所限，省略部分段落未講。後於再版時補寫增加 13 頁，維持原價流通之。茲爲顧及初版讀者權益，自 2003/9/30 開始免費調換新書，原有初版一刷、二刷書籍，皆可寄來本公司換書。

《宗門法眼》已經增寫改版爲 464 頁新書，2008 年 6 月中旬出版。讀者原有初版之第一刷、第二刷書本，都可以寄回本公司免費調換改版新書。改版後之公案及錯悟事例維持不變，但將內容加以增說，較改版前更具有廣度與深度，將更能助益讀者參究實相。

換書者**免附回郵**，亦無截止期限；舊書請寄：111 台北郵政 73-151 號信箱 或 103 台北市承德路三段 267 號 10 樓 正智出版社有限公司。舊書若有塗鴨、殘缺、破損者，仍可換取新書；但缺頁之舊書至少應仍有五分之三頁數，方可換書。所有讀者不必顧念本公司是否有盈餘之問題，都請踴躍寄來換書；本公司成立之目的不是營利，只要能眞實利益學人，即已達到成立及運作之目的。若以郵寄方式換書者，免附回郵；並於寄回新書時，由本公司附上您寄來書籍時耗用的郵資。造成您不便之處，再次致上萬分的歉意。

正智出版社有限公司 啓

換書及道歉公告

《法華經講義》第十三輯，因謄稿、印製等相關人員作業疏失，導致該書中的經文及內文用字將「**親近**」誤植成「清淨」。茲為顧及讀者權益，自 2017/8/30 開始免費調換新書；敬請所有讀者將以前所購第十三輯初版首刷及二刷本，攜回或寄回本社免費換新，或請自行更正其中的錯誤之處；郵寄者之回郵由本社負擔，不需寄來郵票。同時對因此而造成讀者閱讀、以及換書的困擾及不便，在此向所有讀者致上最誠懇的歉意，祈請讀者大眾見諒！錯誤更正說明如下：

一、第 256 頁第 10 行~第 14 行：【就是先要具備「**法親近處**」、「**眾生親近處**」；法**親近**處就是在實相之法有所實證，如果在實相法上有所實證，他在二乘菩提中自然也能有所實證，以這個作為第一個**親近**處——第一個基礎。然後還要有第二個基礎，就是瞭解應該如何善待眾生；對於眾生不要有排斥或者是貪取之心，平等觀待而攝受、親近一切有情。以這兩個**親近**處作為基礎，來實行其他三個安樂行法。】。

二、第 268 頁第 13 行：【具足了那兩個「**親近處**」，使你能夠在末法時代，如實而圓滿的演述《法華經》時，那麼你作這個夢，它就是如理作意的，完全符合邏輯去完成這個過程，就表示你那個晚上，在那短短的一場夢中，已經度了不少眾生了。】

正智出版社有限公司 敬啓

國家圖書館出版品預行編目資料

楞伽經詳解／平實導師著. 初版
台北市：正智，1999- 〔民 88- 〕
冊； 公分
ISBN 957-98597-7-9（第一輯：平裝）
ISBN 957-97840-2-7（第二輯：平裝）
ISBN 957-97840-4-3（第三輯：平裝）
ISBN 957-97840-6-X（第四輯：平裝）
ISBN 957-97840-8-6（第五輯：平裝）
ISBN 957-30019-0-X（第六輯：平裝）
ISBN 957-30019-3-4（第七輯：平裝）
ISBN 957-30019-7-7（第八輯：平裝）
ISBN 957-28743-0-1（第九輯：平裝）
ISBN 957-28743-4-9（第十輯：平裝）
1. 經集部
221.75　　88004768

楞伽經詳解

——第三輯

作　　者：平實導師
校　　對：孫淑貞 蘇振慶 廖曉梅 許紫燕
義務打字：簡雅慧
出 版 者：正智出版社有限公司
電話：〇二 28327495 28316727（白天）
傳眞：〇二 28344822
111 台北郵政 73-151 號信箱
郵政劃撥帳號：一九〇六八二四一
正覺講堂：總機〇二 25957295（夜間）
總 經 銷：飛鴻國際行銷股份有限公司
231 新北市新店區中正路 501-9 號 2 樓
電話：〇二 82186688（五線代表號）
傳眞：〇二 82186458 82186459
初　　版：公元二〇〇〇年五月 二千冊
初版九刷：公元二〇一七年十一月 二千冊
定　　價：二五〇元